WOLF BRÜMMEL · CARSTEN KLEMANN
(HRSG.)

Morde und andere Kleinigkeiten

50 × 5-Minuten-Krimis

Buch

Das erfolgreiche Autorengespann Wolf Brümmel und Carsten Klemann legt nach *Die Nacht ist nicht zum Schlafen da* und *Kriminal-Tango* wieder einen Band mit 50 spannenden Kurzkrimis vor, diesmal sind es *Morde und andere Kleinigkeiten*.

Das Buch versammelt fünfzig deutsche Kurzkrimis für die »Lektüre zwischendurch«. Ob beim Warten auf die U-Bahn, im Stau an der Ampel oder zwischen abendlichem Wachen und nächtlichem Träumen – die ausgewählten Krimis sind fünfzig kleine, aber feine Anlässe zum Grübeln und Gruseln.

Herausgeber

Wolf Brümmel und Carsten Klemann arbeiten als Journalisten und Schriftsteller in Hamburg, Wien und London.

Bei Goldmann außerdem lieferbar:

Kriminal-Tango. 50 × 5-Minuten-Krimis (41300)

Wolf Brümmel
Carsten Klemann
(Hrsg.)

Morde und andere Kleinigkeiten

50 × 5-Minuten-Krimis

GOLDMANN

Originalausgabe

Umwelthinweis:
Alle bedruckten Materialien dieses Taschenbuches
sind chlorfrei und umweltschonend.
Das Papier enthält Recycling-Anteile.

Originalausgabe April 2000

Umschlaggestaltung: Design Team München
Satz: deutsch-türkischer fotosatz, Berlin
Druck: Elsnerdruck, Berlin
Verlagsnummer: 43266
RM · Herstellung: Peter Papenbrok
Made in Germany
ISBN 3-442-43266-9

1 3 5 7 9 10 8 6 4 2

Inhalt

Hans Jasper

Der Blick zum Nachbarn

Die kleine Atelierwohnung lag im fünften Stock und bot einen weiten Ausblick über die Dächer und Türme der Stadt. Seit vier Jahren saß Kurt Jäger täglich ab dem frühen Morgen hinter seinem Schreibtisch an der breiten Glasfront und beobachtete das Laub beim Grünen, Welken und Fallen. Er schaute zu, wie Hausfrauen mit leeren Einkaufstaschen gingen und mit vollgestopften zurückkehrten. Manchmal lauschte er auch nur dem fernen Dröhnen des Autoverkehrs. Plötzlich geschah es dann, ohne daß Jäger wußte, wie es eigentlich zustande kam. Sein Hirn wurde von einem Einfall erleuchtet, wie eine Kinoleinwand vom Hauptfilm. Er griff sofort zum Notizheft, machte ein paar Skizzen und begann dann mit der Arbeit auf dem großen Zeichenblock. Jäger war Karikaturist und brachte für eine große Tageszeitung das Weltgeschehen oder auch nur kleine Tagesereignisse mit dem Bleistift auf den Punkt. Die Honorare waren nicht fürstlich, und als Angestellter in einer Agentur hätte Jäger weit mehr verdienen können. Doch er tat genau das, woran er Spaß hatte, mußte keine Befehle von Chefs entgegennehmen, sondern höchstens die Bitten von Redakteuren, doch mal etwas über die neuen Steuergesetze oder den teuflisch heißen Sommer zu zeichnen. Beeindruckt nahmen sie dann seine Werke entgegen.

Wenn sein Geist während der Arbeit ermattete, ging Jäger gern auf den Balkon, um im frischen Wind neue Klarheit zu gewinnen.

Seit vier Jahren sah er dann beinahe täglich den alten Mann hinter den Fenstern einer gegenüberliegenden Wohnung. Jäger war von ihm fasziniert. Der Mann strahlte Würde aus und besaß zugleich etwas Versonnenes. Sein grauer Spitzbart, die wallenden Haare und scharfen Gesichtszüge ließen Jäger an einen Alchemisten des Mittelalters denken. Manchmal, bei schönem Wetter, stand der alte Herr auf seinem eigenen Balkon, wenn Jäger nach draußen trat. Morgens trug er einen langen Morgenmantel aus roter Seide. Tagsüber bewegte er sich nur in feinen, klassischen Anzügen. Seit einiger Zeit nickten sich Jäger und der distinguierte Herr freundlich zu, wenn sie sich – dreißig Meter voneinander entfernt – im Freien gegenüberstanden. Oft phantasierte Jäger über die Biographie des Mannes. Vielleicht war er Archäologe, der einst nach den Grabmälern der Inkas grub. Oder er residierte als Botschafter in Indien. Sicher schien Jäger, daß er ein aufregendes, schillerndes Leben geführt hatte, und sein Anblick beflügelte die Arbeit am Zeichentisch. Das Gesicht des Nachbarn hatte Jäger schon einige Male in Karikaturen zu unterschiedlichsten Themen eingebaut. Er suchte dauernd nach Charakterköpfen für seine Arbeit. Dieser war wegen seiner reichen Facetten ein Glücksfall.

Eines Abends saß Kurt Jäger allein in seiner Wohnung und geriet in melancholische Stimmung. Kurz vorher hatte seine Freundin Sonja aus London angerufen. Sie studierte dort die englische Sprache, und man sah sich nur alle paar Wochen. Doch spätestens in einem halben Jahr, so versicherte sie ihm heute, sei ihr Diplom geschafft und man könne wie ein richtiges Liebespaar zusammenleben. Längst war klar, daß sie ein Kind von ihm wollte, und Jäger hatte sich mit dem Gedanken durchaus angefreundet. Aber mit Wehmut dachte er daran, daß sein vogelfreies Dasein bald für immer vorbei war.

Die Idee, den alten Mann aus dem Nachbarhaus zu besuchen,

kam so spontan wie ein Einfall für eine Karikatur. Eigentlich war er mit ihm doch längst befreundet! Auf den Balkonen lächelte man sich wie zwei alte Kumpels zu – ohne jemals ein Wort gewechselt zu haben. Auf einmal schien es für ihn das Wichtigste in der Welt zu sein, das Rätsel des alten Mannes zu lösen. Eilig zog er seine Jacke über und verließ das Haus.

Jakob Kasus' Wohnung schaute wie der Lagerraum eines Museums aus: Bilder von den Fußleisten bis zur Zimmerdecke, Tischchen und Konsolen vollgestellt mit Porzellanfiguren, antiken Teekannen, Standuhren und Kerzenleuchtern. Trotzdem strahlten die Zimmer Ordnung aus und besaßen eine einnehmende Atmosphäre. Im größten stand lediglich ein Sofa, das zu allen Seiten von Bücherschränken umgeben war. Jakob Kasus war nie weiter als bis nach Frankreich gereist. Ihm hatte jahrzehntelang eine kleine Buchhandlung gehört, die er aufgeben mußte, als die Mieten sprunghaft anstiegen. Kurt Jäger war nicht enttäuscht, keinem Abenteurer, sondern einem Bücherwurm gegenüberzusitzen. Er wußte, warum er ihm ein so weltläufiges Leben angedichtet hatte: Weil Kasus zu spüren gab, daß er es in seiner Phantasie und auf unzähligen gedruckten Seiten tatsächlich erlebt hatte. Zwischen den beiden Männern herrschte ab dem ersten Handschlag große Herzlichkeit. Bei einem guten Tropfen amüsierten sie sich über ihre jahrelange, wortlose Schicksalsgemeinschaft auf den Balkonen. Kasus zeigte stolz seine Original-Handschriften von Sartre und Proust, an die er vor Jahrzehnten in Paris gelangt war. Seine feine Bildung und Weisheit zogen Kurt Jäger in ihren Bann.

»Ein Jahr bevor ich meine Buchhandlung aufgeben mußte, starb meine Frau«, berichtete Kasus. »Seitdem lebe ich manchmal zu einsiedlerisch. Sie haben mich in Gedanken oft beschäftigt.«

Staunend hörte Kasus zu, als Jäger von seinem Job erzählte.

»Ich habe die Zeitung abonniert, für die Sie arbeiten, seit Jahren! Mein Sohn schaute sich immer zuerst die Karikaturen an und hat sich halb totgelacht.«

»Was tut Ihr Sohn?«

»Ach, mein Sohn ...« Kasus machte eine abweisende Handbewegung, und Kurt Jäger wechselte schnell das Thema.

Die Männer sahen sich fortan regelmäßig. Jäger zeigte dem Bücherfreund seine neuesten Entwürfe und gestand, Kasus' Gesicht künstlerisch verwertet zu haben.

»Köstlich! Da bleibt ja doch was von mir der Nachwelt erhalten ...« Plötzlich wurde Kasus ernst. »Mir geht schon länger eine Idee im Kopf herum, aber ich traue mich kaum, sie Ihnen zu sagen.«

»Nur zu. Ideen sind mein Metier.«

»Ich habe Ihnen von meinem Sohn erzählt. Unser Kontakt ist vor Jahren abgebrochen. Ein ganz normaler Vater-Sohn-Konflikt, Sie wissen schon. Mein Sohn wird dieses Jahr vierzig, ich bin über siebzig. Ich möchte ihm zu seinem Geburtstag noch einmal zeigen, daß ich an ihn denke und mich gerne versöhnen möchte.«

»Warum schreiben Sie ihm nicht?«

»Ich versuchte vergeblich, seinen Wohnort herauszufinden. Sogar in Inseraten habe ich mich an ihn gewandt. Erfolglos. Entweder er hat sie nicht gelesen, oder er will nichts von mir wissen. So habe ich mir jetzt gedacht ...« – Jakob Kasus kniff die Augen hinter seinen Brillengläsern zusammen – »ich dachte mir, vielleicht könnte ich ihm durch eine Ihrer Karikaturen ein Signal geben. Bestimmt schaut er sie noch täglich an. Wenn er nicht reagiert, weiß ich zumindest sicher, daß er schweigend meinen Tod abwarten will.«

Kurt Jägers Miene verhehlte nicht seine Ratlosigkeit.

»Ich will nichts Großartiges«, beschwichtigte Kasus, »sondern dachte an den Satz: ›Allein der Tod ist ewig.‹«

»Und Sie glauben, daß Ihr Sohn darauf reagiert?!«

»Es waren die letzten Worte in meinem letzten Brief an ihn, bevor ich seine Spur verlor. Wenn er sie just an seinem Geburtstag in Ihrer Zeichnung wiederfindet, denkt er bestimmt an mich.«

Kurt Jäger überlegte nicht länger, was er von Kasus' Idee halten sollte, sondern willigte ein. Ihm fiel es nicht schwer, den Wunsch zu erfüllen und Kasus eine Freude zu bereiten. Ihm schwebte eine Zeichnung über Rohstoffverschwendung und Umweltzerstörung vor, zu der Kasus' Satz ganz gut passen könnte.

Elf Tage später wurde die Zeichnung abgedruckt, und Kasus lud Kurt Jäger überglücklich in ein Restaurant ein. Er schien vom Erfolg fest überzeugt zu sein. Jäger versuchte, seine Erwartungen ein wenig zu dämpfen.

Am folgenden Tag betrat Kurt Jäger häufiger als üblich seinen Balkon und schaute in die Fenster seines Nachbarn. Nicht ein einziges Mal bekam er ihn zu Gesicht. Auch am dritten Tag nach dem letzten Treffen im Restaurant war kein Licht und keine Regung in Kasus' Wohnung auszumachen. Kurt Jäger war in Sorge. Im besten Fall hatte sich Axel gemeldet, und sein Vater war Hals über Kopf zu ihm aufgebrochen. Im schlimmsten Fall aber ... Was hatte die Zeile »Allein der Tod ist ewig« wirklich zu bedeuten? War sie in Wahrheit als Abschiedsgruß gemeint? Lag Kasus seit drei Tagen leblos auf seinem Bett? Jäger versuchte sich auf seine Arbeit zu konzentrieren, während ihn sein Hinterkopf immer deutlicher aufforderte, bald etwas zu unternehmen.

Gegen Abend schellte es an der Wohnungstür. Jäger öffnete und umfaßte vor Erleichterung Kasus' Schultern. Jakob Kasus strahlte. »Darf ich Ihnen meinen Sohn vorstellen?« Erst jetzt erkannte Kurt Jäger im Hintergrund den hageren Mann im ordentlichen Anzug. Eine Familienähnlichkeit war leicht zu erkennen. Nur erschien Axel durch seinen eindringlichen Blick, sein langes Haar und seinen dichten Bart wie jemand, der Kunstwerke schafft, anstatt sie zu betrachten oder zu lesen. Kurt Jäger konnte sich die glutvollen Auseinandersetzungen zwischen den Männern gut vorstellen.

Sie hatten eine Flasche Champagner mitgebracht und stießen mit Jäger auf den gelungenen Coup an. »Als ich den Satz in meiner Lieblingsrubrik las, lief es mir kalt den Rücken herunter«, erklärte Axel Kasus. »Ich ahnte sofort, daß mein Vater dahintersteckt. Plötzlich kam mir unser Schweigen so töricht vor!«

»Wir haben eine Bitte an Sie«, sagte Jakob Kasus. »Lehnen Sie ruhig ab! Mein Sohn bleibt eine Woche in der Stadt. Wir wollen nichts überstürzen, und deshalb ist es sicher nicht gut, wenn er bei mir wohnt. In der Nähe gibt es aber keine guten Hotels, und so überlegte ich, ob er vielleicht bei Ihnen übernachten kann.«

»Es ist mir eine Ehre.«

Jakob Kasus wirkte dankbar und gerührt, als er sich am späten Abend verabschiedete. Jäger richtete dem Sohn eine Bettstatt auf der Couch im Wohnzimmer ein. Er fühlte sich nicht belästigt, denn er wollte Jakob Kasus, den er bewunderte und ins Herz geschlossen hatte, gern diesen Gefallen tun. Allerdings erstaunte ihn, daß der alte Herr am nächsten Morgen nicht erschien, um seinen Sohn abzuholen. Als einmal das Telefon klingelte, war nur die Hausverwaltung am Apparat, um einen Klempner anzukündigen. Auch Axel machte keine Anstalten, die Wohnung zu verlassen. Er richtete sich im Wohnzimmer gemütlich ein, schaute fern oder studierte Zeitschriften. Aber er störte Kurt Jäger nicht bei der Arbeit.

Am Nachmittag nahm Axel Kasus eine lange Dusche. Als danach Jäger das Bad betrat, um seine Waschmaschine zu beladen, staunte er: Auf dem Gerätedeckel lagen Axel Kasus' Bart und Haare.

»Na, sei's drum«, hörte er in seinem Rücken plötzlich die Stimme seines Gastes. Er hielt eine Pistole auf ihn gerichtet.

»Wer sind Sie?« fragte Kurt Jäger.

»Ich bin der Sohn meines Vaters und mit seiner Hilfe aus dem Gefängnis ausgebrochen. Haben Sie davon nicht in der Zeitung gelesen?«

Kurt Jäger erinnerte sich vage, von einem Ausbruch in irgendeiner Großstadt gehört zu haben. Ein verurteilter Bankräuber war auf dem Weg von der Strafanstalt zum Krankenhaus von einem Trupp Bewaffneter befreit worden.

»Mein Vater hat meine Befreier angeheuert. Ich sollte über furchtbare Herzschmerzen klagen, wenn in einem Zeitungsinserat der Satz ›Allein der Tod ist ewig‹ erschien. Wir verständigen uns schon lange über Inserate, was der Gefängnisleitung leider nicht verborgen blieb. Aus meinen Zeitungen wurden die Anzeigenseiten entfernt. Aber der Zufall wollte, daß mein Vater Sie kennenlernte.«

»Was haben Sie vor?«

»Ich bin zu nervös, um hier auszuharren. Mein Vater bereitet in Dänemark einen Unterschlupf für mich vor. Da fahren wir hin – mit Ihnen als Geisel.«

Schon seit einigen Minuten hörte Kurt Jäger Stimmen und Türgeklapper im Hausflur. Schwere Schritte näherten sich nun seiner Wohnungstür. Vielleicht seine Rettung. Es schellte. »Das ist der Klempner. Er weiß, daß ich zu Hause bin.«

»Ich warne Sie«, sagte Axel Kasus und zog mit seiner Waffe einen Kreis, in den Jägers Kopf hineinpaßte. »Kein falsches Wort.«

Es war tatsächlich der Klempner. »Alle Boiler werden ausgetauscht. Service des Hauswirts.«

Axel Kasus verstand es geschickt, immer in Jägers Rücken zu bleiben, ohne vom Klempner gesehen zu werden. Und der interessierte sich nur für seine Arbeit. Keine Chance, ihm ein Zeichen zu geben. Verdrossen ging Jäger ins Schlafzimmer und packte ein paar Sachen zusammen. Axel Kasus verfolgte jede seiner Bewegungen. »Alles klar!« rief der Klempner. »Bitte einmal unterschreiben.« Auch bei der Verabschiedung des Handwerkers schien Jäger das Risiko zu groß, ein alarmierendes Zeichen zu geben.

Axel Kasus hatte der Besuch sichtlich Nerven gekostet. »Jetzt nehmen Sie Ihr Zeug und weg hier!« Die Pistole benutzte er wie einen Dirigentenstab. Plötzlich wurde seine Hand in der Luft festgehalten. Ein Arm schlang sich um seinen Hals. Kasus wurde von zwei durchtrainierten Fremden in die Knie gezwungen. Ein weiterer nahm ihm die Waffe ab. »Bundeskriminalamt«, sagte eine lässige Stimme zum staunenden Kurt Jäger. »Der Klempner hat uns hereingelassen.«

Auf dem Präsidium mußte Kurt Jäger ein langes Verhör über sich ergehen lassen. Erst als das Protokoll unterzeichnet war, wurde auch ihm eine Frage gestattet. »Woher wußten Sie, daß Axel Kasus bei mir war, Herr Kommissar?«

»Es ist schon eigenartig, wenn kurz vor dem Ausbruch eines Schwerverbrechers mehrere Karikaturen mit dem Konterfei seines Vaters in der Zeitung erscheinen. Einige meiner Kollegen, die Ihre Zeichnungen jeden Morgen anschauen, erinnerten sich an Jakob Kasus' Gesicht – denn auch er wurde vor fünf Jahren verdächtigt, am Banküberfall beteiligt gewesen zu sein. Allein, die Beweise fehlten. Nach dem Ausbruch glaubten wir, die Portraits seien ein Signal gewesen – nicht aber jener Satz über den Tod, dem niemand Beachtung schenkte. Wir verdächtigten Sie der Beihilfe, und es schien logisch, sich auch bei Ihnen nach dem Flüchtigen umzusehen.«

»Sie glauben wirklich, auch Jakob Kasus ist ein Krimineller?«

»Vater und Sohn waren auf einer Wellenlänge. Jakob Kasus hat fast sein ganzes Leben von Betrügereien gelebt und viele Jahre in Gefängnissen verbracht – man gab ihm dort den Spitznamen ›Bücherwurm‹. Noch ist er flüchtig. Aber bald kann er seine Bücherregale wieder in einer Zelle aufstellen.«

Victor Sperl

Tod eines Tierfreunds

Als Kommissar Ferber die luxuriöse Villa mitten im Grünen erreichte, glomm eine Zigarette zwischen seinen Fingern. »Das war endgültig die letzte«, zischte der Kommissar. Aus Wut über seinen Rückfall hätte er die Kippe am liebsten auf die Marmorplatten im Vorgarten geschleudert. Doch das erlaubte seine gute Erziehung nicht. Außerdem stand er vor dem Haus eines Toten.

Jan Sorge, ein junger Kollege, öffnete ihm die Tür. Er war mit einem guten Dutzend Beamten bereits mit der Spurensicherung beschäftigt. Der Hausherr lag im Wohnzimmer vor dem Kamin. Sein Kopf zeigte eine üble Wunde.

»Laut dem Gerichtsmediziner wurde Johann Basel gegen Mitternacht ermordet«, berichtete Sorge. »Seine Haushälterin fand ihn um sechs Uhr früh. Es gibt keine Hinweise auf einen Einbruch. Unsere wichtigste Spur sehen Sie dort.« Sorge deutete auf einen riesigen ausgestopften Bussard, der auf dem Teppich lag. »Seine Krallen sind auf einer schweren Plattform befestigt. Damit wurde Johann Basel erschlagen. Fingerabdrücke fehlen.«

»Was wissen wir über ihn?«

»65 Jahre alt und schwer reich. Vor zehn Jahren gewann er im Lotto und gab seinen Beruf auf. Er war ein Tierfreund und spendete große Summen für eine Vogelklinik.«

Ferber fixierte den ausgestopften Bussard, die Mordwaffe. »Interessant«, murmelte er. »Die Angehörigen sind verständigt?«

»Nein – wir wissen nur von einem Neffen. Er arbeitet für besagte Vogelklinik.«

»Stiftung Johann Basel« stand über dem Portal der Vogelklinik. Der Empfangsraum erinnerte Kommissar Ferber an die Praxis seines Zahnarztes: chromblitzende Möbel, weißgetünchte Wände. Dr. Veronika Kreuz, die Leiterin, begrüßte die Beamten. Als der Kommissar die Ereignisse schilderte, vergrub sie ihr Gesicht in den Händen. »Herr Basel war ein guter Freund von mir. Noch am Wochenende besuchte ich ihn. Er wirkte so froh und ausgeglichen.«

»Frau Kreuz, haben Sie irgendeinen Verdacht?«

Veronika Kreuz' Augenlider flackerten nervös. Für einen Moment schien sie ganz auf einen Gedanken konzentriert. »Nein«, sagte sie dann entschieden.

»Könnte der ausgestopfte Vogel aus Ihrem Institut stammen?« wollte Jan Sorge wissen.

Die Ärztin schüttelte energisch den Kopf. »Wir würden niemals einen Vogel ausstopfen lassen!«

Veronika Kreuz brachte die Beamten zu Kai Basel, dem Neffen des Mordopfers. Der Weg führte an Volieren mit munter zwitschernden Singvögeln vorbei. »Denen geht es wohl wieder gut«, meinte der Kommissar. Die Doktorin nickte. »Sie können bald wieder in Freiheit leben. Jedes kranke Tier braucht unsere liebevolle Obhut und Pflege. Wer für die Klinik arbeitet, muß ein Idealist sein. Das Schlimmste fügen den Tieren die Menschen zu.«

»Beschreiben Sie mir Kai Basels Tätigkeit.«

»Er führt ein wenig die Bücher. Sein Onkel bat uns, ihn zu beschäftigen. Das war vor drei Monaten, als Kai Basel mit seiner Kneipe pleite ging. Ein armer Kerl. Um seinen Laden wieder zu öffnen, hat er sich auf einen Kredithai eingelassen. Zähneknirschend half ihm sein Onkel ein paar Mal wegen der Raten.«

Kai Basel trug einen Dreitagebart und eine bunte Designerweste. Er musterte die Beamten kurz, als sie sein Büro betraten, und fragte: »Polizei?«

»Mordkommission. Darf ich aus Ihrer Frage schließen, daß Sie über Ihren Onkel bereits Bescheid wissen?«

»Ich habe es von seiner Haushälterin erfahren. Das ist ja eine furchtbare Geschichte.«

»Sehr unglücklich wirken Sie nicht.«

»Ich denke, ich muß den Schock erst einmal verkraften.« Kai Basel blickte ins Leere und zog an seiner Zigarette. Ferber schützte sich mit fächelnden Handbewegungen vor dem Qualm. »Wie war Ihr Verhältnis zu Ihrem Onkel?«

»In Ordnung. War ein prima Kerl, trotz seines Spleens. Wenn ich ihn besuchte, hielt er mir Vorträge über Ernest Hemingway und Reinhold Messner. Johann hielt sich für einen verhinderten Abenteurer. Dabei arbeitete er als Buchhalter, bevor er das große Los zog.«

»Und nach dem Lottogewinn?« fragte der Kommissar.

»Eine Weile sprach mein Onkel von großen Plänen: Safaris in Afrika, Bergtouren. Nur getraut hat er sich nicht. Da redete die Frau Doktor ihm ein, daß sein Geld bei den Piepmätzen am besten aufgehoben ist. Armer Trottel. Durch seine guten Taten konnte er sich doch noch wie ein Held feiern lassen.«

»Herr Basel, wo waren Sie gestern abend?«

»Soll das heißen, Sie verdächtigen mich? Das ist ja wohl ein Witz. Zu Hause, ja, zu Hause war ich. Aber jetzt entschuldigen Sie mich bitte. Mein Onkel ist tot. Ich muß zu ihm.«

Auf dem Kommissariat begannen Ferber und Sorge mit der Fleißarbeit: dem Studium von Johann Basels Tagebüchern, Briefen und Dokumenten. Ferber trank eine Tasse Tee nach der anderen. Sein Kollege steckte sich alle halbe Stunde eine Zigarette an. Jedesmal fand Ferber irgendeinen Grund, den Raum zu verlassen. Nach einem dieser Ausgänge kehrte er mit einer Überraschung zurück: »Der Staatsanwalt hat eine Kopie des Testaments übermittelt. Kai Basel ist Alleinerbe.«

Sorge tippte auf ein kleines Lederbüchlein. »Auch ich habe etwas entdeckt. Basel hat noch an seinem Todestag einen Scheck für die Vogelklinik ausgeschrieben. Steht in seinem Haushaltsbuch. Aber der Scheck ist nicht mehr da.«

»Moment mal!« Ins Gesicht des Kommissars kam Farbe. »Frau Kreuz sagte, sie sah Basel vor drei Tagen zum letzten Mal. Entweder liegt der Scheck noch im Haus, oder der Mörder nahm ihn mit.«

Der Kommissar griff nach seinem Mantel. »Ich werde mich noch einmal in Basels Haus umschauen.«

Vor dem Kamin in Basels Villa war immer noch die Kreidezeichnung mit den Umrissen des Opfers zu sehen. Systematisch öffnete Ferber Schränke und Schreibtischladen. Wenn er den Scheck finden sollte, ging ein hübscher Anhaltspunkt verloren. Plötzlich hörte er ein dumpfes Geräusch – als sei ein Gegenstand herabgefallen. Es mußte aus dem Keller kommen. Ferber entsicherte seine Pistole und schritt lautlos treppab.

Ein unüberschaubares Heer von Flaschen umgab den Kommissar: Johann Basels Weinkeller. Plötzlich wieder ein Geräusch.

Der Kommissar tastete sich durch die Regalreihen und entdeckte eine niedrige Holztür. Er stieß sie mit erhobener Waffe auf und konnte kaum fassen, welcher Anblick sich ihm bot. Auf dem Fußboden des engen Gewölbes kniete Veronika Kreuz neben zwei aufgeschlagenen Koffern. An den Wänden hingen Jagdgewehre. Daneben, auf großen Regalen, standen Raubvögel: ausgestopfte Habichte, Falken, Bussarde …

»Frau Kreuz, was hat das zu bedeuten?«

Erschrocken sah die Ärztin zum Kommissar. Dann wurde ihre Miene bitter. »Dies war Basels großes Geheimnis. Erst wollte er den Tieren nur helfen. Dann kam ihm die Idee, auf sie zu schießen. Wenn er mit seinen Flinten in die Wälder ging, muß er sich wie ein ganz toller Kerl gefühlt haben.«

»Sie wollten die Tiere wegbringen?«

»Ich wollte nicht, daß die Welt erfährt, wer sich wirklich hinter dem großen Tierfreund verbarg. Meine Klinik trägt seinen Namen! Nur so zum Spaß hat er gemordet. Es ist unerträglich!«

»Frau Kreuz, wie erfuhren Sie davon?«

»Er führte mich hierher. Er war stolz auf seine Trophäen und glaubte, ich als Vogelkennerin müsse seine Begeisterung teilen. Mir wurde schlecht, ich bin nach oben gelaufen. Doch er folgte mir und sagte: ›Sie haben mein schönstes Exemplar noch nicht gesehen.‹ In Händen hielt er …«

»Den ausgestopften Bussard?«

Die Doktorin schwieg.

»Frau Kreuz, Sie sahen Herrn Basel nicht am Wochenende, sondern gestern zum letzten Mal. Er überreichte Ihnen einen Scheck und schockierte Sie dann mit seiner Sammlung. Sie haben Johann Basel erschlagen.«

Veronika Kreuz warf stolz den Kopf zurück. »Ich habe den Scheck zerrissen! Glauben Sie, ich würde von diesem Menschen noch Geld annehmen?«

Der Kommissar griff in seine Manteltasche. Doch er hatte keine Zigaretten dabei.

Philipp Alsen

Die 7. Etage

Geräuschlos schwebte der Fahrstuhl in den dritten Stock des Büroturms. Die Türen sprangen auf, und Bertolt Nimmer erblickte einen grauen Teppich zwischen zwei langen Reihen von Kunststofftüren. Der Angestellte tippte sich an den Kopf. Er befahl dem Fahrstuhl, seine Türen wieder zu schließen, um ihn vier weitere Stockwerke nach oben zu tragen. Hier war der Teppich weinrot, die Türen waren aus Nußbaum. In den letzten zehn Jahren war Nimmer aus »dem Dritten« nur heraufgefahren, wenn ihn seine Vorgesetzten zum Rapport bestellten. Heute kam er, um sein neues Büro zu beziehen.

Es war dreimal so groß wie das alte. Weil auch die Vorhänge am Fenster weinrot waren, die Lampen aus Messing und es eine Sitzecke mit Barschrank gab, fühlte sich Nimmer wie in einem Salon. Seine Beförderung war ihm unbegreiflich. Zehn Jahre hatte er nichts weiter getan, als pflichtbewußt und gründlich seine Aufgaben für das große Bauunternehmen Keppler und Co. zu erledigen. Das Glück eines gutbezahlten Arbeitsplatzes reichte ihm. Seine Frau und seine beiden Kinder beschäftigten ihn mehr als der Wunsch, sich nach oben zu boxen. Wolfmann, der bisherige Chef der Abteilung Projektplanung, war letzte Woche bei einem Autounfall ums Leben gekommen. Und erst gestern erfuhr Bertolt Nimmer vom Personalchef, daß der Vorstand ihn zum Nachfolger bestimmt hatte. Der Vorstandsvorsitzende ließ entschuldigen, daß er Nimmer erst kommenden Monat, nach einem Geschäftsbesuch in Südostasien, persönlich in sein Amt einführen konnte.

Auf dem Schreibtisch piepte die Gegensprechanlage. Bertolt Nimmer drückte aufs Knöpfchen und hörte die Stimme seiner Sekretärin: »Der Herr Gerhard ist da, wegen der Ferienanlage.«

»Ach ja, schicken Sie ihn herein.« Bertolt Nimmer erinnerte sich, daß Gerhard eine Installationsfirma besaß, die für Keppler und Co. öfter Aufträge ausführte. Der Mann stürmte, hochrot im Gesicht und die grauen Haare verwirrt, ins Zimmer: »Freut mich außerordentlich, Sie hier oben zu sehen.« Gerhard streckte seine Hand über den Schreibtisch und ließ seine Körpermassen in einen Drehsessel fallen, der lange brauchte, um wieder zur Ruhe zu kommen. »Ach, der Herr Wolfmann, jetzt ist er beim Herrgott. Über die Kanalisation im Ferienzentrum waren wir aber noch einig geworden. Sie wissen sicher, daß meine Firma die Arbeiten ausführen soll.« Gerhard legte einen großen Aktenkoffer, den er bisher auf seinem Bauch gehütet hatte, auf die Schreibtischplatte. »Darin finden Sie, was noch fehlt. Ich muß leider sofort wieder los. Auf den Baustellen läuft alles schief. Tschau und bis bald, ich lade Sie zum Essen ein.«

Schmunzelnd griff Bertolt Nimmer zu einer Karaffe mit Eiswasser, die auf dem Schreibtisch parat stand. Ein bißchen Chef spielen ist nett, dachte er. Und wenn nebenbei große Einladungen und gesellschaftlicher Glanz abfielen, würde sich seine Frau freuen. Nimmer ließ den Kofferdeckel aufschnappen und betrachtete ratlos die gebündelten 1000-Mark-Scheine. Die Gegensprechanlage piepte abermals. »Herr Knurr ist da«, sagte die Sekretärin. Nimmer verstaute den Koffer im Aktenschrank. Knurr war ein wichtiges Mitglied des Planungsstabes. Früher fürchtete Nimmer den Mann, unter dessen graziöser Schale eines Ballettänzers sich ein knallharter Kern verbarg. Aber nun war Knurr ja sein Untergebener.

»Morgen, Herr Nimmer. Na hoffentlich schon gut eingesessen? Hören Sie, wir müssen die Tunnelsache für die Bahngesellschaft in Angriff nehmen. Mit den Fachleuten habe ich gesprochen. Es kann wirklich sehr feucht werden. Nötig ist eine halbe Million.«

»Ja, kein Problem, daran soll's nicht scheitern.« Bertolt Nimmer versuchte, seinem Gesicht den Ausdruck überlegenen Wissens zu geben, das scheinbar alle bei ihm voraussetzten. War denn niemandem bekannt, wie kurzfristig er auf den Chefposten gehievt wurde? Aber – ein Chef erlaubt sich keine Blöße. »Ich gebe das Geld sofort frei. Regeln Sie mit meiner Sekretärin die Überweisung.«

»So geht das auf keinen Fall, Herr Nimmer. Das Geld muß sofort her und in bar.«

»Aber, dann muß ich die Bank anrufen, bei so einer hohen Summe.«

»Ich habe doch den Gerhard auf dem Gang gesehen. Hat der nichts dagelassen?«

Im Koffer befanden sich genau 600 000 Mark. Knurr kannte die Summe, ohne nachzählen zu müssen, und endlich hörte Nimmer auch mal einen Tip: »Sie müssen die Einzahlung von Gerhard und die Auszahlung an mich in unserer internen Buchführung registrieren. Sie wissen, daß Keppler und Co. auf ordentliche Zahlen wert legt.«

Er nahm den Koffer mit, und Bertolt Nimmer schloß den Rest des Geldes in den Safe. Alle Rätsel ließen sich erst lösen, wenn der Vorstandsvorsitzende zum Gespräch bat. Dem durfte er ruhig dumme Fragen stellen.

Die Mittagspause verbrachte Bertolt Nimmer, wie immer in den letzten zehn Jahren, in der Firmenkantine. Er traf Kollegen seiner ehemaligen Abteilung, die über seinen »Griff nach den Sternen« feixten. Allerdings gaben sie sich große Mühe, ihm zu zeigen, daß die Scherze nicht böse gemeint waren. Diesen Zug kannte Nimmer an ihnen bisher nicht.

Nimmer setzte sich zu einem jungen Mann, mit dem er sich auf der letzten Weihnachtsfeier angefreundet hatte. Stefan Engel arbeitete noch nicht lange für die Firma. Gleich nach seinem Studium war er eingestiegen und gehörte zur Abteilung »Controlling«. Sie stimmte die Aktionen der einzelnen Abteilungen miteinander ab. Nimmer hielt ihn für sehr begabt und war sicher, daß er irgendwann auf einem Vorstandssessel Platz nehmen würde. Ihm konnte er auch anstandslos über die verwirrenden Erlebnisse des Vormittags berichten. Doch bevor es dazu kam, gesellte sich ein Mann an ihren Tisch, der eine schwarze Lederjacke über einer dunkelblauen Bundfaltenhose trug. Bertolt Nimmer kannte ihn nicht.

»Haudrau«, stellte er sich vor, »von der Abteilung Öffentlichkeitsarbeit. Herr Nimmer, ich habe Sie überall gesucht. Ich muß unbedingt mit Ihnen sprechen, allein.«

Stefan Engel suchte sich einen anderen Tisch.

»Die Tiefgaragen«, sagte Haudrau knapp, um bei Nimmer eine Assoziation auszulösen, die dieser nicht haben konnte. »Der Chef vom Bauamt sperrt sich noch immer, sein Vize ist dafür. Ich denke, in diesem Fall hilft nur, unsere PR auf M zu verlegen. Ich brauche Ihr Okay.«

»Ja, glauben Sie denn, daß kein anderer Weg mehr möglich ist?« fragte Nimmer, weil ihm die Antwort irgendwie passend erschien.

»Absolut.«

»Gut, dann sage ich Okay.«

Nach Bertolt Nimmers stürmischem ersten Arbeitstag verstrich der Rest der Woche bemerkenswert ruhig. Zumindest in seiner unmittelbaren Umgebung. Nimmer arbeitete sich durch die Akten. Aber er hörte auch Radio, guckte Fernsehen und las Zeitungen. Was er dort erfuhr, löste erst Staunen und dann, als viele Mosaiksteine ein vollständiges Bild ergaben, Panik bei ihm aus. Verzweifelt lief er in seinem Büro auf und ab, weil er nicht wußte, wie es weitergehen sollte. Endlich griff er zum Hörer und wählte die Nummer von Stefan Engels Büro. »Hier spricht Nimmer. Herr Engel, lassen Sie alles stehen und liegen, ich muß mit Ihnen reden. Aber nicht in der Firma, kommen Sie zum Italiener an der Ecke.«

Nach der Bestellung wartete Stefan Engel schweigend auf Bertolt Nimmers Erklärung.

»Haben Sie in der letzten Woche die Zeitungen gelesen?« fragte Nimmer.

»Selbstverständlich.«

»Dann wissen Sie, daß Wassermassen in den Neubau einer Eisenbahnunterführung gedrungen sind. Aus unerklärlichen Gründen bildeten sich Risse in der Wand.«

»Ja. Unsere Konkurrenz hat den Tunnel gebaut. Deshalb ist klar, daß wir für alle weiteren Tunnelprojekte den Zuschlag erhalten. Die Konkurrenten gelten nicht mehr als vertrauenswürdig.« Engel schilderte die Fakten gut gelaunt. Bertolt Nimmer betrachtete ihn verkniffen.

»Sie wissen auch, daß der Leiter des Bauamtes letzte Woche von einem Auto überfahren wurde. Der Fahrer flüchtete.«

»Tragische Geschichte. Aber leider ist Geschäft ja Geschäft. Weil sein Vize nun das Sagen hat, werden wir die Tiefgaragen in der City bauen können. Das wohl lukrativste Projekt der letzten Jahre.«

Bertolt Nimmer ließ den Kellner die Pizzen auf den Tisch stellen. Im nächsten Augenblick schob er sie mit dem Unterarm beiseite und beugte seinen Kopf bis dicht vor Engels Gesicht. »Jetzt hören Sie mir mal zu. Letzte Woche kam Knurr zu mir und sagte, daß Feuchtigkeit in einem Tunnel sehr gut möglich wäre. Die

Fachleute bräuchten eine halbe Million Mark in bar. Und dieser angebliche Herr von der Sicherheitsabteilung klärte mich über die Schwierigkeiten mit dem Bauamtsleiter auf. Um sie auszuräumen, sollte ich mein Okay für den Plan M geben.«

Das Lächeln auf Stefan Engels Lippen verschwand, und Bertolt Nimmer glaubte Schatten unter seinen Augen zu erkennen, die vorher nicht dagewesen waren.

»Was taten Sie?«

»Was von mir verlangt wurde! Ich hatte doch keinen blassen Schimmer. Ich glaubte, alles sei ganz harmlos. Die halbe Million hatte ich zufällig flüssig, weil ein Subunternehmer vorher sein Bestechungsgeld ablieferte. Seinen Auftritt konnte ich mir auch erst später zusammenreimen – doch das ist fast lächerlich. Hier geht es um schwere Sabotage und Mord. Am besten, ich gehe sofort zur Polizei.«

»Vorsicht, Herr Nimmer. Sie haben die Aufträge erteilt – das Unternehmen kann sich von jeder Schuld freisprechen. Wer soll Ihnen denn glauben, daß Sie aus Versehen Mörder und Saboteure losgeschickt haben? Das klingt wie der billige Trick eines Schuldigen, seine Haut zu retten.«

»Aber, Himmel! Was soll ich denn tun?«

»Vielleicht stimmt Ihr Verdacht nicht. Es gibt verrückte Zufälle. Der Polizei würde ich mich jedenfalls nur anvertrauen, wenn es harte Beweise gibt. Warten Sie ab und besprechen Sie jeden Ihrer Schritte mit mir.«

Bertolt Nimmer litt morgens beim Frühstück, abends, wenn er zu Bett ging, und während der Arbeit sowieso. Er hatte keinen Appetit mehr, bekam Pickel und chronische Migräne. Seine Frau wollte, daß er zum Arzt ging. Doch das hielt er für sinnlos, weil er wußte, daß seine Leiden nicht organischer Natur waren. Seit dem Gespräch mit Stefan Engel fühlte er sich als Gefangener einer unheiligen Zwickmühle: Entweder machte er gute Miene zum bösen Spiel oder er geriet selbst ins Zwielicht. Aber warum nicht einfach kündigen? Aus Gründen, die ihm nicht klar waren, behagte ihm der Gedanke nicht. Vielleicht war er dazu auserkoren, die Machenschaften bei Keppler und Co. zu enthüllen. Die Führungsleute kämen hinter Schloß und Riegel, aber die Firma würde selbstverständlich weiterbestehen. Mußte sein Kampf für Wahrheit und Gerechtigkeit seiner Karriere nicht unglaublich gut tun? Stefan Engel hatte recht. Am besten war es, auszuharren und nach Beweisen zu suchen.

Eines Morgens, als er sein Vorzimmer betrat, sagte die Sekretärin: »Der Vorstandsvorsitzende will Sie sprechen.«

»Ich gehe sofort zu ihm.«

»Er sitzt schon in Ihrem Büro.«

Der Vorstandsvorsitzende begrüßte Bertolt Nimmer mit einem herzlichen Lächeln auf den Lippen. Nachdem die Sekretärin frischen Kaffee serviert hatte, begann ein freundliches Geplänkel. Der Vorstandsvorsitzende sprach mit angenehmer Stimme, und die Augen des mächtigen Mannes wirkten gutmeinend und vertraulich.

»Mir hat überhaupt nicht gefallen, wie Sie in Ihr neues Amt eingeführt wurden. Ich erfuhr, daß man Sie mit Angelegenheiten konfrontierte, auf die Sie nicht vorbereitet sein konnten. Um so mehr bewundere ich Ihr kluges Verhalten.«

Nimmer versuchte, das Zittern seiner Hand, die eine Kaffeetasse hielt, unter Kontrolle zu bringen.

»Nun, Herr Nimmer, niemand freut sich über Unfälle und Katastrophen. Auch wenn wir aus der Geschichte und Biologie wissen, daß sie dem Fortschritt dienen können. Sie und ich sind hier, um die Strategien der Firma stetig zu verbessern. Wir sollten unsere Ziele ohne drastische Mittel erreichen können. Aber sicher stimmen Sie mir zu: Unsere Wirtschaftskraft, von der unzählige Menschen existieren, hat Vorrang.«

Nimmer senkte den Kopf, was man, wie er wußte, seinem Chef gegenüber niemals tun sollte.

»Es freut mich übrigens, daß Sie sich mit Herrn Engel gut verstehen, wie er mir erzählte. Er brauchte ebenfalls eine gewisse Zeit, um die Regeln bei Keppler und Co. richtig zu verstehen. Jetzt macht er sich prächtig. Ich halte Sie beide für ein prima Team. Ein, zwei Jahre werden Sie sich bewähren, woran ich nicht zweifle, und dann in den Vorstand wechseln.«

»Was?«

»Sie sollten sich bald einen standesgemäßen Dienstwagen auswählen. Und keinesfalls können Sie in Ihrer Wohnung bleiben. Geschäftspartner müssen auch privat repräsentativ empfangen werden. Schauen Sie sich mal Wolfmanns Villa an, die ist frei. Hat nen schönen Swimmingpool, großen Garten ... Ach was, wir haben zwei viel bessere Objekte am Stadtpark. Die Betriebskosten sind hoch, aber Ihr neues Gehalt ja auch. Stimmt! Darüber sprachen wir noch gar nicht ...«

Wenige Tage nach dem Gespräch mit dem Vorstandsvorsitzenden rief Stefan Engel bei Nimmer zu Hause an. »Mich interessiert«, sagte er, »wie es um Ihr ... Problem steht. Haben Sie es weiterverfolgt?«

»O nein! Alles war ein großes Mißverständnis. Ich war ja so naiv.«

»Sind Sie sicher, Herr Nimmer?«

»Absolut. Ich werde meine ganze Kraft für Keppler und Co. einsetzen. Die Firma geht über alles!«

Als Bertolt Nimmer aufgelegt hatte, klang ihm sein letzter Satz noch eine Weile im Ohr. Der war etwas dick aufgetragen, fast soldatisch. Aber Hauptsache, Stefan Engel war nun überzeugt, daß sie beide an einem Strang zogen. Der Vorstandsvorsitzende würde wohlwollend zuhören, wenn ihm Engel von dem Telefonat berichtete.

Die Wochen verstrichen, und wichtige Entscheidungen mußten gefällt werden. Bertolt Nimmer war erleichtert, daß er meistens einer ganz normalen Arbeit nachging. Nur ab und zu ließen sich Schmiergelder an Senatoren und Beamte der Baubehörde nicht vermeiden. Es gab auch Konkurrenten, die den Bauherren weismachten, daß ihre Leistungen trotz niedrigster Preise von erster Qualität seien. Da mußte man natürlich eingreifen. Nach anstrengender Arbeit tauchte Bertolt Nimmer ins Paradies seiner Stadtpark-Villa ein. Seine Frau ging zweimal in der Woche zum Friseur und zur Fußmassage, ins Fitneßstudio und in den Schönheitssalon. Es war eine Freude, abends von ihr begrüßt zu werden. Bertolt Nimmer merkte, daß sie ihn ernster nahm als früher und sich bemühte, ihn bei Laune zu halten. Die Sommerabende am Pool schenkten Kraft und Besinnung. Ebendort saß Nimmer in seiner Badehose, als er von zwei Männern, die von der Haushälterin unangekündigt in den Garten geführt wurden, verhaftet wurde. Sie gestatteten ihm, sich anzukleiden, bevor sie ihm Handschellen anlegten.

Im Verhör leugnete Bertolt Nimmer standhaft die Vorwürfe der Bestechung, Erpressung und Sabotage. Der Kriminalbeamte lächelte müde. »Sie können froh sein, Herr Nimmer, daß wir Sie nicht auch wegen Mordes zur Verantwortung ziehen. Unser Kronzeuge machte glaubhaft, daß Sie am Verbrechen gegen den Bauamtsleiter unbewußt beteiligt waren.«

»Was für ein Kronzeuge?«

»Sie kennen ihn gut. Auch er hat sich schuldig gemacht, aber seine Aussagen werden ihm vor Gericht gut zu Gesicht stehen.

Übrigens halfen Sie seinem schlechten Gewissen auf die Sprünge. Erst Sie brachten ihn auf den Gedanken, daß bei Keppler und Co. weitaus schlimmere Machenschaften üblich sind, als die kleinen Drecksarbeiten, an denen er selbst mitwirkte. Doch den Gedanken, mit Ihnen gemeinsam auszumisten, mußte er abschreiben. Er hat unzählige Gespräche mitgeschnitten, Akten kopiert und so weiter. Glauben Sie mir, bei dieser Beweiskette bringt Sie nur ein Geständnis weiter.«

Carsten Klemann

Dunkle Schatten

Überarbeitung mußte schuld sein an diesen Anfällen. Vielleicht auch die schlechte Luft im Büro – ja, er rauchte zwar, aber lüftete zu wenig. Genausogut konnte er ein Opfer des Elektrosmogs und der unsichtbaren Strahlen sein, die aus seinem Computer kamen. Über diese Gefahren hatte er selbst schon Artikel verfaßt.

Holger Tettin schaltete den Computer ab, öffnete das Fenster und empfand den kühlen Luftzug als angenehm. Tatsächlich lösten sich die Schatten nun, wurden kleiner, verschwanden völlig. Rätselhaft. Seit zwei Wochen bekam er die Anfälle. Anfangs war da nur ein matter Schleier, als wenn er durch eine unsaubere Brille schaute. Allmählich wurde es dann düsterer in seinem Gesichtsfeld. Eine schwarze Blende schien sich über seine Augen zu schieben und ließ nur schmale Streifen frei.

Beinahe mehr noch als die Sehstörungen beunruhigte ihn, welche Gedanken sie in seinem Kopf freisetzten. Neulich überfielen ihn die Schatten während einer Redaktionskonferenz. Er spürte, wie sein Gesicht erbleichte, Schweißtropfen an seinen Schläfen herabrannen, und versteckte sich hinter einer Aktenmappe. Die Kollegen beratschlagten weiter über die nächsten Ausgaben des »Südkuriers«. Es ging immer wieder um dieselben Probleme: Welche Themen sind am wichtigsten und müssen auf die ersten Seiten, was kann verschoben werden, wer schreibt was. Das letzte Wort hatte der Chefredakteur. In seiner Dunkelheit überlegte

Holger Tettin zum ersten Mal, warum die Entscheidungen stets zu seinen Ungunsten ausfielen. Nein, vielmehr wurde ihm diese Tatsache jetzt erst richtig bewußt. Der gängige Kommentar zu seinen Vorschlägen lautete: »Machen wir irgendwann mal.« Auffällig häufig wurden ihm kleine Artikel über Ereignisse wie den Feuerwehrball oder die Weinlese zugedacht. Sein letzter ehrgeiziger Schreibversuch über den Arbeitsmarkt in der Region wurde mal wieder kräftig redigiert und zusammengestrichen. »Nun gut, niemand ist perfekt, vier Augen erkennen mehr als zwei«, dachte Tettin, als es die Schatten noch nicht gab. Heute sah er die Wahrheit: Die Kollegen hielten ihn für einen schlechten Journalisten, der bloß mit durchgezogen wurde, weil er der Stiefsohn des Verlegers war. Wut darüber spürte er nur kurz, denn die Dunkelheit offenbarte ihm noch mehr: Es störte ihn nicht, kein guter Journalist zu sein, weil er gar keiner sein wollte! Wohl hatte ihm die Schreiberei mal Spaß gemacht, aber ein Reporter mit Leib und Seele, jemand, der sich besessen die Hacken ablief, um dann vor seiner Tastatur unzählige Zigaretten zu rauchen, war er nicht. Und wieso macht er diesen Job? Weil sein Stiefvater gesagt hatte: »Wer einmal das Verlagshaus übernimmt, muß selbst beherrschen, was seine Angestellten können.« Verleger zu sein war eine nette Vorstellung: Der Redaktion sagen, wo es lang geht, geschäftliche Pläne schmieden, mit Politikern zum Essen gehen. Aber sollte er für einen Traum, der frühestens in zwanzig Jahren in Erfüllung ging, täglich Fronarbeit leisten? Die Schatten sagten nein. Unerbittlich wünschten sie nur das beste für ihn, und einen starken Willen.

Wenn die Schatten zu Hause kamen, wiesen sie Tettins Aufmerksamkeit in eine andere Richtung. Sie bewölkten den Blick auf die Möbel, die er mit seiner Frau angeschafft hatte, lenkten ihn vom gemeinsamen Abendessen ab, zerstörten ihr Gesicht. Plötzlich war er ganz allein. Genau in diesem Augenblick sagte Claudia kürzlich: »Ich muß noch mal los, du weißt, Mathilde ist wegen ihrer Hochzeitsfeier so hilflos. Ich muß sie beraten – wird später.« Mal war es Mathildes Hochzeit, mal Simones Beziehungsproblem, mal die Krankheit ihrer Mutter. Ein Anruf bei den Damen hätte genügt, um die Lügen zu entlarven. Aber aus irgendeinem Grund wußte seine Frau, daß er ihr nicht nachspionierte und halbgare Märchen gern akzeptierte. Für den Verdacht, daß Claudia eine Affäre mit dem Hausarzt hatte, sprach einiges. Karl Grund war kein Hausarzt im eigentlichen Sinne, sondern Neurologe und seit vielen Jahren mit Tettins Familie befreundet. Wenn ihre Körper Ärger machten, wandten sie sich automatisch an ihn. Nun gut, Claudia schien sich nicht nur medizinisch behandeln zu lassen. Aber bevor es das schwarze Loch gab, nahm Holger Tettin die Indizien bloß wahr, jetzt sagte eine innere Stimme ganz klar: Sie betrügt dich. Und sie sagte auch: Es kümmert dich nicht.

Alles Grübeln über seinen unglückseligen Zustand führte immer wieder zum selben Knotenpunkt, des Pudels Kern, seinem Stiefvater. Er hatte seine verwitwete Mutter geheiratet, als Tettin sechs war. Alle, die ihn kannten, nannten ihn nur den »General«. Wenn er sich um Holger Tettin kümmerte, dann mit gestrenger Miene und weisen Worten über die Gesetze von Pflicht, Arbeit und Erfolg. Er gab seinem Stiefsohn zu verstehen, daß er bis auf weiteres ein nutzloses Würstchen war, und für ebendas hielt Holger Tettin sich bis heute. Der Stiefvater besaß über ihn eine ebenso mysteriöse wie rabiate Macht, die Tettin dazu getrieben hatte, in seinem Leben die falschen Entscheidungen zu treffen. Eine solche war, mit Claudia den Bund der Ehe eingegangen zu sein. Fassungslos stellte er fest, mit einer Frau verheiratet zu sein, die ihm nicht das geringste bedeutete. Sein Stiefvater hatte ihre Vorzüge gepriesen und sie beide auf eine Reise geschickt. Alles Weitere ergab sich irgendwie. In seiner Ehe fühlte sich Holger Tettin am behaglichsten, wenn Claudia nicht daheim war – zum Glück gab es Dr. Grund.

Der schlimmste Anfall kam am Sonntag morgen. Die Schatten pulsierten, schienen zu atmen, und das immer schneller. Holger Tettin warf seinen Rasierapparat fort, rannte nackt durch die Wohnung und wälzte sich auf dem Fußboden. Claudia schlief noch, sie merkte nichts. Als der Anfall vorüber war, rief er bei Dr. Grund an und bat um eine sofortige Untersuchung.

»Herr Tettin, lassen Sie uns das Montag machen. Wir müssen Elektroschalluntersuchungen machen und so weiter. Heute sind doch meine Hilfen gar nicht da!«

»Ich kann mit diesem Leiden keine Sekunde weiterleben. Bitte, checken Sie mich heute noch durch. Ich will auch nicht, daß jemand anderer als Sie von meinem Zustand erfährt. Nicht auszudenken, was dann geschähe!«

Die Untersuchungen in Dr. Grunds Praxis dauerten bis in die Abendstunden. Dabei konnte der Arzt einen Anfall an seinen Meßinstrumenten miterleben. Als er sämtliche Ergebnisse sorgfältig studiert und verglichen hatte, sagte er: »Organisch fehlt Ihnen nichts. Während Ihres Anfalls war Ihr Gehirn hyperaktiv, Ihre Nerven brannten sozusagen durch. Über die Ursache kann ich nichts sagen. Ehrlich gesagt: Es kann sich um eine vorübergehende nervöse Störung oder den Beginn einer Geisteskrankheit handeln. Ich gebe Ihnen die Adresse eines guten Psychiaters. Keinesfalls sollten Sie am Skiurlaub teilnehmen.«

Die für die nächste Woche geplante Reise hatte Holger Tettin vergessen. Alle Jahre wieder lud der General seine Familie, wichtige Geschäftspartner und auch Dr. Grund auf sein Anwesen in den Bergen ein. Das Erlebnis schürte die Freundschaft und die Vertraulichkeit für ein weiteres Jahr. »Ich will mich keinem Verdacht aussetzen, Herr Doktor. Ich muß mit.«

»Ich warne Sie – vor allem vor dem Skifahren. Ihr Anfall heute morgen zeigt, daß Sie die Selbstkontrolle verlieren können.«

»Ach ... es wird schon gutgehen. Sie sind ja dabei. Aber ich appelliere an Ihre Schweigepflicht. Mein Leiden bleibt unter uns!«

Die sogenannte »Hütte« des Generals lag 200 Meter über dem Tal und war nach heftigem Schneefall nur mit dem Lift zu erreichen. Elf geräumige Zimmer, ein Kaminsaal und ein Thermalbad standen den Gästen zur Verfügung. In der ersten Woche sauste die Gesellschaft über die Pisten in der nahen Umgebung. Auf Dr. Grunds besorgte Blicke reagierte Holger Tettin mit entspanntem Lächeln. Er spürte, daß er vor Anfällen sicher war. Vielleicht wegen des guten Klimas und der Abwechslung. Aber eher vermutete er, daß sein Plan Kräfte in ihm sammelte, die ihn immun machten. Die Idee kam kurz nach der Untersuchung in Dr. Grunds Praxis. Der Arzt hatte ihn vor unkontrolliertem Verhalten gewarnt. Wie leicht konnte es zu einem Unglück führen, dem der General zum Opfer fiel.

In der zweiten Woche stellte die Gesellschaft wie immer ihre Verwegenheit unter Beweis. Man wanderte zu den wundervollen, unberührten Bergrücken, auf die ein normaler Skiurlauber niemals ein Brett setzte. Der Weg dorthin war riskant. Für den Mord am General wählte Holger Tettin den Ausflug am Mittwoch. Es ging zu einer kilometerlangen Piste, die bis an den Rand des Tals reichte. Die Gesellschaft mußte stramm bergauf marschieren. Dann fuhr man ein paar hundert Meter bergab bis zu einer Gletscherspalte. Der einzige Weg zur Traumpiste führte dicht an dem Abgrund entlang.

Die Ausflügler fuhren – einer nach dem anderen – vorsichtig auf die Gletscherspalte zu, stellten ihre Skier rechtzeitig quer und landeten sicher auf einer schmalen Ebene. Während sich Holger Tettin zur Abfahrt bereit machte, schaute er auf den General, der unten zielstrebig vorwärts marschierte. Holger Tettin stieß sich ab und dachte an die Zukunft, an die unendlichen Möglichkeiten.

Ab der Hälfte des Hügels wollte er Schlangenlinien fahren. Er mußte den General mit großer Wucht treffen und den Aufprall nutzen, sich selbst von der Schlucht wegzukatapultieren – ein Kunststück. Links oben in seinem Gesichtsfeld tauchte ein tanzender Schatten auf. »Verflucht! Jetzt nicht!« dachte Tettin. »Unendliche Möglichkeiten«, flüsterte er, während sein Kopf ins monströse Schattenreich tauchte. Die Skier rasten in enormem Tempo, und unten an der Piste ertönte ein vielstimmiger Entsetzensschrei. Im schmalen Sehspalt tauchte kurz der General auf. Machtvoll schlug Holger Tettin seine Skistöcke ins Eis, schoß vorwärts, verlor den Boden unter seinen Brettern und prallte hart gegen einen Körper. Der General packte Tettin bei den Schultern. Dr. Grund war in der weißen Tiefe verschwunden.

In zahllosen Vernehmungen standen die Ausflügler Rede und Antwort. Holger Tettin berichtete von seinen geheimnisvollen Anfällen, von schwarzen Schatten, die ihn während der Abfahrt verrückt gemacht hatten. »Es tut mir so leid, daß Dr. Grund durch mich zu Tode kam. Das wollte ich doch nicht!« Trotz dieser Beteuerungen wurde Holger Tettin wegen Mordverdacht festgenommen. Ein Kommissar erklärte ihm: »Wir erfuhren, daß Dr. Grund eine Affäre mit Ihrer Frau hat. Vielleicht stürzten Sie sich deshalb auf ihn.«

»Aber es war ein Unfall! Dr. Grund hat mich untersucht, seine Diagnose lautete ...«

»Dr. Grund ist tot. Solange kein anderer Arzt Ihr angebliches Leiden bestätigt, ist nicht glaubhaft, daß Ihre Sturzfahrt aus Versehen geschah.«

In Untersuchungshaft wartete Holger Tettin täglich auf seine schwarzen Schatten. Der Gefängnisarzt würde ein schweres Nervenleiden feststellen und Tettins Aussagen erhärten. Doch die Schatten kamen nicht mehr. Auch nicht in den vielen Jahren, die Tettin hinter Gittern verbringen mußte.

Toyo Tanaka

Der Tod der Tenöre

»Ganz egal, wo ich singe, ob in Hamburg, Heidelberg oder Hildesheim, das Publikum ist begeistert von mir. Es liebt meine Stimme wie keine andere«, sagte der Operntenor Florian Förster selbstbewußt beim Antritt seines neuen Engagements am Opernhaus. Der schlanke Sänger war aber nicht nur wegen seines umfangreichen Repertoires berühmt, er wurde auch durch seine privaten Eskapaden und seinen leidenschaftlichen Lebenswandel bekannt. Mit seinem markanten hohlwangigen Gesicht, den wulstigen, erotischen Lippen und den wasserblauen, leicht fiebrigen Augen eroberte er im Handumdrehen jede Frau seiner Wahl. Jedenfalls sagte man ihm das nach, und tatsächlich hatte er schon nach einer Woche die hübsche Sopranistin Sonja Fein erobert, die seinetwegen ihren Mann, den Tenor Georg Goldmann, verließ. Florian Förster war sofort das Tagesgespräch vor und hinter den Kulissen der Oper, und durch sein arrogantes Verhalten hatte er mehr Feinde als Freunde. Er war der größte Selbstdarsteller unter allen Künstlern und im Umgang mit seinen Kollegen völlig unberechenbar. Es passierte häufig, daß er sich innerhalb von Sekunden von einem umgänglichen Partner zu einem tosenden Teufel verwandeln konnte, und das galt für seinen Beruf genauso wie für sein Privatleben. Das gesamte Opernensemble war ziemlich nervös. In zwei Tagen sollte die Premiere von »Hoffmanns Erzählungen« mit Florian Förster in der Titelrolle sein, Regie führte der Intendant Professor Hans Perlmann persönlich. Während der Proben zeigte Florian Förster sein Können, und auch die Kollegen, die ihn nicht ausstehen konnten, mußten zugeben, daß er ein begnadeter Sänger war. Doch innerhalb von wenigen Stunden bekam der große Tenor einen Grippeanfall. Professor Perlmann bedachte seinen Star mit einem strafenden Blick, bevor er befahl: »Schafft mir den Goldmann her. Er kann die Partie, er wird den Hoffmann singen.«

Florian Förster traf diese Anordnung wie ein Keulenschlag. Nein, so ging man nicht mit ihm um. Wutentbrannt und lauthals schimpfend, was seinen angekratzten Stimmbändern überhaupt nicht guttat, verließ er das Opernhaus. In seiner Wohnung bediente er sich eines geheimen, aber wirkungsvollen Rezeptes, das ihn bis zum nächsten Abend wieder auf die Beine bringen würde. Tatsächlich stand er strahlend auf den Bühnenbrettern.

»Tut mir leid, Förster«, schnarrte der Intendant, »den Hoffmann wird heute abend der Goldmann singen.« Aufgeheizt wie ein Vulkan konnte Förster sein stürmisches Temperament weder kontrollieren noch zügeln und schrie Professor Perlmann fast zu Boden. Professor Perlmann beschloß in derselben Minute, Florian Förster hinauszuschmeißen.

Als er jedoch um 19.00 Uhr die Meldung bekam, daß sein Sänger Georg Goldmann mit seinem Wagen verunglückt war und im Krankenhaus liege, änderte er sofort seine Meinung. Mit seidenweicher Stimme rief er Florian Förster an und bat ihn, die Premiere zu retten und den Hoffmann zu singen. Startenor Förster ließ sich sehr lange bitten. Wenig später stand er auf der Bühne, und mit seinem brillanten Gesang, seinem dominierenden Auftreten und seiner glänzenden Ausstrahlung feierte er wahre Triumphe. Vor dem Bühneneingang standen nicht nur seine jubelnden Fans und Autogrammjäger, sondern auch Kommissar Ewald

Ellbogen und seine Assistentin Thea Junghans, eine kleine Schönheit in engen Jeans, die von ihrer Pistole ausgebeult wurde. Sie war eine begeisterte Anhängerin des Tenors.

»Zeugen haben beobachtet, daß ein Sportwagen das Auto mit Georg Goldmann am Steuer von der Straße drängte, so daß er die Kontrolle über sein Fahrzeug verlor und in den angrenzenden Park fuhr«, schloß der Kommissar seinen kurzen aber anklagenden Bericht.

»Warum erzählen Sie mir das?« ereiferte sich Florian Förster. »Wissen Sie, wie viele Sportwagen es in dieser Stadt gibt? Na? Ich verbitte mir solche Beschuldigungen!« Und dann fluchte er laut und deutlich. Am nächsten Tag fühlte sich Florian Förster krank und elend. Die Theaterärztin Dr. Antje Kraut empfing ihn nicht gerade freundlich, ohne Make-up und mit streng hochgestecktem Haar. Ihre Augen versteckte sie wie ein Filmstar hinter einer großen Sonnenbrille.

»Sie haben mit Ihrer Lebenskraft Raubbau getrieben«, schimpfte sie nach einer oberflächlichen Untersuchung, »nun rächt sich das. Treten Sie kürzer, Herr Kammersänger.« Und dann gab sie ihm aus ihrem Arzneischrank eine braune Flasche und sagte gedehnt: »Nehmen Sie täglich morgens und abends 20 Tropfen.« Und indem sie ihn eindringlich und feindselig betrachtete, korrigierte sie sich und sagte: »Nein, nehmen Sie je 30 Tropfen.« Bloß weg von dieser Frau, dachte Förster und war froh, als er wieder auf der Straße stand. Der lebenslustige Florian Förster, der bisher beruflich oder privat jeden Ärger mit Raufereien, Drogen und unstillbarem Sex ertränkt hatte, fühlte sich wie ein gebrechlicher Mann.

»Ihr Wutanfall nützt Ihnen wenig, Herr Förster«, sagte der Kommissar betont ruhig. »Georg Goldmann ist soeben in der Unfallstation an den Folgen des Unfalls verstorben, und wir müssen annehmen, daß er vorsätzlich von der Straße gedrängt wurde, daß es also Mord war.«

»Und was habe ich damit zu tun?« schrie Förster immer noch aufgebracht.

»Das wollen wir ja gerade herausfinden«, meinte Thea Junghans und sah Förster tief in die Augen. »Ich habe mit der Sache nichts zu tun«, wiederholte der Sänger, und tatsächlich konnten die Polizeibeamten ihm nichts nachweisen. Zu widersprüchlich waren die Zeugenaussagen über den Sportwagen und den Unfall.

Obgleich Florian Förster sein bisher ausgelassenes Leben voller Kräche und Krawalle radikal umstellte, stellte sich keine gesundheitliche Besserung ein. Professor Perlmann entschloß sich deshalb, einen Ersatztenor für die nächste Vorstellung von »Hoffmanns Erzählungen« zu engagieren. Es war der blutjunge Italiener Enzo Tachi, dem fast alle Ensemble-Mitglieder wünschten, daß er Florian Förster ablösen würde. Aber er konnte sein Können nur während der Probe beweisen, Stunden vor der Vorstellung brach er mit fürchterlichen Krämpfen und lauten Schreien hinter der Bühne zusammen.

»Er hat eine akute Magen-Darm-Vergiftung«, stellte die schnell herbeigerufene Theaterärztin Dr. Antje Kraut völlig unberührt fest. »Ich lasse ihn in meine Praxis bringen, das ist das beste für ihn.« Einige Mitarbeiter der Oper behaupteten hinter vorgehaltener Hand, Florian Förster in Enzo Tachis Garderobe gesehen zu haben. Sollte etwa er hinter der Vergiftung stecken? Das Tuscheln nahm kein Ende, schließlich hatte man noch nicht vergessen, daß der Tenor Georg Goldmann ebenfalls auf ungeklärte Weise ums Leben gekommen war. Professor Perlmann blieb nichts anderes übrig, als Florian Förster herzlich aber dringlich zu bitten, die Vorstellung zu singen. Sein Wunsch wurde erst nach einer Stunde erfüllt. Sein Startenor nahm alle noch vorhandene Kraft zusammen und brachte die drei Stunden über die Runden und schließlich sogar zu einem glücklichen Ende. Kritiker sahen großzügig über sein fehlendes hohes C hinweg. Wieder standen nach der Vorstellung Kommissar Ewald Ellbogen und seine hübsche Assistentin Thea Junghans am Bühneneingang.

»Soeben hat uns Frau Dr. Kraut mitgeteilt, daß der Tenor Enzo Tachi gestorben ist. Und zwar nicht eines natürlichen Todes, sondern er wurde vergiftet.« Weiter kam Kommissar Ellbogen nicht mit seinem Bericht. Vor seinen erstaunten Augen brach Florian Förster, der Liebling unzähliger Frauen, auf den Stufen zu den Brettern, die die Welt bedeuten, wortlos zusammen. Spielt er uns Theater vor? dachte der Kommissar. Aber dann sah er, daß sich Florian Förster tatsächlich in tiefer Ohnmacht befand. Sein markanter Kopf lag im schützenden Schoß seiner Assistentin.

»Also, das verstehe ich nicht«, sagte der Oberarzt des Städtischen Krankenhauses, Dr. Volker Walter. »Florian Försters Blutzuckerwerte sind lebensgefährlich gesunken.«

»Was ist daran nicht zu verstehen?« fragte Kommissar Ellbogen neugierig.

»Hören Sie, die Werte sind so erbärmlich niedrig, weil Förster irgend etwas regelmäßig geschluckt hat. Wenn er so weiter gemacht hätte, wäre er über kurz oder lang mausetot.«

»Förster ist ein Lebenskünstler, im wahrsten Sinne des Wortes, ein Skandal-Star, der bringt sich doch nicht selber um?« meinte Thea Junghans. ... »Das Zeug muß man ihm heimlich gegeben haben.«

In Försters Wohnung entdeckte Inspektor Thea Junghans keine Drogen, wie sie erleichtert feststellte, dafür im Badezimmer ein braunes Fläschchen ohne Beschriftung mit einer dunklen, sirupähnlichen Flüssigkeit. Im Labor wurde festgestellt, daß es hochkonzentrierter Schlafmohn war, der, während einer längeren

Zeitdauer regelmäßig eingenommen, zum allmählichen Tode führt.

»Nein, Florian Förster ist kein Selbstmörder«, behauptete Thea Junghans. »Er sollte umgebracht werden!« Und sie empfand tiefstes Mitleid mit ihrem Lieblingstenor.

Florian Försters Aussage brachte den Kommissar in die Praxis der Theaterärztin Dr. Antje Kraut. Sie stritt vehement ab, dem Tenor das Fläschchen mit dem gefährlichen Schlafmohn verabreicht zu haben. »Das ist eine infame Lüge, eine böswillige Unterstellung. Und wissen Sie, warum, Herr Kommissar? Weil ich auf sein Liebeswerben nicht reagiert habe. Weil ich nicht mit ihm geschlafen habe, wie die halbe Oper oder ein Viertel der Stadt.«
»Nun übertreiben Sie aber«, meinte der Kommissar, und Thea Junghans konnte sich auch bei größter Phantasie nicht vorstellen, daß Florian Förster die Ärztin umworben hatte.
Während Kommissar Ellbogen resigniert dachte, wieder einmal einen unaufgeklärten Fall zu den Akten legen zu müssen, sah sich seine Assistentin Thea Junghans das bisherige Leben der Theaterärztin genauer an. Und sie stieß auf so interessante Angaben, daß ihr Chef bewundernd sagte: »Wenn das stimmt, Junghans, dann werden Sie glatt befördert.« Dann ließ er sich Dr. Antje Kraut ins Präsidium kommen.

»Ja, es ist richtig, ich war mit dem Tenor Hans Bach verheiratet, und ich habe ihn verlassen.«

»Er hat Sie verlassen«, korrigierte der Kommissar streng. »So wie der Tenor Rinaldo Rossi, an den Sie sich heranmachten und der Sie nicht heiratete. Eigenartigerweise sind beide tot.«

»So ist das Leben. Irgendwann erwischt es jeden einmal.«

»Jawohl, Frau Doktor, aber nicht auf der Höhe des Lebens, nicht zwischen dreißig und vierzig Jahren. Sie waren dabei, als Ihre Exmänner starben.«

»Das ist das gute Recht einer ehemaligen Ehefrau, beziehungsweise Freundin.«

»Wir haben den Leichnam Rinaldo Rossis exhumiert. In den Därmen war Gift. Und dieses Gift fanden wir in Ihrer Praxis. Wollen Sie noch leugnen, Frau Doktor?«

Dr. Antje Kraut wurde in eine Psychiatrische Klinik eingewiesen. Sie hatte nicht verkraften können, von ihrer großen Liebe, ihrem ersten Mann verlassen worden zu sein, und hatte seitdem einen seltsamen Haß auf alle Tenöre dieser Welt. Florian Förster, der noch einmal davongekommen war, erholte sich schnell und hatte es sehr eilig, aus seinem Vertrag auszusteigen, obgleich ihn Professor Perlmann unbedingt als Tenor behalten wollte. Florian Förster verschwand von den Bühnenbrettern, es sollte erst einmal Gras über sein Gastspiel in dieser Stadt wachsen, denn Frau Dr. Kraut hatte zwar die Giftmorde an den Tenören zugegeben, jedoch hartnäckig geleugnet, mit dem Unfalltod von Georg Goldmann etwas zu tun zu haben.

Carsten Klemann

Original und Fälschung

Pieter May schaute seinem Freund, dem Maler Oliver Ross, gern bei der Arbeit zu. Es entspannte ihn, zu verfolgen, wie auf mehr oder weniger großen Leinwänden mehr oder weniger abstrakte Bilder entstanden. Gern kam er nach der Arbeit für eine Stunde ins Atelier. Schon nach wenigen Minuten hörte er das Echo der klingelnden Telefone und fragenden Stimmen nicht mehr, auf die er als Angestellter eines Reisebüros täglich acht Stunden gewissenhaft reagierte. Inmitten der Farben, Pinsel und Skizzenblöcke fühlte er sich in einer Welt, die über seinen normalen Alltag erhaben war und die ihm Kraft gab.

Oliver Ross erklärte ihm, warum: »Kunst erlaubt der Seele, nur durch sich selbst zu sprechen. Aber um das richtig zu erleben, mußt du selbst schöpferisch sein.« Vor diesem Gedanken schreckte Pieter May lange zurück. Er fürchtete, seine Liebe zur Kunst abzutöten, wenn er schlechte Bilder fabrizierte.

Oliver Ross besaß ein kleines Segelboot. Auf dem Meer schuf er verspielte Zeichnungen der Natur. Als Pieter May und seine Frau ihn einmal auf einem Segeltörn begleiteten, begann Oliver Ross, Josefine zu porträtieren. Fasziniert schaute Pieter May zu. Er merkte, daß er Josefine auf eine ihm bisher unbekannte Weise betrachtete. Beinahe erschien sie ihm wie eine Pflanze in einem botanischen Garten. Plötzlich kam der Ehrgeiz, es mal zu versuchen, etwas aus sich herauszuholen, von dem er kaum ahnte, ob es vorhanden war. Pieter May strichelte Gesicht und Oberkörper seiner Frau auf einen Zeichenblock und zerriß am Ende das Papier.

Bei seinem nächsten Besuch im Atelier sagte Oliver Ross: »Ich habe interessante Schnipsel im Müllsack auf dem Boot entdeckt. Ich machte mir sogar die Mühe, sie zusammenzusetzen. Gar nicht übel, was dabei herauskam. Anstatt hier immer herumzuhängen und mich anzugaffen, solltest du was aus dir machen! Ich helfe dir gern dabei.« Auf einen letzten Anstoß hatte Pieter May nur gewartet. In wenigen Stunden war ein Skizzenblock gefüllt mit seinen Studien und Skizzen. Oliver Ross lobte ihn für seine gute Zeichentechnik. Pieter May hatte durch jahrelanges Zuschauen viel gelernt.

Bald schon wagte er sich an Pinsel, Ölfarben und Leinwände. Sein erstes Gemälde wurde zu einem mißratenen Machwerk, doch die Ratschläge und Aufmunterungen des Meisters sorgten dafür, daß sich Pieter May nicht einschüchtern ließ. In unzähligen Versuchen entwickelte er einen persönlichen Stil. Auf den ersten Blick fielen seine Bilder durch surrealen Farbenrausch auf, der effektvoll von Linienmuster durchsponnen war. Beim näheren Hinsehen waren konkrete Motive zu erkennen: kleine Landschaften, Menschen, Maschinen oder Tiere. Alle Elemente der Bilder verbanden sich zu einem grandiosen Tumult, der stetig neue Eindrücke bot. Oliver Ross sagte kaum mehr ein Wort, wenn er Pieter May über die Schulter blickte, sondern nickte nur anerkennend mit dem Kopf.

Es war eine herrliche Zeit, die von einem Tag auf den anderen zu Ende ging, als Pieter Mays Reisebüro geschlossen wurde. Immerhin bot man Pieter May als einzigem Mitarbeiter einen anderen Posten an. Nur lag das Reisebüro, in dem er arbeiten sollte, in einer 300 Kilometer entfernten Großstadt. Natürlich sagte Pieter May trotzdem zu. Werktags wohnte er in einem kleinen möblierten Zimmer und kam nur am Wochenende nach Hause. Er hoffte, bald eine bessere Stelle zu finden.

Eines Abends, auf dem Weg zur U-Bahn, blieb er verblüfft vor einem Schaufenster stehen. Es gehörte zu einer Galerie, und unter den Bildern, die ausgestellt wurden, sah er zwei seiner eigenen. Sie standen in einer Reihe mit Gemälden von Oliver Ross, und gekrönt wurde die Präsentation durch ein Foto seines grinsenden Gesichts. Kein Bild wurde unter 10 000 Mark angeboten. Sobald Pieter May auf seinem Zimmer war, rief er seinen Freund an und bat um eine Erklärung. Sie hatten seit Wochen nicht miteinander gesprochen. Oliver Ross wirkte genervt: »Ich mußte mein Atelier entrümpeln. Du hast dich um die Bilder ja nicht mehr gekümmert. Wenn ich sie nicht unter meinem Namen verkaufe, bringen sie keinen Pfennig. Also, was soll's. Außerdem sind sie nur durch meine Hilfe und mit meinen Farben entstanden.«

»Fühl dich doch nicht gleich angegriffen. Ich will ja nur Bescheid wissen.«

»Dann ist ja alles klar. Du, ich bin auf dem Sprung. Bis demnächst, okay?«

Pieter May fand das Gebaren seines Freundes unmöglich. Wenigstens hätte er ihm eine Beteiligung an den Bildern versprechen müssen. Aber entscheidend war nicht das Geld, sondern Oliver Ross' Selbstherrlichkeit. Was war bloß in ihn gefahren?

Auf einer kleinen Staffelei, die Pieter May sich gekauft hatte, stand ein halbfertiges Bild. Seine einsamen Abende bedrückten und lähmten ihn, und so nahm er den Pinsel nur selten in die Hand. Daß nun aber eine Galerie seine Bilder ausstellte, inspirierte ihn. Es traf sich gut, daß Josefine mit einer Freundin auf einer Städtereise war. So hatte er die nächsten beiden Wochenenden Zeit zum Malen.

Als Pieter May seine Frau wiedersah, musterte sie ihn erstaunt: »Auf einmal wieder so fröhlich?«

»Habe viel geschafft in der letzten Zeit.« Er schlug vor, am Abend Oliver Ross zu besuchen.

»Das geht nicht, er ist in New York.« In Josefines Gesicht kam Leben. »Du, der wird jetzt ein ganz Großer. In den Staaten eröffnet er zwei Ausstellungen und kommt mit einflußreichen Leuten zusammen. Ich muß dir was zeigen.« Josefine kramte eilfertig eine Kunstzeitschrift hervor und hielt ihrem Mann eine farbige Doppelseite unter die Nase. »Ist das nicht toll?«

Pieter May überflog den Text – Oliver Ross wurde als Erfinder einer neuen Kunstrichtung gefeiert, die man »Subrealen Sensitivismus« nannte. Umrahmt war der Artikel von einigen Bildern, die Pieter May bei Ross gemalt hatte, und anderen, die zwar nicht von ihm stammten, aber in seinem unverwechselbaren Stil gemacht waren. »Unglaublich«, sagte er.

»Finde ich auch. Wir trinken heute Abend auf Olivers Wohl.«

Pieter May wollte seine Wut dämpfen, indem er sich sagte, daß Oliver Ross im weitesten Sinne tatsächlich für den neuen Malstil verantwortlich war. Und daß er selbst ja nur Hobbymaler sein wollte und nichts dabei war, wenn ein anderer durch ihn berühmt wurde. Als er das nächste Mal an der Galerie vorbeikam, waren die Bilder verschwunden. Er ging hinein und fragte nach Werken von Oliver Ross. »Alles verkauft«, wurde ihm geantwortet. »Im Augenblick bekommen wir nur schwer Ersatz. Der Marktwert ist binnen kurzem um das Fünffache gestiegen.«

Wieder kochte die Wut in ihm hoch, aber nun brachte sie ihn auf eine gute Idee. Eine Stunde später kehrte er mit einem Packen seiner Bilder unterm Arm in die Galerie zurück. »Was halten Sie davon?« fragte er den Geschäftsführer.

»Interessant. Oliver Ross' Stil exzellent kopiert. Die Leute sind verrückt nach dieser neuen Machart. Warum sollen sie sich keine preiswerte Nachahmung an die Wand hängen. Wissen Sie was? Ich gebe Ihnen 3 000 pro Bild.«

Entzückt willigte Pieter May ein. Für ein Bild bekam er etwas weniger als er monatlich im Reisebüro verdiente! Er nahm Urlaub, ohne Josefine davon zu erzählen, und verbrachte die Tage an der Staffelei. Die Galerie bat um Nachschub. Und eines Morgens rief ein Agent bei ihm an. »Ich biete Ihnen einen günstigen Vertrag. Meine Agentur vermarktet Ihre Bilder weltweit und bekommt dafür nur 25 % vom Erlös. Können Sie auch andere Künstler nachahmen?«

»Ich ahme nicht nach, ich bin das Original.«

Der Agent machte seine Sache gut. Nach einer Woche war Pieter Mays Bildervorrat vergeben. Gern hätte er Josefine von seinem neuen Leben berichtet, doch sie machte mal wieder Urlaub mit ihrer Freundin. Ein Erlebnistrip quer durch Europa und ohne die Chance, sie irgendwo zu erreichen. Die Freundin war wirklich großzügig, denn sie bezahlte alles. Pieter May mietete ein großes Atelier. Und als sein Urlaub verstrichen war, kündigte er seinen Job.

Eines Tages stand Josefine überraschend in der Tür seines Ateliers und musterte abfällig seine farbbespritzte Kleidung. »Ich brauchte Tage, um dich ausfindig zu machen. Weißt du, was du da tust, Pieter?«

»Ich male. Und das macht uns reich.«

»Pah! Du verdienst dir auf Olivers Kosten eine goldene Nase, als plumper Plagiator.«

»Das stimmt nicht, er ahmt mich nach.«

»Weißt du was, Pieter, du bist ein blöder Spinner. Aber das soll mir in Zukunft egal sein. Ich ziehe zu Oliver.«

»Du bist mit Oliver ...«

»Allerdings. Früher nur sporadisch. Aber seit du weg bist, merkten wir, wie tief wir füreinander empfinden. Ich wollte es dir persönlich sagen. Und noch was: Höre sofort auf, deine rufschädigenden Andeutungen in der Kunstszene zu verbreiten. Sonst spießen dich unsere Anwälte auf.«

Hartnäckig kämpfte Pieter May mit dem Pinsel gegen seinen

Schmerz und seine Enttäuschung an. Aber sobald ein Bild fertiggestellt war, konnte er diese Gefühle nicht mehr unterdrücken. Dann landeten Farbeimer an der Wand. Es war kaum zu glauben: Erst betrogen sie ihn, und nun bauten sie sich ein prima Leben auf seinen Ideen auf. Er durfte von den Krumen des Brotes leben, das er selbst gebacken hatte. Nicht mehr lange. Der Gerechtigkeit mußte auf die Sprünge geholfen werden.

Pieter May schlug sein Ideen-Buch auf. Hier fanden sich die Skizzen, aus denen er seinen Malstil entwickelt hatte. Ein paar Seiten waren noch frei, und auf ihnen schilderte Pieter May die wahre Geschichte des »Subrealen Sensitivismus«. Dann rief er Oliver Ross in seinem Atelier an: »Ich will unser Problem aus der Welt schaffen.«

»Das ist gut«, sagte Oliver Ross etwas kleinlaut. Kraftvoller setzte er hinzu: »Aber du weißt hoffentlich, daß mein Spielraum begrenzt ist.«

»Wie wäre es mal wieder mit einer Segeltour? Wir sind völlig allein, und die Brisen werden die Gedanken klären.«

Sie verabredeten sich für den nächsten Mittag am Steg.

Nachdem eine Woche lang niemand Pieter May gesehen hatte, schaltete sein Manager die Polizei ein. »Als ich das letzte Mal mit ihm telefonierte, wollte er an die Küste fahren, um mit Oliver Ross zu segeln.«

Der Maler sagte in einer Vernehmung: »Wir legten nach zehn Minuten wieder an, weil sich Pieter May unwohl fühlte. Wir haben uns noch auf dem Steg verabschiedet.«

Auf Pieter Mays Zeichentisch wurden seine Aufzeichnungen über die »Wahre Geschichte des Subrealen Sensitivismus« entdeckt und von der Polizei beschlagnahmt. Sie erklärten die Andeutungen, die Pieter May ab und zu gegenüber Galeristen und Sammlern gemacht hatte. Fischer holten aus dem Wasser des Hafenbeckens eine Regenjacke, in der sich ein Organspende-Ausweis von Pieter May befand. Die Polizei konnte nicht geheimhalten, welchen Verdacht sie hegte: Weil Oliver Ross verhindern wollte, daß der wahre Urheber der neuen Kunstrichtung jemals bekannt wurde, brachte er ihn um und versenkte seine Leiche im Meer. Der Kunstmarkt reagierte schnell: Mays Bilder wurden als posthume Raritäten hoch gehandelt. Und plötzlich nahmen auch renommierte Kunstexperten sie zur Kenntnis und erklärten, daß Pieter May weit ideenreicher und raffinierter male als Oliver Ross. Somit stünde fest, wer den »Subrealen Sensitivismus« tatsächlich erfunden habe.

Die Polizei besaß keine handfesten Beweise für einen Mord und machte Oliver Ross lediglich zur Auflage, seinen Wohnort nicht zu verlassen. Bis eines Tages Pieter May auf einer Polizeiwache erschien. Man brachte ihn sofort ins Präsidium, wo er folgendes sagte: »Ich war fassungslos, als ich erfuhr, daß alle Welt mich für tot hält. Dabei habe ich mir nur eine kleine Hütte am Meer gemietet, um mal wieder zu mir selbst zu kommen. Ich brauchte einfach Ruhe, wollte von nichts mehr was wissen.«

»Herr May, Sie haben uns wochenlang in Atem gehalten. Wir fanden Ihren Mantel im Meer.«

»Ja, den habe ich wohl beim Segeln verloren«, sagte May mit Unschuldsmiene. »War sehr stürmisch da draußen. Mir wurde übel, und ich spürte plötzlich Überdruß auf alles.«

Die Kunstszene machte glücklich, daß Pieter May noch am Leben war. Es gab so viele Sammler in aller Welt, die noch keines seiner Bilder besaßen. Wer die Preise nicht bezahlen konnte, nahm mit Oliver Ross vorlieb. Seine Plagiate verdienten durchaus Respekt.

Kim Rose

Auf dem Lande

Der Abend duftete nach den feuchten Wiesen, die sich weit bis zum Flüßchen erstreckten. Auf der anderen Uferseite stieg die Landschaft in sanften Hügeln an. Schön feurig sank die Sonne ab und verfärbte Himmel und Wolken zu einem wilden Gemälde. »Wir brauchen nichts mehr«, sagte Hans-Peter Dorn, die Hand auf der Schulter seiner Frau Rosemarie und mit den Fingern in ihren Löckchen spielend. »Hier habe ich das Gefühl, ein vollständiger Mensch zu sein. Frei. Es gibt nur eine Macht, die Natur, aber sie macht uns stark.«

Rosemarie Dorn hörte sich Hansis pathetische Beschwörungen – zu denen er öfter mal neigte – geduldig an. Sie empfand genau wie er. Die Stadt war Vergangenheit. Genau wie die Etagenwohnung, der Angestelltenjob, die Hektik und die Enge. Seit einer Woche lebten sie im eigenen Bauernhaus und waren nur von Grün umgeben, beschaulichen Dörfern und freundlichen, rechtschaffenen Menschen. Viele Jahre hatten sie für diesen Traum gespart, und außerdem würden sie dreißig Jahre lang einen Kredit bei der Bank ableisten müssen. Aber dafür besaßen sie bereits mit Ende Dreißig, wonach sich andere Menschen ihr Leben lang sehnen.

Die Renovierung des alten Bauernhauses hatte ein Jahr gedauert, und es gab weiterhin viel zu tun. Doch die Innenräume waren urgemütlich mit soliden Bauernmöbeln eingerichtet, Gewürze hingen im riesigen Eingangssaal von der Decke, und im Garten wuchsen farbenfroh die Blumen, die Rosemarie letztes Jahr gepflanzt hatte.

»Schau, da kommt wer«, Hans-Peter Dorn beugte sich aus seinem Lehnstuhl auf der Terrasse und streckte den Zeigefinger aus. Über das wildwachsende Wiesenland, das in leichtem Nebel lag, näherte sich eine Gestalt dem Anwesen. Hans-Peter und Rosemarie erkannten einen Mann in blauer Bauernkluft. Er betrat das Grundstück und trat lächelnd auf die Terrasse zu. Das Ehepaar erhob sich. Der Mann besaß ein faltenreiches Gesicht und trug kaum Haare auf dem Kopf. Er war spindeldürr, wirkte aber überaus drahtig und gesund. »Guten Abend«, sagte er herzlich lächelnd. »Ich bin Gunnar Falk, vom Hof im Westen. Ich möchte Sie im Namen aller als neue Nachbarn begrüßen.« Gunnar Falk überreichte einen bunten Feldblumenstrauß. »Auf langes Glück hier.«

Rosemarie und Hans-Peter boten dem freundlichen älteren Herrn einen Platz auf der Terrasse an. Sie waren glücklich und dankbar, von den Anwohnern mit offenen Armen empfangen zu werden. Schließlich prallten zwei Welten aufeinander.

»Mir gefällt, daß durch Sie frischer Wind in unsere Gemeinschaft kommt«, erklärte Gunnar Falk. »Städter sieht man hier sonst nur am Wochenende, für ein paar Stunden. Darf ich fragen, was Sie hier tun werden, außer die gute Luft zu atmen?«

»Na, klar! Meine Frau will sich ganz auf ihr Steckenpferd konzentrieren, die Landschaftsfotographie. Bisher arbeitete sie nämlich in einer Anwaltskanzlei. Sie hat schon ein paar Ausstellungen gemacht, und auch ein Buch ist in Arbeit. Ich übersetze spanische und französische Texte für Zeitschriften und Verlage. Ich denke, die Umgebung wird mich beflügeln.«

Rosemarie scheute sich nicht, auch ihren größten Wunsch zu offenbaren. »Ich hoffe, daß wir im nächsten Jahr zu dritt sind. Es muß für ein Kind wunderbar sein, in der unberührten Natur aufzuwachsen.«

Gunnar Falk lächelte verschmitzt. »Kann ich nicht genau sagen. Ich kenn ja kaum was anderes.«

Sie lachten viel, und erst nach einer Stunde stand Gunnar Falk abrupt auf und streckte ihnen seine Hand entgegen. »Jetzt muß ich gehen. Aber wir sehen uns bestimmt häufig. Übrigens – im Heuschober an der Grenze Ihres Grundstücks bewahren ein paar andere Bauern und ich Gerätschaften auf. Von unseren Feldern ist es der kürzeste Weg, wenn wir für die Trecker mal Spezialwerkzeuge brauchen. Ich hoffe, Sie ...«

»Das stört uns nicht«, sagte Hans-Peter Dorn. »Meine Frau will dort vielleicht mal eine Galerie einrichten. Dann müssen wir weitersehen.«

Rosemarie beobachtete nachdenklich, wie der alte Mann in der Dunkelheit verschwand. Die Nacht war vollkommen schwarz. Kein Baum war mehr zu sehen. »Hast du seine Rolex gesehen. Ich dachte immer, Bauern ginge es finanziell nicht so gut.«

»Wir werden hier noch einige Vorurteile über Bord kippen müssen. Komm, laß uns jetzt in unser schönes, weiches Bauernbett gehen.«

Frühling und Sommer vergingen, und rechtzeitig zum Herbst waren alle Rohre verlegt und die Heizungen installiert. Rosemarie dachte nicht mehr an Fernreisen, Einkaufsbummel in schicken Ladenpassagen oder Kinobesuche. Viele ihrer früheren Interessen, ihre Rastlosigkeit waren verschwunden. Sie bearbeitete ihr Gemüsebeet und verschönerte das Haus. Auf langen Spaziergängen machte sie ihre Fotos und entwickelte sie in ihrem Labor im Keller. Mittags kam manchmal überraschend einer der Bauern vorbei, um etwas aus dem Heuschober zu holen. Die Besucher blieben dann zumindest auf eine Tasse Kaffee und erzählten den neuesten Dorfklatsch. Gunnar Falk brachte immer kleine Geschenke mit. Rosemarie und Hans-Peter kannten bald alle Anwohner mit Vornamen und wurden zu Geburtstagen und Hochzeiten eingeladen. Rosemaries größter Wunsch war, genau dieses Leben bis ins hohe Alter weiterführen zu können – gemeinsam mit Hansi und ihrem Kind, das in sieben Monaten auf die Welt kommen sollte.

Manchmal sorgte sie sich um ihn, weil er überarbeitet wirkte. Das wunderte allerdings nicht nach den schweren Renovierarbeiten, die er fast allein übernommen hatte. Außerdem mußte er sich um seine Aufträge kümmern. Rosemarie behandelte ihn sehr fürsorglich. Sie konnte jedoch nicht verhindern, daß er oft bis spät in die Nacht an seinem Schreibtisch saß oder unruhig im Haus herumlief. Bei Dorffesten hatte sie den Eindruck, daß er viel mehr als früher trank. Auf einem langen Sonntagsspaziergang durch die verschneiten Wälder brachte sie ihn endlich zum Sprechen. »Weißt du Schatz, meine Auftragslage ist im Moment nicht gut. Fast scheint es, als neideten mir die Verlage mein neues Leben. Die Renovierung hat unser Geld verschlungen, der Kredit muß bezahlt werden ...«

Rosemarie wunderte sich, weil sie ihren Mann täglich viele Stunden über Manuskripten arbeiten sah. »Mach dir bitte keine Sorgen, Hansi! Bald bekomme ich den Vorschuß für mein Buch. Wenn es ganz schlimm kommt, könnte ich auch irgendwo eine halbe Stelle annehmen. Diese Probleme meistern wir leicht. Laß uns einfach die Weihnachtszeit genießen und uns darüber freuen, was wir erreicht haben. Danach findet sich alles.«

An den Festtagen herrschte großer Trubel. Verwandte kamen zu Besuch, und auch viele Leute aus der Umgebung schauten vorbei, um Geschenke zu überreichen und am Kamin heißen Grog zu trinken. Im großen Saal stand ein riesiger Tannenbaum, den Gunnar Falk schon an Nikolaus mit seinem Trecker herangeschleppt hatte. Er half auch, die Zufahrten vom Schnee zu befreien. Rosemaries größte Freude war, daß Hansi wieder gelöst und hoffnungsvoll wirkte. Den Gesellschaften erzählte er Weihnachtsmärchen aus dem Kopf, lachte aus vollem Herzen und trank nicht zuviel.

An einem der ersten Januartage kam er mit strahlendem Gesicht zu ihr in das Labor. »Gute Nachrichten! Ich bekomme vielleicht einen festen Übersetzervertrag. Ich muß gleich morgen früh in die Stadt fahren. Wenn es klappt, sind wir alle Sorgen los.«

Um fünf Uhr in der Früh bereitete Rosemarie ihrem Mann das Frühstück, küßte ihn hoffnungsfroh und entließ ihn dann in die Kälte. Sie mochte nicht zurück ins Bett und brachte die Zimmer in Ordnung. In Hans-Peters Zimmer fiel ihr ein zerknüllter Rechenbogen im Papierkorb auf. Gewaltige Geldsummen, mit einem Minuszeichen versehen, tauchten auf dem Blatt auf. Sie wurde nicht daraus schlau und legte es beunruhigt zur Seite.

Kurz nach Sonnenaufgang hielt ein Wagen vor der Tür. Ein junger Bauer aus der Nachbarschaft stieg aus. »Frau Dorn, was ist los? Sollen wir den Wagen abschleppen?« Der Mann erklärte, den Wagen der Dorns einige Kilometer entfernt neben der Landstraße gesehen zu haben. Abgestellt und leer. »Himmel!« rief Rosemarie. »Die alte Blechkiste. Wahrscheinlich versucht mein Mann, zu Fuß Hilfe zu holen.«

Der Bauer brachte sie zu dem Ort. Der Wagen stand am Waldsaum. Tauwetter hatte eingesetzt, und von den Tannen schlugen Tropfen auf das Autodach. »Schauen Sie, Frau Dorn, da führen Spuren in den Wald.« Rosemarie und der junge Mann folgten dem aufgewühlten Schnee. Sie gelangten an einen Waldsee. »O Gott«, der junge Bauer schlug die Hände vors Gesicht.

»Holen Sie ihn da raus, holen Sie ihn da raus!« schrie Rosemarie verzweifelt. Hansi lag nahe am Ufer des Sees im aufgebrochenen Eis.

Sofort nachdem das örtliche Polizeirevier der städtischen Mordkommission Meldung gemacht hatte, begab sich ein Hauptkommissar zum Tatort. Am frühen Nachmittag saß er im Bauernhaus Rosemarie Dorn gegenüber. »Man hat Ihren Mann mit einem kräftigen Baumstamm erschlagen und in den See geworfen. In welche Geschäfte war er verwickelt?«

»In keine!« Rosemaries Stimme klang schrill und laut. »Er hat Übersetzungen gemacht, sonst nichts!«

»In seinem Wagen fanden wir diese Stahlkassette.« Der Kommissar öffnete sie. »Sind Ihnen die Schmuckstücke bekannt?«

»Nein.«

»Kassetten dieser Art legen Banken in ihre Schließfächer. Wir werden versuchen, die Herkunft des Schmucks herauszufinden.«

Als der Kommissar gegangen war, erinnerte sich Rosemarie an das eigenartige Rechenblatt, das sie am Morgen gefunden hatte. Sie durchwühlte sämtliche Akten in Hansis Schreibtisch. In einem Mäppchen lag ein Kreditvertrag, den sie nicht kannte. Die Zinsen waren absoluter Wucher. Hansi hatte sich insgeheim einem Kredithai ausgeliefert, um ihren Traum vom Bauernhaus zu erfüllen! Rosemarie verbrachte den Rest des Tages weinend im Bett. Ununterbrochen klingelte das Telefon. Sie ging nicht an den Apparat. Als es Nacht wurde, löschte sie alle Lichter und blickte mit offenen, starren Augen ins Dunkel. Es mochte drei Uhr am Morgen sein, als sie draußen einen Lichtschein bemerkte. Eine Gestalt mit einer Taschenlampe verschwand im Heuschober.

In Sekunden war Rosemarie in ihrem Mantel und in der eisigen Kälte. Sehr leise öffnete sie den Verschlag des Heuschobers. Wieder sah sie das Licht der Taschenlampe, ganz hinten im Raum lag sie auf dem Boden. Ein Mann legte mit der Schaufel eine große Metallplatte frei. Er warf die Schaufel fort und stemmte die Platte zur Seite. Als Rosemarie näher kam, erkannte sie Gunnar Falk. Er griff in eine große Kuhle und förderte Stahlkassetten zutage.

Rosemarie trat ein paar Schritte zurück und nahm eine Mistgabel zur Hand, die an einem Pfosten lehnte. Dann stürmte sie voran, Gunnar Falk entgegen, und versetzte ihm einen kräftigen Tritt gegen den Brustkorb. »Aaah.« Der alte Mann krümmte sich auf dem Boden. Rosemarie schob die scharfen Zacken der Mistgabel unter sein Kinn und drückte sie heftig an. Gunnar Falk preßte seinen Hinterkopf auf den kalten Erdboden und kämpfte panisch um Atem. »Was ist mit meinem Mann geschehen?« Rosemaries Stimme klang böse und zu allem bereit. Weil Gunnar Falk nicht sofort antwortete, stach sie fester zu.

»Er … er hat unser Depot entdeckt. Ich und ein paar andere Bauern, wir haben einen Geldtransporter überfallen, vor fünf Jahren. Unsere Höfe standen vor dem Ruin.« Aus Gunnar Falks Gesicht entwich zusehends die Farbe. Rosemarie gab etwas nach. Falk holte tief Luft. »Die Beute war riesig, nur Schmuck und Gold. Wir bezahlten unsere Schulden und versteckten den Rest hier. Der Heuschober liegt genau zwischen unseren Höfen. Er war wie unsere Bank, aus der wir uns bedienen konnten.«

Rosemaries Hände, die die Mistgabel umfaßten, zuckten vor Wut. »Was haben Sie meinem Mann angetan?« schrie sie den alten Mann an. Gunnar Falk schloß kurz die Augen. »Es war ein Fehler, das Depot nach Ihrem Einzug hier zu lassen. Und vor Weihnachten, als wir mehr Geld brauchten, wurden wir unvorsichtig. Ihr Mann hat das Depot entdeckt und wollte einen großen Anteil. Ich ging nur zum Schein darauf ein. Wir durften das nicht zulassen! Gestern wollte ich mit ihm zu einem Hehler fahren. Aber ich fing ihn schon auf der Landstraße ab, und ich hatte ein kräftiges Holz …«

Rosemarie wollte nichts mehr hören. Sie hob die scharfen Zacken ein wenig an. Gunnar Falk mußte sterben, das war ihr einziger, letzter Wille. Ihre Ellenbogen holten Schwung, wurden aber in der Bewegung angehalten. »Nein, Frau Dorn, wir haben den Mörder. Das genügt.« Der Hauptkommissar nahm ihr den Stiel aus der Hand. Zwei andere Beamte halfen Gunnar Falk auf die Beine. Rosemarie war verwirrt: »Wie kommen Sie hierher?«

»Wir observierten Ihr Haus. Zu Ihrer Sicherheit und weil wir glaubten, Sie wären in die Geschäfte Ihres Mannes verwickelt. Vom Heuschober hatten wir eine gute Sicht.«

Besorgt schaute der Kommissar in Rosemaries Gesicht. Es war sehr blaß und wirkte geistesabwesend. »Mein Mann und ich«, flüsterte Rosemarie, »wir hatten eine schöne Zeit auf dem Land.«

Philipp Alsen

Der große Schwindel

»Aufhören, wenn es am schönsten ist.« Unentwegt mußte Sebastian Renner an diese alte Lebensweisheit denken, während er in die Augen seiner Gesprächspartnerin blickte. Marina Trestop war Ende Zwanzig, bildschön und genau sein Typ. Außerdem war sie vermögend. Warum nicht an ihrer Seite ein anständiges Leben beginnen?

»Es klingt in Ihren Ohren vielleicht plump«, sagte er. »Aber ich habe in meinem Leben viele Frauen kennengelernt, und selten war ich so beeindruckt wie von Ihnen.«

»Sprechen Sie ruhig weiter.« Marina Trestop wippte lässig mit ihren goldbestickten Samtpantöffelchen. Sebastian Renner aber fand, er habe genug gesagt, und ließ den Blick lieber über die kostbare Einrichtung des Salons schweifen: prächtige Lüster, Louis-X.-Gestühl, Meißener Porzellan in Kristallvitrinen. Für einen Augenblick verflüchtigte sich Marina Trestops Zauber.

»Möchten Sie mir nichts über Ihre früheren Bekanntschaften erzählen?« fragte sie.

»Es ist mir schwer möglich.« Das stimmte. Weder konnte er berichten, wie es zu ihnen kam, noch wie die Beziehungen endeten, mit dem Ruin der Damen nämlich. Noch hatte er vor, auch Marina Trestop auszunehmen wie eine Weihnachtsgans. »Ich möchte Sie nicht in Verlegenheit bringen«, sagte sie und lächelte ironisch. »Darf ich Ihnen die anderen Zimmer zeigen?«

Marina Trestops Landhaus lag am Rande der Kleinstadt in der Nachbarschaft von Bauernhöfen, malerischen Alleen und Wäldern. Renner hatte sie erst vor einer Woche kennengelernt, bei einer Möbelauktion. Sie saß neben ihm, während die wertvollen Stücke unter den Hammer kamen, und ein Gespräch ergab sich wie von selbst. Marina Trestop sagte, sie sei Modedesignerin, doch viel lieber unterhielt sie sich über seine Tätigkeit. Renner gab vor, mit Kunst und Antiquitäten zu handeln. Nach der Auktion tranken sie ein Glas Wein, und sie lud ihn für die nächste Woche ein, um die wertvollen Stücke in ihren eigenen vier Wänden zu besichtigen.

Marina zeigte ihm alle Ecken und Winkel des Gebäudes, und als sie in den Salon zurückkehrten, mußte sie bereits den großen Kronleuchter einschalten. Sebastian Renner war erschöpft. Unermüdlich hatte er die Schätze des Hauses mit seinem angelesenen Wissen kommentiert.

»Ein wunderbares Haus«, sagte er, »natürlich ganz schön groß für eine einzige Person.«

Marina Trestop machte ein vergnügtes Gesicht. »Ich habe Ihnen noch nicht erzählt, daß ich das Haus erst vor wenigen Wochen geerbt habe, von meinem Onkel. Ich habe große Pläne. Vielleicht können Sie mich beraten, später. Darf ich Ihnen einen Drink anbieten?«

»Gern. Wenn ich Sie danach zum Essen einladen darf.«

Sebastian Renner durfte sogar bei Marina übernachten, im Gästezimmer. Er ließ das Licht noch lange brennen und genoß es, in den seidigen Kissen herumzuliegen. Was für ein Tag! dachte er. Wahrscheinlich wußte Marina Trestop gar nicht, wie reich sie war. Wenn er es richtig anstellte, sprang für ihn eine Monatsrente bis zum Lebensende heraus. Doch leider war sie auch klug. Und leider löste sie, sobald er sich ihr Gesicht vorstellte, auch dieses eigenartige Prickeln bei ihm aus, das seine Gefühle und Gedanken verwirrte. Sebastian Renner verschob weitere Entscheidungen und löschte das Licht.

Am nächsten Morgen war er schon um halb sieben auf den Beinen. Er rasierte sich gründlich, betupfte den durchtrainierten Körper mit erlesenem Herrenparfum und legte Schlips und Kragen an. Ob er heute versuchen sollte, Marina zu verführen? Liebesnächte gehörten zu seinem Beruf, doch dieses Mal hatte er auch private Interessen.

In der vornehmen Körperhaltung eines englischen Grafen schritt Sebastian Renner die Stufen zum Erdgeschoß herab. Plötzlich schoß ihm Marina entgegen. Sie trug lose einen Morgenmantel über dem Pyjama. Ihre Haare waren zerzaust wie ein Unkrautbeet nach einem Herbststurm. »Guten Morgen«, sagte sie mürrisch und eilte an ihm vorbei.

Beklommen ging Sebastian Renner in die Küche und nahm eine Tasse vom frisch gekochten Kaffee. Sicher litt Marina nur an einem Morgenkater. Sie konnte ihm unmöglich auf die Schliche gekommen sein.

Er hörte Marinas Schritte auf dem Hallenparkett und stellte seine Kaffeetasse ab, weil er feuchte Finger bekam. Mit gefönten Haaren und im langen schwarzen Kleid betrat sie die Küche, ohne ihn anzublicken. Sie nahm Platz und legte ein Schriftstück vor seinen Teller. »Lesen Sie.«

Sebastian Renner überflog rasch die bürokratisch abgefaßten Zeilen. »Das Finanzamt schickt einen Prüfer? Um die Erbschaftsteuer festzulegen?«

»Der Inhalt ist mir bereits bekannt«, antwortete Marina barsch. »Ich mußte mein ganzes Leben mit wenig Geld auskommen. Ich wäre immer noch arm, wenn mein Onkel Kinder gehabt hätte. Ich wollte eine Firma gründen, für meine eigenen Modekollektionen. Und nun muß ich wahrscheinlich das halbe Inventar verkaufen, nur damit der Fiskus reich wird!«

»Ja, das ist schlimm«, sagte Sebastian Renner, doch sein Gesicht blieb ausdruckslos. Mit Steuern kannte er sich nicht aus, weil er nie welche zahlte. Und sicher würde Marina auch nach den Abzügen ein gehöriger Batzen übrigbleiben.

Plötzlich faßte Marina ihn scharf ins Auge. »Und wenn ich einiges verkaufe, bevor der Prüfer kommt? Das mindert den Wert und so auch die Steuer. Außerdem hätte ich den Herren eins ausgewischt.« Sebastian Renner nickte andächtig mit seinem Kopf, in dem sich die Gedanken überstürzten. »Schwarz verkaufen müßten Sie, gegen Bargeld.«

»Ich finde die Idee großartig!« Marina strahlte. »Können Sie mir dabei helfen?«

»Ja. Ich kenne Leute, mit denen das Geschäft zu machen wäre.«

Bereits in der kommenden Nacht belud Sebastian Renner auf dem Hinterhof des Grundstücks einen Kleinlaster. Mit großer Vorsicht deponierte er goldene Standuhren, Gemälde, Porzellan und Kleinmöbel. Früh am nächsten Morgen verabschiedete er sich von Marina und fuhr davon. Sie vertraut mir blind, dachte er.

Die Steuerprüfung war in zwei Wochen anberaumt, und Sebastian Renner hoffte, bis dahin vier Wagenladungen umsetzen zu können. Er kannte einige Großhändler und Antiquariatsbesitzer, die nicht zu viele Fragen stellten, wenn es um gute Ware ging, aber hervorragend bezahlten. Sebastian Renners erster Ausflug war enorm erfolgreich: Mit 85 000 Mark kehrte er zu Marina zurück. Sie versteckte das Geld in einem alten Kleiderschrank auf dem Dachboden und köpfte eine Flasche Champagner.

»Ich bin sprachlos. Sie sind ein Genie.« Sebastian Renner lächelte verlegen und prostete ihr zu.

»Darf ich Sie küssen?« fragte Marina. Sie umschlang seine Schultern, berührte mit den Lippen seine Wange und streifte sanft seinen Mund. Sebastian Renner war fix und fertig.

Die beiden nächsten Touren brachten knapp 200 000 Mark ein.

Am Abend vor der Steuerprüfung belud Sebastian Renner den Wagen ein letztes Mal.

»Ich mache drei Kreuze, wenn ich morgen überstanden habe«, sagte Marina. »Danach werde ich erst mal verreisen. Ich möchte, daß Sie den Erlös der letzten Ladung für sich behalten. Sind Sie einverstanden mit der Provision?«

»Sicher. Das ist sehr großzügig«, antwortete Sebastian Renner mit tonloser Stimme.

»Und geben Sie mir doch Ihre Anschrift. Vielleicht kann ich Sie mal besuchen.«

Sebastian Renner gab ihr eine Visitenkarte mit Phantasie-Adresse und stieg rasch in den Wagen. Er winkte knapp zum Abschied und brauste davon.

Mit jedem Kilometer steigerte sich seine Wut. Noch nie kam Sebastian Renner sich so tölpelhaft vor. Seine kindischen Gefühle für Marina hatten seinen Verstand lahmgelegt. Er war ein nützliches Werkzeug für sie gewesen, ohne eigenen Plan. Vielleicht 50 000 Mark konnte die letzte Ladung einbringen. Ein Taschengeld gegenüber dem Vermögen im Kleiderschrank!

Nach zwei Stunden trat Sebastian Renner scharf auf die Bremse und lenkte den Wagen auf die Gegenfahrbahn. Bei unzähligen Frauen hatte er sich bedient, wie es ihm gefiel. Marina Trestop sollte keine Ausnahme sein.

Als er vor der Toreinfahrt des Hauses parkte, brannte in den Fenstern kein Licht mehr. Mit einem Nachschlüssel betrat er das Gebäude und tastete sich vorsichtig die lange Treppe bis zum Dachboden hinauf. Er öffnete den Kleiderschrank. Das Geld war verschwunden. Sebastian Renner schoß das Blut in den Kopf. Er eilte in den zweiten Stock und riß Marinas Schlafzimmertür auf. Das Bett war unbenutzt. Hysterisch durchwühlte er Schubladen und Schränke, schaute unters Bett und stemmte die Matratze zu

Boden. Geräusche aus der Eingangshalle brachten ihn wieder zur Besinnung. Stimmengewirr war zu hören, Marina hatte Besuch! Sebastian Renner schloß die Schlafzimmertür und wartete ab.

Plötzlich rumorte es im ganzen Haus, Menschen rannten über die Flure und rissen Türen auf. Zwei Polizeibeamte stürmten in den Raum. Sie überwältigten Sebastian Renner und legten ihm Handschellen an.

Als er durch die Halle geführt wurde, fiel sein Blick auf Marina. Sie war von vielen Leuten umringt und trug die Tracht eines Dienstmädchens.

Im Polizeiwagen wandte sich ein Kommissar an Sebastian Renner: »Leider doch kein perfekter Einbruch, mein Freund. Die Hausherren sind heute aus dem Urlaub zurückgekehrt. Sie haben auch sofort ihr gefesseltes Dienstmädchen in seiner Kammer entdeckt. In dem Kleinlaster fanden wir nur einen Bruchteil der Beute – wo ist der Rest? Und wer sind Ihre Komplizen?«

»Ich habe keine Komplizen«, raunte Sebastian Renner.

Leonard Koop

Freiheit minus eins

»18, 19, 20 ...« Tapfer zählte George Aron jede Kniebeuge mit, obwohl er vor Erschöpfung nur noch flüstern konnte. 30 waren sein allabendliches Limit. Wenn er den Körper emporstreckte, breitete er weit die Arme aus. Dabei berührten seine Fingerspitzen die Wände links und rechts.

»Hör endlich auf mit dem Quatsch«, sagte sein Zellengenosse Tim Wex. »Du machst mich krank. Ich kann nicht nachdenken.«

Weil George Aron kichern mußte, blieb ihm die Luft weg. Er stützte seinen wankenden Körper am Waschbecken ab. »Interessant, daß einer von uns nachdenkt. Sag mir doch bitte, worüber es sich lohnt Gedanken zu machen.« Tim Wex musterte sein Gegenüber mit Herablassung. »Ist dir aufgefallen, lieber George, daß wir die letzten vier Jahre in einem der modernsten Gefängnisse des Landes verbrachten?«

»Na und? Die nächsten vier Jahre sollen wir in einem Knast sitzen, der zu den sichersten der ganzen Welt gehört.«

»Klug erkannt, George. Aber da sich die Einweihung verzögerte, gab man uns dieses Notquartier. Wie findest du es?«

»Na, eben ein altertümliches Provinzgefängnis. Mehr was für Zechpreller und kleine Ladendiebe.«

»Du bist großartig, George. Aber ich will deine grauen Zellen nicht überlasten und sag dir was: Wenn wir den neuen, vierjährigen Mietvertrag verhindern wollen, muß es in dieser Woche geschehen. Wir haben eine reelle Chance, aus diesem wackeligen Kasten auszubrechen.«

Am nächsten Morgen ließen sich George und Tim zur Arbeit in der Putzkolonne einteilen. Tim organisierte ein kleines Tauschgeschäft und übergab das Lebensmittelpaket seiner Mutter einem Mithäftling. Von diesem erhielt er das Privileg, im Büro des Oberaufsehers Staub zu wischen.

»Morgen, Sir.«

Der Beamte nickte kurz hinter seiner Zeitung. »Gucken Sie auch hinter den Aktenschrank. Da sind Spinnweben.«

Tim nahm Bürsten und Lappen und machte sich mit Argusaugen an die Arbeit.

»Die Cowboys sind Waschlappen«, kommentierte der Aufseher die Football-Ergebnisse. »Schon wieder verloren. Na, ich wette, die Lions holen den Super Bowl.«

Endlich hatte Tim die stählerne Schrankwand im Rücken des Aufsehers erreicht. Die Schlüssel steckten. »Denken Sie nicht, daß der Lions-Quarterback noch Training braucht?« fragte Tim und öffnete den ersten Schrank. Sechs Revolver lagen in Reih und Glied nebeneinander. Rasch verschloß er die Tür wieder. Der Oberaufseher philosophierte mit rauher Stimme über die Stärken und Schwächen der Lions-Spieler. Im nächsten Schrank entdeckte Tim eine Batterie Whiskey-Flaschen.

»Ist der Lions-Trainer nicht Alkoholiker?« fragte Tim. Der Aufseher bemühte sich um eine sorgfältige Ferndiagnose.

Im dritten Schrank hingen die Kopien der Zentralschlüssel. Tim wickelte, was er brauchte, in einen Putzlappen und griff zum Besen. »Nehmen Sie kurz die Beine hoch, Sir? Unterm Schreibtisch sieht's nicht gut aus.« Der Aufseher ging mit der Zeitung zum Fenster und schimpfte über den Wetterbericht.

Beim Hofgang sahen sich Tim und George wieder. »Ich habe meinen Schatz geborgen. Wie steht's mit dir?«

»Der Sicherungskasten im Keller war noch nie so blitzblank«, grinste George. »Die Alarmanlage bleibt stumm heute nacht.«

Um 20 Uhr saßen Tim und George in ihrer Zelle und hörten auf dem Gang die Schritte eines Wachmannes. Bis zur nächsten Runde waren drei Stunden Zeit. Der Countdown lief.

Sie entriegelten behutsam das Schloß, schlüpften heraus und schlossen die Tür hinter sich.

Im Zeitlupentempo bewältigten Tim und George die Metallstufen zum Erdgeschoß. Sie sahen auf das verglaste Wachzimmer hinab – ein Beamter löste Kreuzworträtsel. Tim und George behielten ihn fest im Auge, als sie das Parkett betraten, sich flach auf den Bauch legten und an ihm vorbeirobbten.

Sie schafften es bis zur Kellertür. Tims Schlüssel paßte. »Ich schätze, es ist gleich soweit«, flüsterte er. »Beeilung!«

In der unterirdischen Ladezone des Gefängnisses boten ihnen hoch gestapelte Getränkekisten Deckung. Vor dem Tor, das in die Freiheit führte, warteten mehrere Justizbeamte. Eine Signallampe leuchtete auf. Das Tor öffnete sich, und ein Lastwagen rollte herein. Sofort begannen die Beamten mit dem Entladen: Frischfleisch, Obst und Gemüse für die Gefängnisküche.

Dann kam der entscheidende Moment. Der Laster fuhr rückwärts auf die Getränkekisten zu. Als er ganz nahe war, schlüpften Tim und George aus ihrem Versteck. Sie erklommen die Ladefläche und verbargen sich im hintersten Winkel. Sekunden später wurden die Kisten erneut vor ihnen aufgetürmt. Ein Beamter verschloß die Heckklappe, und der Lastwagen fuhr ab.

Kurz darauf drang der dröhnende Straßenverkehr der Avenue an Tims und Georges Ohren. Wie zwei Fußballer nach einem Siegestreffer fielen sie sich in die Arme. Nach einer halben Stunde quietschten die Bremsen des Lasters vor den Lagerhallen.

Tim und George nutzten die erste Fluchtmöglichkeit und verschwanden in einem der Gebäude. Es war menschenleer, nur Zeitungsbündel stapelten sich. Tim blickte auf einen Lieferschein. »Morgenzeitungen für die umliegenden Gemeinden. Das ist genial! Irgendwann wird sie ein Lieferwagen abholen. Für uns gibt es kein besseres Taxi, um unerkannt die Stadt zu verlassen.«

Die Stunden vergingen, ohne daß ein Wagen eintraf. Tim grübelte und blieb wachsam. George nickte ein. Als er bei Morgengrauen erwachte, griff er gähnend nach einer der Zeitungen.

»Du, der Gouverneur plant zu Neujahr eine Amnestie.«

»Na und? Die haben wir jetzt schon.«

»Hör mal zu«, sagte George und las: »Die Amnestie gilt für Häftlinge mit einer Strafe von höchstens zehn Jahren. Sie müssen bis zum 31. Dezember mindestens die Hälfte ihrer Zeit abgesessen haben.« Er schaute mit großen Augen seinen Kumpan an. »Trifft das nicht auch auf uns zu?«

Tims Gesicht wirkte gequält. »Wir brachen vor vier Jahren in der Silvesternacht in den Banktresor ein. Am Neujahrstag saßen wir schon hinter Gittern. Die Hälfte unserer Strafe ist auf den Tag genau Neujahr vorbei.«

»Verflucht!« George stampfte wie ein ungezogenes Kind mit dem Fuß auf. »In wenigen Wochen wären wir offiziell frei gewesen. Aber nun jagt man uns bis ans Lebensende. Wenn wir geschnappt werden, dürfen wir noch zusätzlich ein paar Jahre absitzen.«

Tim schwieg.

»Jetzt bist du mit deinen tollen Ideen am Ende, was?«

»Nein«, sagte Tim. »Wir werden ganz einfach ins Gefängnis zurückkehren.«

George lachte hysterisch. »Aber klar. Wir sagen einfach: Nichts für ungut, es war bloß ein kleiner Ausflug.«

»Genauso tun wir es, George. Wir wollten überhaupt nicht

flüchten. Wir erlaubten uns nur einen Scherz, um auf die schlechten Sicherheitsvorkehrungen aufmerksam zu machen.«

»Die Justiz wird nicht sehr erfreut sein. Selbst wenn man unsere Behauptung glaubt, könnte sie vertuscht werden.«

»Ich habe am Eingang ein Telefon gesehen. Ich berichte der Morgenzeitung von unserem Fall und daß wir uns heute noch der Polizei stellen. Die haben einen Knüller, und wir stehen unter dem Schutz der Öffentlichkeit.« George hatte seine Zweifel, doch ihm fiel kein besserer Ausweg ein.

Tim telefonierte nur kurz. Mit strahlendem Gesicht kehrte er zu George zurück. »Die wollen ein Interview und Fotos von uns! Sie schicken einen Wagen, der uns in die Redaktion bringt.«

»Sollen wir uns wirklich darauf einlassen?«

»Aber klar. Die sind richtig heiß auf unsere Story.«

Eine knappe Stunde später wurden Tim und George im Verlagsgebäude vom Chefredakteur empfangen. Man hatte kalte Platten und sogar Sekt für sie bereitgestellt. Die Reporter stellten unzählige Fragen und schossen Fotos. Haarklein erläuterte Tim die Sicherheitsmängel im Gefängnis. »Ich denke«, sagte er mit wichtigem Gesichtsausdruck, »wir haben der Gesellschaft mit unserem Ausbruch einen Dienst erwiesen. Die Verantwortlichen sind nun zum Handeln gezwungen.«

Am Abend wurden Tim und George von einem großen Pressetroß zu den Gefängnistoren begleitet. Unter dem Klicken der Kameras baten sie einen verdutzten Wachmann um ihre Verhaftung.

In langen Verhören erzählten Tim und George ihre angebliche Geschichte noch einmal. Die Nacht verbrachten sie unter verschärften Sicherheitsbedingungen in getrennten Zellen. Am nächsten Morgen brachte man sie ins Büro des Gefängnisdirektors. Auf seinem Schreibtisch lag eine Sonderausgabe der Morgenzeitung mit einem großen Foto von Tim und George.

»Nehmen Sie Platz, meine Herren«, sagte der Direktor grimmig. »Sie können stolz auf sich sein. Der Gouverneur will mich wegen angeblicher Mißstände in diesem Gefängnis meines Postens entheben.«

»Das war nicht unser Ziel«, sagte Tim mit gespielter Betroffenheit. Der Direktor machte eine wegwerfende Handbewegung. »Der Staatsanwalt ist leider auch der Meinung, daß ihr die reinsten Unschuldslämmer seid. Der Ausbruch wird euch also keine weitere Strafe einbringen.«

»Das wäre ja auch ungerecht«, sagte George strahlend.

»Allerdings habe ich den Staatsanwalt darauf hingewiesen«, sagte der Direktor mit genüßlichem Unterton, »daß bis zum 31. Dezember die Hälfte eurer Strafe nicht vorbei ist. Der kleine Ausflug kostete einen Tag. Und genau der fehlt euch zur Begnadigung.«

Philipp Alsen

Kristins schöne grüne Augen

Manuel liebte Kristin nun schon seit 34 Jahren. In der ersten Klasse der Grundschule lernte er sie kennen, und seit er in die dritte versetzt wurde, weckte ihr Anblick, oder nur der Gedanke an sie, ein eigentümlich süßes Gefühl in ihm. Kristin war sehr schlank, ihr Gesicht wirkte keck, liebreizend, hochmütig und betörend. Seit seinem dritten Schuljahr dachte Manuel eigentlich jeden Tag an sie. Ihr Bild tröstete ihn nach vermasselten Klassenarbeiten, an verregneten Tagen, gab ihm später nach nervenaufreibenden Arbeitsstunden seine innere Ruhe wieder und half ihm, Krisen in seinem Liebesleben besser zu überstehen. Wenn er Krach mit irgendeiner Freundin hatte oder die Trennung unausweichlich war, sagte er sich: Was soll's? Meine wahre Liebe ist ja sowieso Kristin. Sie und er waren niemals mehr als gute Kumpels gewesen. Manuel spürte eine derart große Ehrfurcht vor ihr, daß er mit ihr immer nur über ernste Themen sprach und allenfalls wagte, ihr zum Willkommen oder Abschied einen Kuß auf die Wange zu geben. Auch sie machte nie Anstalten, ihm näher zu rücken. Sie erzählte ihm, wie blöd ihr augenblicklicher Liebhaber sei oder welche Tricks sie anwandte, um Affären zu beginnen und zu beenden. Die Gespräche drehten sich um Leben und Tod, um Intimstes und Irrwitziges und machten irgendwie unmöglich, daß Manuel und Kristin zum Liebespaar wurden. Er war sicher, daß sie ihn liebte, nur ebensowenig wie er über ihren Schatten springen konnte.

Manuel hatte im Frühjahr seinen 42. Geburtstag gefeiert. Er besaß einen guten Posten in der Zentrale eines Weltkonzerns und lebte seit längerer Zeit mal wieder als Single. Seine Gefühle für Kristin waren in den letzten Jahren nicht schwächer geworden, und doch spürte er eine Veränderung. Manchmal glaubte er, seine Lebensuhr ticken zu hören. Die Zeit verflog. Er ging auf die 50 zu. Das Leben schien ihm plötzlich kein Spiel mehr, sondern wie ein harter Wettkampf, in dem nur zählte, daß man auch bekam, was man wollte. Was brachte ihm seine vornehme Zurückhaltung Kristin gegenüber ein? Sehnsucht, Schwermut und das Gefühl, ein Glück, das zum Greifen nah war, auszuschlagen.

Kristin war seit sechs Jahren verheiratet. Sie lernte ihren Mann Gunter durch Manuel kennen, denn beide arbeiteten auf derselben Etage. Manuel hielt Gunter für einen Durchschnittsmenschen, der ihm gleichgültig war. Nicht einmal die Vorstellung, daß Gunter jeden Morgen neben Kristin erwachte, mit ihr in Urlaub fuhr und so weiter, reizte seine Nerven. Kristin war mit ihrer Ehe offensichtlich zufrieden. Sie war cool und Gunter bürgerlich, das paßte für sie. Manuel erinnerte sich an ein folgenschweres Gespräch, das er mit ihr vor einigen Wochen bei einem intimen Essen geführt hatte. Dabei stellte er ihr Fragen, die ihm früher, als es ihm noch nicht ums Ganze ging, nie in den Sinn kamen.

»Kannst du dir vorstellen, ewig mit Gunter zusammenzubleiben?«

»Nun ...« Kristin errötete leicht und schaute sich nervös nach dem Kellner um, bei dem sie das Dessert bestellen wollten. »Wir sind nicht, was man ein Traumpaar nennt. Aber weißt du, es gibt so etwas wie vollendete Tatsachen. Wir haben eine Familie gegründet, sind zusammengewachsen ... Wenn er mich verließe, würde ich mein Leben neu in Angriff nehmen. Ich selbst könnte aber nichts zerstören.«

Manuel verstand, was sie meinte, und wußte seither, daß er Gunter töten mußte. Rohe Gewalt war nicht einfach nur das Mittel, um den Ehemann zu beseitigen, sondern gab seiner Liebe zu Kristin endlich die wahrhaftige Entschlossenheit. Danach stünden sie wie neugeboren in einem Leben, das sie schon immer führen wollten. Natürlich durfte Kristin niemals von dem Verbrechen erfahren.

Der Gedanke, jemanden umzubringen, schockierte Manuel nicht. Dabei verabscheute er Brutalität. In diesem speziellen Fall galt sein moralisches Empfinden nichts. Es ging hier um das Kostbarste, was einem Menschen geschenkt werden konnte, und es war wichtiger als Leben oder Tod.

Die Frage, wie Gunter sein Leben lassen sollte, beschäftigte Manuel unablässig. Er wußte, daß die meisten Morde aufgeklärt werden. Es war nicht Zweck der Übung, Kristin fortan alle paar Wochen durch die Gitterstäbe eines Gefängnisses anlächeln zu dürfen. Sein Mord mußte perfekt sein, einer der wenigen nie gelösten Fälle, die in die Kriminalgeschichte eingehen. Manuel verfaßte eine Checkliste aller Methoden, die ihm einfielen: vergiften, erschießen, erwürgen, erstechen ... Für jede ersann er Pläne, die absolut wasserdicht sein sollten. Manchmal glaubte er, kurz vorm Ziel zu sein. Aber es tauchte doch wieder ein Haken auf, und das ganze Gedankengebäude brach in sich zusammen. Die Arbeit war nervenzerfetzend. Wenn Manuel bis spät in der Nacht dasaß und seine gescheiterten Entwürfe betrachtete, bekam er Wutausbrüche: »Es muß wasserdicht sein, verflucht noch mal, wasserdicht!« Eines Tages stutzte er. »Oder gerade nicht wasserdicht!« Sekundenschnell entfaltete sich die Idee in seinem Kopf. Sein Gehirn ratterte alle Details durch, und schließlich sagte er: »Perfekt.«

Aber was hieß das schon? Während seines Studiums hatte Manuel auch ein paar Semester Philosophie belegt. Die Rätsel des Bewußtseins faszinierten ihn, und er wußte, daß man nur erkennen konnte, was der eigene Denkapparat erlaubte. Vielleicht sah er die gefährlichen Kleinigkeiten einfach nicht, die seinen Plan zum

Scheitern verurteilten. Vielleicht würden sie einem anderen, der mehr Abstand hatte, sofort auffallen. Wem aber konnte er vom Plan erzählen, ohne nach der Tat sofort an die Polizei verraten zu werden? Die Lösung war einfach: dem Mordopfer selbst! Gunter würde sein Wissen mit ins Grab nehmen.

Gunter gehörte zu den braven Familienvätern, die sich als einzige Eskapade dann und wann einen Schluck zuviel gönnten. Das gehörte zu Manuels Plan. Nach Konferenzen bis spät in den Abend rief Gunter oft Kristin an und sagte: »Du, ich geh mit dem Manuel noch einen trinken. Wir müssen abschalten.« Er unterhielt sich mit Manuel dann gern über eheliche Probleme, weil, wie er sagte, »ja niemand die Kristin so gut kennt wie du.«

Manuel trank höchstens zwei Bier, Gunter verließ meist schwankenden Schrittes das Lokal. Dann ließ Gunter seinen Wagen stehen, und Manuel fuhr ihn nach Hause.

An einem solchen Abend fragte Manuel: »Hast du gestern Derrick gesehen? Also, wenn sich Mörder im wirklichen Leben genauso blöd anstellen, müßte jeder geschnappt werden.«

»Werden sie ja auch. Es gibt keinen perfekten Mord.«

»Stellen wir uns mal vor, ich wollte dich umbringen ... Wir sitzen in diesem Lokal, und du hast einen über den Durst getrunken. Ich bringe dich nach Hause. Es regnet, die Straßen sind glatt. Wie immer nehmen wir die Straße am Fluß. Ich steuere den Wagen über die Böschung, und wir landen im Wasser.«

»Und wozu soll das gut sein?«

»Die wenigsten wissen, wie man sich aus einem Wagen rettet, der rasch untergeht. Und wer schwer betrunken ist, hat wohl kaum eine Chance. Ich könnte dir vorher auch noch eine starke Valium ins Bier kippen. Ist ja in unserem Job nichts Besonderes. Ich tauche auf und suche nach Hilfe. Solltest du trotz allem überleben, kann mir niemand einen Mordversuch nachweisen. Wenn der Plan gelingt, habe ich das beste Alibi der Welt. Schließlich hätte ich ebenso wie du dran glauben können. Um so besser, wenn ich für überhöhtes Tempo gebrandmarkt werde – das lenkt von meinem wirklichen Verbrechen bloß ab.«

»So weit, so gut.« Gunter schaute auf die Uhr. »Die Justiz glaubt wahrscheinlich nicht, daß sich ein Mörder selbst in Lebensgefahr bringt. Aber da sitzt auch der Haken. Vielleicht bleibst du selbst im Metallsarg stecken. Du, ich kann heute nicht so lange. Habe Kristin versprochen, daß wir noch über eine neue Einbauküche reden.«

Gunters Argument gab Manuel zu denken. Er wußte inzwischen auswendig, wie man sich in einem sinkenden Fahrzeug zu verhalten hatte. Ließen sich die Türen nicht mehr öffnen, sollte man das Wasser in den Wagen fließen lassen, bis nur noch eine kleine Luftblase Sauerstoff schenkte. Dann ermöglichte der Innendruck den Ausstieg. Nur leider fehlte Manuel die praktische Erfahrung. Die nächsten Samstage verbrachte er im Schwimmbad, um zu tauchen und dabei lange den Atem anzuhalten.

Nach einem langen Arbeitstag war Manuel auf dem Weg nach Hause, als er am Fluß durch die Signalkelle eines Polizisten gestoppt wurde. Er stieg aus dem Wagen. Feuerwehr und Polizei machten sich am Ufer zu schaffen. Aus dem Wasser ragte die Motorhaube eines Autos. Manuel ging weiter. Taucher kamen aus den Fluten. Sie zogen einen Körper mit sich. Als sie ihn an Land brachten, sah Manuel im Schein der Taschenlampen Gunters leichenblasses Gesicht. Der Notarzt verzichtete auf den Versuch, ihn wiederzubeleben.

Erst am nächsten Tag konnte Manuel seine Freundin Kristin besuchen. Sie wirkte ausgelaugt, aber gefaßt. Manuel nahm ihre Hand. »Wie konnte das bloß passieren?« Die Frage klang dumm, aber ihn interessierte sie sehr.

»Mein Mann saß nicht allein im Wagen. Ein Bekannter von mir war bei ihm.«

»Und ...?!«

»Wolfgang konnte sich retten. Er sagt, Gunter hätte den Wagen mit voller Absicht über die Böschung gefahren. Sie prallten gegen einen Steg und überschlugen sich. Weil die Beifahrerseite nach oben aus dem Wasser ragte, kam Wolfgang leicht ins Freie. Aber er konnte Gunter nicht herausziehen. Er ist wahrscheinlich an einer Kopfverletzung gestorben.«

Manuel spürte am ganzen Körper kleine Stiche. »Ich verstehe das nicht. Wer ist dieser Wolfgang?«

»Ich habe mich in ihn verliebt. Sehr stark. Vor ein paar Tagen habe ich Gunter die Wahrheit gesagt – aber ich brachte es nicht übers Herz, ihn um die Scheidung zu bitten. Er wollte ein Gespräch mit Wolfgang. Gestern fuhren sie in Gunters Wagen zu irgendeinem Lokal. Es kam zu einem furchtbaren Streit. Gunter schrie: ›Ich bringe dich um‹ und riß das Lenkrad herum. Er hat es mir und Wolfgang sehr leicht gemacht.«

Manuel hielt die Lippen zusammengepreßt und starrte in Kristins schöne grüne Augen.

Hans Jasper

La Palma

Das Schlauchboot mit Außenbordmotor sprang über den Wellenkamm, klatschte auf das Wasser und ging erneut in die Luft. Immer wieder zog es in der Bucht seine Kreise und versorgte das Gesicht seines Fahrers mit Frischwasser. Sören Kessen hatte Spaß daran, von Kopf bis Fuß durchtränkt zu werden und in seinen Augen das leichte Brennen vom Salzwasser zu spüren. Wenn eine Welle länger auf sich warten ließ, erglühte sein Körper im Hitzestrahl der hochstehenden Sonne. Die nächste Erfrischungsbrause war um so wunderbarer.

Als Kessens Spieltrieb erschöpft war, lenkte er sein Boot auf die Küste zu. Ihre bizarren Felsformationen wurden von schwarzen Lavaständen unterbrochen. Die schmalen Sandstreifen lagen vor steilen Anhöhen aus graubraunem Gestein. Eigenartige Grünpflanzen wuchsen darauf, die ihr langgezogenes Blattwerk spinnengleich nach allen Seiten ausstreckten. Auch ein paar große, düstere Flecken waren an der Felswand zu sehen, die beim Näherkommen Konturen bekamen: Es handelte sich um natürliche Höhlen, die den Ureinwohnern der Insel vor Jahrhunderten als Wohnstätte dienten. Kessen hatte gelesen, daß sie heute von mittellosen Aussteigern genutzt wurden. Ein freies Leben mit der Natur … Ihn faszinierte die Vorstellung.

Zwischen zwei vorspringenden Klippen warf er den Anker aus und watete durchs hüfthohe Wasser an Land. Es gab hier ein schattiges Plätzchen, an dem er schon zwei Mal vor dem Abendessen Siesta gehalten hatte. Als er aber die Felsmulde erklommen hatte, die mehrere Meter über der Meeresgischt eine gigantische Aussicht bot, war sie bereits besetzt. Ein junger Mann in unsauberem Hemd, abgewetzter Jeans und mit zerzaustem Haarschopf hatte sich entspannt niedergestreckt und beobachtete auf dem Wasserspiegel den Köder seiner Angel. Er schien nicht zu bemerken, daß er nicht mehr allein war. Kessen vermutete, daß der Mann ein Höhlenbewohner war. Ihm gefiel es nicht, wortlos kehrt zu machen, und er sagte: »Hallo.«

Der junge Mann wandte ihm ruhig das Gesicht zu. »Guten Tag. Ich habe Sie ankommen sehen. Setzen Sie sich doch. Hier ist es am schönsten weit und breit.«

Während der Köder weiterhin auf dem Wasser wippte, kamen die Männer ins Gespräch. Der Angler nannte sich Karlo und lebte tatsächlich in einer Höhle – seit drei Jahren. Er war ein ehemaliger Student aus Düsseldorf, der nach seinen Worten auf der Insel »hängengeblieben« war. Er besaß zwei Ziegen, fünf Bananenstauden und einen Gemüseacker. Außerdem baute er Wein an.

»Sie sind ja ein richtiger Kleinunternehmer«, sagte Kessen mit Bewunderung.

»Es reicht zum Überleben. Auf meinen Wein bin ich stolz. Ein Lokal nimmt ihn mir ab.«

»Interessant. Ich bin nämlich auch im Weingeschäft tätig. Meiner Frau gehört ein Gut an der Mosel.«

Sören Kessen bereute, seine Frau ins Spiel gebracht zu haben. Denn er wurde daran erinnert, daß er in spätestens zwei Stunden zurück im Hotel sein mußte. Dort hieß es: Den Körper in einen Smoking mit steifem Hemd zwängen und ab in den exklusiven Yacht-Club der Insel. Beate liebte den Umgang mit der angeblich feinen Gesellschaft und beherrschte deren manierierte Umgangsformen perfekt. Wenn sich im Laufe des Abends mal kein interessanter Künstler, Werbefritze oder Industrieller zum Plaudern finden würde, durfte er in ihr griesgrämiges Gesicht blicken. Beate war 45, fünf Jahre älter als Sören, und hatte die Fettpolster ihres Körpers so geschickt verteilt, daß ihre Figur für viele Männer eine dralle erotische Ausstrahlung besaß. Sören schaute meist weg, wenn sie sich auszog.

»Wollen Sie meinen Weinkeller sehen?« Karlo riß Sören Kessen aus seinen verdrießlichen Gedankengängen. »Die Fische sind heute sowieso sehr kontaktscheu.«

Auf einem steinigen Pfad brauchten sie nur ein paar Meter bergan zu gehen, um zu Karlos Höhlenwohnung zu gelangen. Sie lag auf einem Plateau, das Platz für einen Vorbau aus Schilfrohr und eine Terrasse ließ. Sören Kessen betrachtete das Anwesen andächtig und folgte Karlo dann auf einem schweißtreibendem Marsch bis zum Eingang einer unbewohnten Grotte. Als er eintrat, spürte er erfrischende Kühle, sah aber nichts.

»Hier beginnen weitverzweigte Höhlengänge«, erklärte Karlo. »Niemand weiß, wo sie hinführen.« Er ging mit einer Taschenlampe voran, und Sören Kessen erkannte im Lichtkegel, daß sie mehrmals Abzweigungen im Höhlenlabyrinth nahmen. Plötzlich tauchten in einem niedrigen Gewölbe vier Weinfässer auf.

»Das ist eines meiner Depots. Sie haben nicht nur optimale Lagertemperatur, sondern sind auch vor Langfingern sicher.« Karlo nahm eine Flasche von einer Wandhalterung. »Ein Schlückchen zum Probieren?«

»O ja. Ich bin gespannt.«

Für 20 Uhr war der Tisch im Yacht-Club reserviert. Eine viertel Stunde vorher erreichte Sören Kessen das Hotel. Beate saß in vollem Make-up und lavendelfarbenem Cocktailkleid auf dem Bett und sagte nichts. Sie machte nur ein mitleidiges Gesicht und betrachtete Sörens salzverkrustete Haare. Häufig kam er sich in ihrer Gesellschaft wie ein dummer Junge vor – wie vor vielen Jahren, als sie sich in seinem kleinen Feinkostgeschäft kennenlernten. Als sie ihm nach zwei gemeinsamen Nächten den Posten auf ihrem Weingut anbot, war er nicht nur deshalb begeistert, weil sein Geschäft rote Zahlen schrieb. Er hatte vor allem das Gefühl, mit Beates Hilfe zu einem Mann von Welt werden zu können. Auf dem Gut war er sich für nichts zu schade: Er sorgte dafür, daß die Weine trockener wurden und ein unverwechselbares Bukett erhielten. Er kümmerte sich um den Vertrieb und sogar um das Design der Flaschenetiketten. Er machte das Weingut international bekannt. Doch er war nur ein Angestellter, dem nicht gehörte, was er erarbeitet hatte. Beate war die Weinkönigin und Sören ihr Vasall.

Der Abend verlief erwartungsgemäß langweilig. Aber Beate war nicht nur beschwipst, sondern hatte auch mit ein paar jungen, gutaussehenden Männern geflirtet. Als sie sich im Hotelzimmer auszog, führte sie sich wie Josephine Baker auf. Sie nahm zwischen Sörens Knien Platz und sagte: »Bitte öffne mein Negligé.«

»Hast du schon mal daran gedacht, südländische Weine zu importieren«, fragte er, während er an den Knöpfen nestelte. Überrascht blickte sie ihn an. »Wie kommst du auf die Idee?« Erleichtert registrierte Sören, daß ihre Stimme wieder einen geschäftsmäßigen Klang bekam.

»Ich habe heute einen Weinbauern kennengelernt. Seine Tropfen sind köstlich.«

»Ich habe über so etwas … noch nie nachgedacht.«

»Laß uns morgen hinfahren. Mach dir ein eigenes Bild.«

Weil Sören seiner Frau die Schlauchboottour nicht zumuten wollte, fuhren sie mit dem Jeep übers Gebirge zur Nordküste. Je näher sie ihrem Ziel kamen, desto schmaler und holpriger wurden die Straßen. Bald bestanden sie nur noch aus losem Gestein. Der grandiose Ausblick von der Steilküste auf das Meer munterte Beate auf. Sören führte sie auf einem Trampelpfad abwärts. »Wir kommen erst am sogenannten Weinkeller vorbei. Da können wir erst mal reinsehen, bevor wir zu Karlo gehen.«

Minuten später blickte Beate verstört in den dunklen Schlund. Sören lachte. »Das kam mir anfangs auch spanisch vor!«

Sören staunte über seinen guten Orientierungssinn, der ihm den richtigen Weg durch die verschachtelten Gänge wies. Als Beate die Weinfässer sah, schien sie ihre Ängstlichkeit überwunden zu haben. Sören entkorkte sofort eine Flasche.

»Dürfen wir das denn?«

»Klar, Karlo ist mein Freund.«

Die beiden fröstelten nicht mehr, als sie nach einer Weißweinsorte einen Rotwein und dann noch einen anderen Weißwein probiert hatten. »Wir kaufen die ganze Höhle«, scherzte Beate. »Dieser Wein ist Klasse!«

»Es soll noch andere Depots geben. Laß uns suchen.«

Leicht schwankenden Schritts kehrten sie zum Hauptgang zurück. Sören wählte auf Gutdünken mehrere abzweigende Wege. Als sie auf eine hohe Felswand stießen, sagt er: »Du gehst jetzt links, ich rechts. Halt deine Taschenlampe hoch! Und rufe, wenn du etwas entdeckt hast.«

»Ist ... in ... Ord ... nung.« Beate wankte gehorsam in den linken Schacht. Sören fühlte sich schwer und benommen. Er vermutete den Grund nicht nur im Wein, sondern auch im Sauerstoffmangel der Höhle. Er war jetzt allein. Er wandte sich um und ging den Weg zurück, den sie gekommen waren.

Als er schon nahe beim Ausgang war, hallte ein verzweifelter Ruf durch das Labyrinth. »Sööören, Sööören! Ich haaabe mich verlaufen. Wo bist duuu?«

Sören lächelte, als die heiße Mittagssonne seine Augen blendete. Er atmete die frische Luft ein, Energie strömte in sein Gehirn und seine Muskeln. Schnell schritt er die Böschung hinauf und steuerte wenig später den Jeep die Serpentinen hinab.

Auf dem Hotelzimmer nahm Sören ein Vollbad, zog saubere Wäsche an und band sich eine Krawatte um. Er hatte Lust auszugehen, ein Fest zu Ehren seiner Freiheit zu feiern. Bereits jetzt war er Herrscher über Beates Gut. Es war seine Lebensquelle, aus der lauter heitere, erfüllte Tage entspringen würden.

Als Sören vom Balkon den Ausblick auf das bunte Treiben in den Altstadtgassen genießen wollte, glaubte er Beate über einen Platz eilen zu sehen. Erst ein zweiter Blick offenbarte, daß nur entfernte Ähnlichkeit bestand. Aber plötzlich wurde Sören klar, wie sorglos und gefährlich er sich verhielt – wohl weil die schlechte Atemluft in der Höhle ihn noch benebelte. Er durfte nicht im Hotel sein. Er mußte zur Polizei gehen und angeben, daß er direkt von der Höhle kam, in der er Beate verloren hatte.

Unruhig durchschritt Sören das Hotelzimmer, ging ins Bad. Wenn er sich zu früh bei der Polizei meldete, rettete man sie eventuell. Vielleicht war sie in der Höhle erstickt oder nur bewußtlos oder … Vielleicht mußte er abwarten, bis sie verdurstet war …

Ein Schmerz stach in Sörens Magen. Er sah Beates gekrümmten, gequälten Leib in der Höhle, und diese Vorstellung zertrümmerte jäh seine Ziele. Mit der Erinnerung an seine Tat würde er niemals ein stolzes und selbstgewisses Leben führen können.

In der Nachmittagssonne wirkten die Klippen und zerklüfteten Hänge der Steilküste sanft und beschaulich. Der Jeep kam in einer dichten Staubwolke zum Stehen. Die Fahrertür flog auf, und Sören rannte den Pfad zur Höhle hinunter. Neben dem Einstieg fand er Beates Seidenschal. Unschlüssig schaute er nach links und rechts. Dann marschierte er entschlossen in Richtung von Karlos Behausung.

Nach einiger Zeit hörte er Stimmen. Er verließ den Pfad und kletterte auf das Geröll. Vorsichtig arbeitete er sich voran, bis er unter sich das Bambusdach vor Karlos Höhle sah. Beate war deutlich zu verstehen.

»Ich schwöre Ihnen, Sie werden mein Gut lieben. Die Natur dort ist ebenso schön wie hier. Im Weinkeller sind allein Sie der Boß.«

»Es klingt zu gut. Ich habe so viele Ideen, für die mir hier die Mittel fehlen. Ein ewiges Leben als Einsiedler ist auch nicht das Wahre.«

»Dann nehmen Sie Ihre Habseligkeiten und lassen uns gehen! Ich buche noch heute die Flüge.«

»Sie sind wirklich sicher, daß Sie allein die Höhle besucht haben? Wenn Ihr Mann noch drinnen ist, hat er keine große Chance.«

»Wie sollte ich das nicht wissen? Er hat heute früh, nach unserem letzten Streit, die Insel verlassen. Ich glaube nicht, daß ich ihn wiedersehe. Er ist ein Wirrkopf. Sie waren der einzige, der meine Rufe hören konnte. Kommen Sie jetzt, ich will mit meinem Lebensretter Champagner trinken.«

Sören verharrte bis Sonnenuntergang auf dem nackten Fels und starrte auf das Meer. Sein Kopf wiederholte pausenlos die Worte, die er gehört hatte. Beate war weit entfernt davon, ihm einen Mord zuzutrauen. Sie glaubte, er hätte sich ebenso verirrt wie sie, und wollte ihn im Labyrinth grausam krepieren lassen. Endlich stand Sören auf und kletterte zu Karlos verwaister Behausung hinunter. Er betrachtete die selbstgezimmerten Stühle auf der Terrasse, die rostige Wassertonne und den kunstvoll geschmiedeten Wetterhahn auf dem Dach. Immerhin, so überlegte er, war er Beates Ehemann und könnte nach einer Scheidung einen hübschen

Unterhalt von ihr verlangen. Doch diese Aussicht bereitete ihm keine Freude. Im Augenblick fühlte er sich dort, wo er war, unerklärlich wohl. Sein Blick fiel auf Karlos Angel, die auf dem niedrigen Mäuerchen lag. Um diese Zeit bissen die Fische vielleicht an. Später könnte er sie auf der Feuerstelle grillen. Und morgen könnte er sich Karlos Reben ansehen. Das Lokal, das Karlo beliefert hatte, würde den Wein auch in Zukunft kaufen.

Wolf Brümmel

U-Bahn-Nächte

Anita Fest steht auf dem menschenleeren Bahnsteig und bläst mit zurückgeworfenem Kopf Rauch in die Luft. Dann schnippt sie die Zigarettenkippe auf die Gleise. Sie wartet ungeduldig auf die letzte U-Bahn. Es ist Mitternacht, und trotzdem sind es noch fünfunddreißig Grad auf der Straße, und hier unten im Tunnel ist es bestimmt noch heißer. Langsam setzt sie sich auf eine Bank gegenüber dem geschlossenen Zeitungsstand und ißt aus einer Tüte Erdnüsse. Plötzlich tritt ein junger Mann aus einem Schacht und setzt sich dicht neben Anita. Ängstlich rückt sie zur Seite. Er rückt ihr nach. Anita sieht auf seine schwarzen klobigen Stiefel, und es wird ihr vor Furcht eiskalt. »Gib mir die Kohle, die du eben aus dem Automaten gezogen hast!« Seine Stimme ist schneidend. Schweiß und Schminke tropfen ihm vom Kinn auf sein verdrecktes T-Shirt mit einem glücklich lächelnden Michael Jackson auf der schmächtigen Brust. Anita bringt kein Wort heraus, denkt nur an die Radiodurchsage, daß schon vier Menschen in den letzten Tagen und Nächten an Hitzschlag umgekommen sind.

»Gib mir das Geld«, wiederholt der junge Mann und gibt ihr einen leichten Stoß gegen die Rippen. Schnell reicht sie ihm ihre Handtasche und steht auf. »Setz dich«, hört sie und sinkt zurück auf die Bank. Ein Griff in die Handtasche, und der Mann hat das Geld. Dann springt er auf, sieht sie mit glasigen Augen an und reicht ihr mit einem Blick auf die Scheine die Hälfte zurück. Dann verschwindet er wieder in dem Schacht. Anita wird übel, und sie erbricht sich auf die Schienen.

Das Telefon der Kommissarin Katja Koblenz hat den ganzen Morgen nicht geklingelt. Auf den einzigen Anruf hätte sie liebend gern verzichtet. »Der U-Bahn-Mörder hat mal wieder eine Frau geküßt«, sagt sie zu ihrem Assistenten Andreas Hopf, der sie schon eine Zeit lang beobachtet hatte. Jetzt gähnt er seine Chefin ungeniert an.

»Langweile ich dich?« Ihre Stimme kann ungeheuer aggressiv klingen.

»O nein, bestimmt nicht. Ich habe nur die Ruhe und Ihren Anblick genossen. Weiter nichts.«

Wenige Minuten später stehen sie Arm in Arm auf dem Bahnsteig. Mit ihrem gemeinsamen vertrauten Auftreten hatten sie schon häufig die Kollegen überrascht. Der Chef der Sittenpolizei empfing sie auch gleich mit den Worten: »Na, kommt ihr gerade aus der Kirche oder aus dem Bett? Wundert euch also nicht, wenn inzwischen die Leiche längst verwest ist.«

»Was machen Sie denn hier, Sie Witzbold?« erkundigt sich die Kommissarin ungerührt.

»Bin rein zufällig in dieser Gegend, Frau Kollegin. Ich bin auf der Suche nach einem hübschen Spanner. Die Leiche überlasse ich selbstverständlich Ihnen.« Dann verzieht er sich grinsend. Kommissarin Katja Koblenz betrachtet die Tote, die blutüberströmt auf dem Bahnsteig liegt.

»Sie hat mehrere Messerstiche in die Brust bekommen«, sagt Dr. Walter Homolka, der Polizeiarzt.

»Wann?«

»Höchstens vor zwanzig Minuten. Sie sieht aus, als wäre sie eine Stadtstreicherin gewesen, die Arme. Ich war sofort zur Stelle.«

»Ich auch«, tönt der aufgeregte Bahnpolizist. Es ist Horst

Isemann. Ein hagerer Typ mit einem langen Gesicht und noch längeren Spinnenfingern. Er ist Zivilbeamter und zum Schutz der Fahrgäste der U-Bahn eingesetzt. Seine Aufgabe nimmt er übertrieben ernst und prügelt auf jeden Verdächtigen unerschrocken ein. Das hat ihm schon ein Disziplinarverfahren eingebracht, das er gerade noch mit heiler Haut überstanden hat.

»Sie waren wieder einmal viel zu spät«, tadelt ihn Frau Koblenz streng. »Ist es nicht Ihr Job, die Fahrgäste zu schützen? Auch bei einer Temperatur von fast vierzig Grad? Außerdem habe ich keine Lust, jede Woche hier eine Leiche aufzulesen, klar?« Sie schenkt Andreas ein vielsagendes schiefes Lächeln und schickt gleich einen Befehl hinterher: »Kümmern Sie sich um die Spuren und ... na Sie wissen schon.« Als sie mit ihren Pfennigabsätzen knallend und in königlicher Haltung den U-Bahnhof verläßt, sieht ihr der Bahnpolizist Horst Isemann haßerfüllt, schwitzend und schweigend nach.

»Scheiße, der schon wieder«, schreit Anita Fest laut auf, als der junge Bursche mit stark geschminktem Gesicht und dem Michael-Jackson-T-Shirt plötzlich vor ihr steht. Das T-Shirt ist noch einige Nuancen dreckiger.

»Halt die Klappe und gib mir deine Kohle.« Anita steht bewegungslos und unschlüssig da. Von der Treppe der U-Bahn-Station hallen schwere Schritte. Ein Mann biegt um die Ecke. Er ist groß, hat kurzgeschnittenes Haar und einen kleinen Rucksack geschultert.

»Hilfe«, schreit Anita. Der Junge stößt Anita zu Boden, springt über ihren gekrümmten Körper und verschwindet blitzschnell. Der Mann mit dem Kurzhaar beugt sich helfend über Anita, als er, von mehreren Messerstichen getroffen, über ihr zusammensackt. Als sein Blut in Anitas Gesicht tropft, wird sie ohnmächtig.

»Das ist jetzt die fünfte Leiche, die uns dieser lange Typ, dieser

Zivilbeamte Isemann vor die Füße gelegt hat. Die Blutlachen in der U-Bahnstation werden bald zu einem wilden Fluß. Dazu eine hysterische Frau und ein von Messerstichen durchlöcherter Mann, das ist die Bilanz dieses Ausflugs. Was hast du dazu zu sagen?«

Kommissarin Katja Koblenz hat sichtbar schlechte Laune. Andreas Hopf überlegt ein wenig, dann antwortet er: »Viele junge Leute kennen keine Sünden, sie kennen kein Gebet und haben noch nie von Gott gehört. Dann passiert das halt. Fazit: eine äußerst tragische Situation!«

Unbeeindruckt sieht ihn die Kommissarin an. »Okay, wenn wir diesen Fall gelöst haben, kannst du gerne Pastor oder Kaplan werden. Jetzt aber fahr mich schnell zu Anita Fest.«

Die Kühlschranktür steht einen Spalt offen, vergeblich spendet er ächzend Kühlung. Der dunkle Raum ist völlig überhitzt und von Parfüm durchtränkt. Katja Koblenz fühlt, wie ihr langsam Tropfen den Rücken hinunterrinnen. Anita Fest ist trotz ihrer Jugend eine stattliche Frau, füllig und vollbusig. Ihr Gesicht ist von Sommersprossen übersät. Mit rotgeweinten Augen hält sie sich an der Biedermeier-Frisierkommode fest.

»Entschuldigen Sie mich einen Moment«, haucht sie kaum hörbar. Dann kommt sie zurück, frisches Rouge auf den Wangen, die Augenlider mit einem leichten Blau bemalt. Sie sieht nur Andreas Hopf und beginnt zu erzählen.

»Danke«, sagt die Kommissarin. »Das hilft uns bestimmt weiter.« Anita, immer nur noch Andreas Hopf im Blick, kippt plötzlich vornüber direkt in seine Arme.

»Entschuldigen Sie vielmals«, sagt sie mit dem Lächeln einer schlechten Schauspielerin. »Die Geschichte nimmt mich furchtbar mit.« Bevor ihre durchdringenden Düfte Andreas Hopf noch stärker irritieren, nimmt ihn die Kommissarin energisch an die Hand und zieht ihn auf die Straße. Es beginnt zu regnen.

»Um das arme Mädchen muß ich mich dringend kümmern«, meint Andreas so belanglos wie nur möglich und verzichtet darauf, den strafenden Blick seiner Chefin aufzufangen.

»Kümmere dich lieber um den Typ mit dem Michael-Jackson-T-Shirt.«

»Ich?« fragt Andreas.

»Na, wer denn sonst. Meinst du, die lassen mich alte Frau in die Szene?« Andreas muß schmunzeln. Kokett ist meine Chefin, denkt er amüsiert. Für Mitte Dreißig sieht sie richtig gut aus. Tolle Figur. Er mag auch ihre grauen, kurzgehaltenen Haare. Und er akzeptiert sie als Chefin des Morddezernates.

Stolz kehrt Andreas wenige Stunden später zurück in das schlichte Polizeigebäude. An seiner Seite ist ein junger Mann in klobigen schwarzen Stiefeln. Unter seiner wilden Haarmähne sticht ein geschminktes spitzes Gesicht hervor. Seine Augen glitzern irre. Auf seinen schmächtigen Schultern hängt ein fleckiges Michael-Jackson-T-Shirt.

»Ich sage nichts. Keinen Mucks. Und schon gar nicht ohne meinen Anwalt.«

»Toll, diese Töne liebe ich«, knarrt Katja Koblenz. »Öffne deine roten Lippen, Mike. Sonst landest du für 24 Stunden im Knast. Ohne Stoff und ohne Anwalt.«

»Aber wenn ich gar nichts weiß?«

»Oh, dann kann ich nachhelfen. Diebstahl oder besser Raub mit Gewaltanwendung. Im Klartext: versuchter Mord durch gezielte Messerstecherei.«

»Spinnen Sie?«

»Das hoffe ich nicht für dich, mein Kleiner. Also, was weißt du?«

Er wußte genug, und Katja Koblenz sieht die blanke Angst in seinem verhärmten Gesicht, das so schnell gealtert war.

»Wenn das rauskommt, daß ich gepfiffen habe, bin ich ein toter Mann.«

»Tot bist du auch, wenn du wegen Raub und Körperverletzung in den Bau mußt. Aber das heben wir uns für später auf. Kannst du dich irgendwo verstecken, unsichtbar machen?«

»Ne, kann ich nicht. Wer besorgt mir denn – äh – wußte ich doch, ich bin geliefert.« Resigniert läßt er seine langen dünnen Arme hängen.

»Andreas besorgt dir Anabolika. Das meintest du doch, oder?«

»Sie sind eine starke Tante. Echt gut. Aber ich brauche 50 Tabletten am Tag.« Andreas sieht seine Chefin bestürzt an. »Habe ich richtig gehört?«

»Hast du. Das deutsche Arzneimittelgesetz erlaubt das. Nun geh schon. Und du, Mike, verziehst dich ebenfalls. Und wehe, du erzählst jemand, daß wir dich versorgen!« Katja Koblenz hebt ihre gepflegten Hände, und Mike weicht erschrocken zur Seite.

»Was wir machen, ist doch illegal«, meint Andreas, als er mit seiner Chefin wieder alleine ist. »Du meinst, daß wir den kleinen Mike ernähren? Ist doch nur vorübergehend. Schließlich hat er uns mit wichtigen Informationen versorgt, falls du das mitbekommen haben solltest.«

Katja Koblenz und ein ziemlich schweigsamer Andreas Hopf machten sich auf den nicht ungefährlichen Weg in die Dunkelheit der U-Bahnschächte. Sie verstecken sich hinter schwarzen Säulen.

»Daß hier etwas nicht stimmt, rieche ich doch meilenweit«, schimpft Katja Koblenz.

»Wieso, hier riecht es doch immer so«, meint Andreas trocken. Dabei streichen seine Hände nervös über seine geröteten Wangen. Dann geht alles sehr schnell. Ein junger Bursche mit giftgrüngefärbten Haaren in Militärstiefeln, weiten Hosen und einer bunten Plastiktüte in der tätowierten Hand spricht weibliche Fahrgäste an und wird dabei mitunter ein wenig handgreiflich, wenn sie sich abrupt von ihm abwenden. Er will Geld, und seine Methode hat sogar Erfolg. Plötzlich schleicht Horst Isemann, der übereifrige Zivilbeamte, heran. Er trägt hautenge Jeans, und die Gesäßtasche auf seinem hervorstehenden Hintern ist ausgebeult. Er tritt zu dem jungen Burschen, haut ihn freundschaftlich auf die Burst und anschließend in die Rippen. Nach einem kurzen, aber angeregten Wortwechsel legt Isemann seinen Arm auf die Schultern des jungen Burschen, und beide marschieren in einen dunklen Schacht.

Andreas will den beiden nachstürzen, doch Katja Koblenz hält ihn zurück. »Mann, hast du schon mal was von Indianern gehört? Schleich dich ran, du Trottel.«

Der Schacht ist nicht erleuchtet. Eine stickigdumpfe Hitzewelle schlägt ihm entgegen. Andreas zuckt heftig zusammen, als er einen unterdrückten Schrei hört. Es hörte sich an, als wäre jemand beim Gurgeln unterbrochen worden. Dann schallen Andreas eilige Schritte entgegen. Schnell schaltet er seine starke Taschenlampe ein und lenkt den Lichtkegel in die dampfende Finsternis. Vor den tiefschwarzen Wänden erfaßt seine Lampe ein zu Tode erschrockenes schlohweißes Gesicht, in dem weit aufgerissene tiefgrüne Augen ängstlich flackern. Es ist Horst Isemann, unfähig, auch nur ein Wort zu stammeln. In seinen langen Spinnenfingern hält er ein Fahrtenmesser, von dem Blut auf die Kacheln tropft. Beide Männer starren sich wortlos an, bis Andreas Hopf viel zu laut sagt:

»Geben Sie mir das Messer her.«

»Klar, doch«, sagt Isemann und versucht seiner Stimme einen festen Klang zu geben. »Ich gebe Ihnen auch noch eine Leiche, aus der ich das Messer gerade gezogen habe.«

»Das ist wohl Ihr Pech, Herr Kollege. Sie wissen doch ganz genau, daß Sie am Tatort ...« Er unterbricht seinen Satz, weil Katja Koblenz hinter ihm aus der Dunkelheit aufgetaucht ist.

»Ich denke, Sie müssen uns viel erklären, Herr Isemann«, begrüßt sie den Zivilbeamten höflich. Horst Isemann wirbelt blitzschnell um seine eigene Achse und rennt in den Schacht, wobei er über den blutüberströmten jungen Mann springt, der langausgestreckt auf dem Boden liegt.

»Isemann wird nicht weit kommen«, meint Katja Koblenz und bückt sich über das leise wimmernde Opfer. »Andreas, er lebt«. Sie wirft sich auf die Knie und redet beruhigend auf ihn ein. »Wann kommt denn endlich ein Arzt?«

»Ich bin schon da, meine Verehrteste«, antwortet Dr. Walter Homolka. Nachdem er den jungen Mann untersucht hat, seufzt er erleichtert: »Glück im Unglück, keine Panik. Er kommt durch. Übrigens, es steht Ihnen wirklich gut, einen Engel zu spielen, Frau Kommissarin.«

»Halten Sie mir den Jungen am Leben, Doktor, sonst hole Sie der Teufel.«

Andreas schiebt seiner Chefin die Akte über den Schreibtisch. »Sie haben tatsächlich dem Mike geglaubt. Hätte ich nie gedacht.«

»Du läßt dich immer noch viel zu sehr von Äußerlichkeiten beeinflussen, Andreas«, doziert Katja Koblenz. »Aber du bist ja noch so jung und ...«

»Und unerfahren, ich weiß. Aber warum der Horst Isemann den brutalen U-Bahn-Schlächter gespielt hat, das weiß ich nicht.«

»Auch das ist gar nicht so schwer zu erklären. Isemann wollte der Größte sein – ein Held –, und nachdem er keine Opfer gefunden hat, schuf er sich selber welche.«

»Indem er unschuldige Menschen erstochen hat.«

»Ja, Menschen, von denen er der Ansicht war, daß sie den Tod verdient hätten.«

»Was für eine Scheißwelt!«

»Du sagst es. Aber schließlich hast du einen Beruf, der das ändern soll, oder? Was machen wir nun mit Mike?«

Andreas zieht seine Schultern ratlos in die Höhe. »Dieser Junge ist so etwas von kaputt. Wenn er in den Knast muß, wird er noch kaputter werden.«

»Hattest du nicht vor einiger Zeit moralische und soziale Gefühle? Zeig mal dein gutes Herz und deine reine Seele und führe Mike auf den richtigen Weg. Auch das nenne ich Polizeiarbeit.«

Carsten Klemann

Mord am Poeten

»Nanu, liebe Leute. Ihr sitzt auf dem trockenen? Und niemand hat ein Häppchen in der Hand? So kann die Lesung unmöglich beginnen. Wo sind die Buffetmädchen?« Das Publikum auf den Rängen reagierte auf die Worte von Gerb Kaparek mit huldvollem Gelächter und vereinzeltem Applaus. Viele standen auf, um sich selbst die Requisiten für den Auftritt des Poeten zu beschaffen. Der Verleger Bernd Boschen zwinkerte abwechselnd den beiden Damen zu, die links und rechts von ihm auf Ehrenplätzen saßen. »Das ist typisch unser Gerb. Hat nichts im Sinn mit bildungsbürgerlicher Etikette. Will aus allem eine große Party machen.«

»Dafür sprechen auch das Holzfällerhemd und die Nietenjeans«, antwortete ihm die Literaturkritikerin Gisela Loos. »Er inszeniert sich als coolen Typ, weil es ihm peinlich wäre, als Sensibelchen dazustehen. Aber in seinen Gedichten kann er seine tiefe Empfindsamkeit nicht verbergen.«

Die Autorin Camilla Bonnart seufzte ungehalten. Gisela Loos kümmerte sich nicht darum. Erstens, weil ihr die Frau und ihre Bücher total gleichgültig waren, und zweitens, weil Gerb Kaparek nun seinen neuesten Gedichtband aufschlug. Sein Körper stand seitlich zum Mikrofon und war leicht gebeugt. Er hielt den schmalen Buchrücken mit gestreckten Armen wie den Stiel einer Axt in die Luft und umklammerte ihn mit beiden Händen. Seine hellklingende Stimme sagte den Titel des ersten Gedichtes an, den Gisela Loos in ihrer Rezension scharfsichtig interpretiert hatte. *Mühlend* leitete sich selbstverständlich nicht nur von »mühlen« ab, sondern war zugleich eine Verschmelzung von »Mühe« und »Elend«. Gerb Kaparek trug das Gedicht in seinem unverwechselbaren Stil vor – wie einen Zeitungsbericht: *Mühlend schon am Morgen, Rostreif auf dem Kinn, alter Junge, keine Sorgen, in der Kimme steckt der Sinn. Die Stadt will abends weiter, wir mühlen hinterher und suchen nach der Nachricht, das Mühlen fällt nicht schwer …*

Verleger Boschen hörte nach der ersten Strophe nicht mehr hin. Schon in der Schulzeit hatte er Gedichte gehaßt, die er gern als »Wortgewürge« bezeichnete. Das durfte er jetzt nicht mehr laut sagen. Sein Verlag war auf Ratgeber, Kochbücher und Reiseführer spezialisiert. Aber ausgerechnet der einzige Dichter im Programm, dem Boschen nur widerwillig einen Vertrag gegeben hatte, sorgte für den größten Verkaufserfolg in der Geschichte des Hauses. Boschens Dankbarkeit und Langeweile bewogen ihn, seine Star-Autorin Camilla Bonnart anzulächeln. Doch sie zeigte keine Reaktion. Auch sie folgte nicht den Worten des Dichters, sondern beobachtete nur seine Bewegungen und tastete den Colt in ihrer Handtasche ab.

Camilla Bonnart hatte Gerb Kaparek entdeckt. Vor zwei Jahren, in Mexico, als sie für ihr Buch »Fit durch mehr Kalorien« recherchierte. Kaparek hieß damals noch Jürgen Hülsemann und war nichts weiter als ein Student, der nach dem Ort suchte, an dem Malcom Lowrys »Unter dem Vulkan« spielte. Sie war 36, er 29, und es gab ein paar Liebesnächte unterm Mond und am Strand, von denen die großen Frauenmagazine so gern phantasierten. Im Liebeswahn entzückten Camilla Bonnart sogar Kapareks Gedichte. Sofort nach ihrer Rückkehr aus Mexico forderte sie von ihrem Verleger, das Zeug zu drucken. Als Königin des

Ratgeber-Gewerbes konnte sie das. Mit unglaublicher Sicherheit landete jedes ihrer Werke auf Platz 1 der Bestsellerlisten. Im Dienst der Vitalität recherchierte sie in der halben Welt, um ihren Lesern neue Übungen und Rezepte präsentieren zu können. Sie war die Erfinderin des sogenannten »Dschungelritts«, bei dem ein Partner den anderen Huckepack durch den Wald trägt und durch eine Kombination von Urschrei und Schattenboxen Beziehungsprobleme gelöst werden sollen. Ihren »Braten der sieben Leben« boten viele Restaurants auf ihren Speisekarten an. Raffiniert mischte sie tiefgründige Lebensweisheiten mit jüngsten wissenschaftlichen Erkenntnissen und verstieg sich nicht in das esoterische Gesinnungsgelaber der weniger erfolgreichen Autoren.

Selbstverständlich schluckte Bernd Boschen die Kröte Gerb Kaparek, um seine Diva nicht zu verstimmen. Doch inzwischen war aus dem kleinen Dichter ein Märchenprinz geworden, der Camilla Bonnarts Erfolge in den Schatten stellte. Gedichte als Massenschlager – das war die Sensation im Kulturbetrieb.

Heute wußte Camilla Bonnart, daß sich Kaparek in Mexico wie ein Callboy an sie herangemacht hatte, um mit ihrer Hilfe ins Geschäft zu kommen. Natürlich hatte sie nicht wegen seiner literarischen, sondern wegen seiner körperlichen Qualitäten überall im Land Propaganda für sein erstes Werk gemacht. Nach seinen ersten Erfolgen amüsierte er sich aber lieber mit seinen Groupies zwischen 16 und 26. Camilla Bonnart gab seit Monaten keine Interviews mehr, weil sie nur noch zu ihrem Verhältnis zu Kaparek befragt wurde.

Der Dichter auf der Bühne trank einen Schluck Wasser, und selbst dabei hing das Publikum an seinen Lippen. Er sah wirklich gut aus, strahlte bei aller Melancholie Gesundheit aus, bei allem Lebenszweifel Engagement. Eine Illustrierte hatte ihn zum Prototyp einer neuen Generation erkoren, der »Unbestechlichen«. Nein, Gerb Kaparek sollte nicht aus eigensüchtigen Motiven sterben. Camilla Bonnart fühlte sich verpflichtet, einem geistigen Terroristen das Handwerk zu legen. Seit Jahren wies sie den Menschen unter aufopferndem Einsatz die Wege zur echten Glückseligkeit, zu seelischer und körperlicher Gesundheit. Und nur weil sie einmal schwach geworden war, wandten sich die Leser von den wirklich ernsten Themen ab und gaben sich schöngeistigen Spielereien hin. Die Leute wollten Gedichte hören, lesen und schreiben. Sie hatten einen neuen Ausweg gefunden.

Das Gefängnis jagte Camilla Bonnart keine Angst ein. Besser als die durchschnittliche Existenz, auf die sie die Durchschnittsbürger zurückgestoßen hatten, war's allemal. Und die Reiserei begann sie zu langweilen. Oft saß sie lustlos bei der Arbeit. Hinter Gittern würde ihr Geist endlich wieder Dramatik und Inspiration spüren. Zunächst wollte sie ihre Autobiographie schreiben.

Gerb Kaparek kündigte das letzte Gedicht des Abends an. Camilla Bonnart nahm den Knauf der Waffe fest in die Hand und ließ in ihrer Phantasie die nächsten Sekunden wie einen Film abrollen: Wie sie aufsprang, ihm die Waffe mit langem Arm entgegenstreckte. »Hier!« wollte sie sagen, bevor der Schuß krachte. Das Publikum würde schreien, Kapareks Körper wuchtig auf die Bühne knallen … Sofort begriff Camilla Bonnart, daß ihr Plan schlecht war. Einen Poeten, den man beim Lesen seiner Werke erschießt, machte man zum Mythos. Kapareks fünf Bücher und die seiner Epigonen würden jahrzehntelang den Markt überschwemmen. Auf keinen Fall durfte sie ihm einen weiteren PR-Gefallen tun. Viel besser war es, ihn einen kläglichen Tod sterben zu lassen, der nicht nach einem Mord aussah. Dann blieben ihr zwar die interessanten Erfahrungen im Gefängnis verwehrt, aber vielleicht versandete die Poesie-Welle. Camilla Bonnarts geübter Kopf benötigte nur wenige Sekunden, um einen Plan zu entwerfen, der den neuen Anforderungen perfekt entsprach.

»Bernd, Bernd!« Camilla Bonnart mußte gegen den Lärm der Standing ovations anschreien. »Ich möchte dich, Frau Loos und Gerb morgen gern zum Essen bei mir einladen. Ich will mein neuestes Rezept kochen.«

»Prima Idee«, sagte der Verleger. »Ich sage Gerb gleich Bescheid.«

Die Kritikerin nuschelte durch ihre zusammengebissenen Zähne: »Na, für ein Tischgespräch mit dem Dichter mache ich sogar das mit.«

Camilla Bonnarts Villa besaß mehrere Speisezimmer, die je nach kulinarischem Anlaß benutzt wurden. Für das heutige Menü wählte sie den Aztekensaal. In der Mitte des Raumes befand sich eine runde Steinplatte von einem halben Meter Höhe und zwei Metern Durchmesser. Man konnte sie kreisen lassen. Gerb Kaparek, Bernd Boschen und Gisela Loos saßen auf kleinen Bambushockern um die Platte versammelt und betrachteten verblüfft den riesigen Käse, der auf ihr lastete. Camilla Bonnart beugte sich, ein langes Messer in der Hand, über ihr Gericht und sagte zu ihm: »Ich werde dich jetzt opfern. Für deine Götter und deine Genießer.« Das Messer schlug durch die Kruste, und der Käse gab ein langanhaltendes, quiekendes Geräusch von sich. Camilla Bonnart schnitt ihn in Stücke, und die Gäste bedienten sich. Bernd Boschen hielt seinen beladenen Teller dicht unter die Nase und schnupperte entzückt. »Käse gefüllt mit Fleisch und Gemüse, faszinierend. Wie ist es dir bloß gelungen, daß der Käse kaum geschmolzen ist?«

»Das verrate ich in meinem nächsten Buch. Wichtiger noch ist aber die Komposition der Gemüse und Gewürze. Sie erst geben dem Gericht seinen Namen: Mit dem Gaumen zu den Göttern.«

Bernd Boschen und Gerb Kaparek aßen genußvoll. Und selbst Gisela Loos konnte nicht verhindern, daß ihr Gesicht mehr Farbe bekam. »Bitte, probiert auch von dem Wein. Er ist ...« Camilla Bonnart brach ihren Satz angesichts des entsetzten Blickes ab, den Bernd Boschen auf Gerb Kaparek richtete. Im Gesicht des Dichters sprenkelten die Farben weiß und grün. Kein lebendiger Ton war mehr zu erkennen. Schwer röchelnd umfaßte Kaparek seine Kehle, sprang von seinem Hocker, lief ein paar Schritte und brach zusammen.

Als Todesursache des Poeten stellte der Notarzt Herzversagen fest. Ein fremdes Verschulden wollte er aber keinesfalls ausschließen. Deshalb verhörten Hauptkommissar Will und sein Team von der Mordkommission die Überlebenden und sicherten Spuren. Geschirr, Essensreste und der gigantische Käse wurden sorgsam in Plastikfolien verpackt und ins Labor geschickt. Gerb Kaparek landete in der gerichtsmedizinischen Abteilung. Nach zwei Wochen wollte Kommissar Will die polizeilichen Erkenntnisse auf einer Pressekonferenz mitteilen. Wegen des starken Andrangs mußte sie in den großen Sitzungssaal des Polizeipräsidiums verlegt werden. Gisela Loos gelang es, den Hauptkommissar bereits Stunden zuvor zum Sprechen zu bringen. Beide verband nämlich die Mitgliedschaft in der Marcel-Proust-Gesellschaft.

»In den Speisen und Getränken wie auch in Kapareks Körper haben wir keine giftige Spur entdeckt. Kein Wunder, alle aßen ja dasselbe. Jede andere tödliche Einwirkung eines Dritten ist ebenso auszuschließen. Der Gerichtsmediziner geht von nervlicher Überspannung und Bluthochdruck aus ...«

»Na, das paßt ja gut zum Klischee vom leidenschaftlichen Dichter. Ich rate Ihnen dringend: Suchen Sie weiter!«

Camilla Bonnart versteckte sich viele Wochen hinter den Mauern ihrer Villa. Dann, an einem lauschigen Frühsommerabend, tauchte sie unangemeldet in Bernd Boschens Büro auf.

»Camilla. Lange nicht gesehen.« Der Verleger erhob sich vom

Schreibtisch und machte unwillkürlich eine umarmende Geste, die er rasch wieder abbrach.

»Ich bin wieder da!« jubilierte Camilla. »Die bösen Erinnerungen sind endlich besiegt.«

»Ja, ich dachte mir schon, daß du allein sein willst. Deshalb rief ich nicht an.«

»Ich will, daß wir für mein neues Buch eine ganz große Show abziehen. Ich fahre durch das ganze Land, mache Lesungen in Theatern, kleinen Buchhandlungen ...«

»Dein neues Buch erscheint nicht, Camilla. Die Buchhändler haben ihre Vorbestellungen storniert. Auch von deinen anderen Werken wird so gut wie nichts mehr verkauft.«

»Sehr witzig, Bernd.«

»Camilla. In deiner Wohnung ist ein großer Mann gestorben, während er von einem deiner ... Spezialgerichte kostete. Glaubst du, irgendwer ist jetzt noch an deinen Rezepten interessiert, die angeblich unverwüstliche Gesundheit versprechen? Man glaubt eher, das Gegenteil sei der Fall.«

Camilla Bonnart lächelte. »Adieu, Bernd.«

Ein kleiner Verlag war bereit, Camilla Bonnarts Werk als Taschenbuch herauszubringen. »Durch den Gaumen zu den Göttern« lautete der Titel. Kurz nach Erscheinen rief Gisela Loos aufgeregt bei Hauptkommissar Will an.

»Jetzt haben Sie sie. Camilla Bonnart legt in ihrem neuesten Buch ein Geständnis ab. Hören Sie, ich lese vor: *Mit dem Gericht Gaumen zu den Göttern können Sie einen Gast nicht nur erfreuen, sondern sich seiner unter Umständen auch entledigen. Denn stellen Sie sich vor, Sie waren mit diesem Gast mal in Mexico und aßen Tapas. Sie probierten verschiedene Gewürze aus, die hierzulande praktisch unbekannt sind. Eine kleine Prise Matico genügte, um Ihr Gegenüber arg ins Schwitzen zu bringen. Er wird aschfahl, ringt nach Atem, faßt sich an die Brust. Nach einigen Minuten ist der Anfall vorbei, und Sie wissen: Der Mann ist schwer allergisch gegen dieses Zeug. Der Vorfall ist rasch vergessen. Nun, um Ihren Freund zu den Göttern zu schicken, kochen Sie für ihn ein Gericht, in dem Matico in extremer Dosierung enthalten ist. Der Erfolg spricht für sich.«*

Der Kommissar schwieg.

»Was ist, Herr Will? Ist das nicht Beweis genug?«

»Nein. Wir können nicht mehr nachweisen, daß Gerb Kaparek gegen dieses Gewürz allergisch war. Und außerdem ist Frau Bonnarts Käse längst im Müll gelandet.«

»Aber sie legt doch ein Geständnis ab!«

»Wirklich? Ich habe diese Frau immer für wahnsinnig gehalten. In letzter Zeit zeigte sie das nicht mehr auf dem Papier, sondern durch Ausbrüche in der Öffentlichkeit. Damit ist Schluß. Nachdem sich Camilla Bonnart in einem Feinschmeckerlokal nackt auszog und die Gäste animierte, eine metaphysische Polonaise zu tanzen, wurde sie von ihren Verwandten in die Psychiatrie eingewiesen. Sie kann gestehen, was sie will – kein Richter wird ihr glauben.«

Carsten Klemann

Unter Grafen

Die Herbstsonne schien an diesem Morgen mit ganzer Kraft, wurde aber vom dicken Butzenscheibenfenster im Eßzimmer von Schloß Weykart jäh gebremst. Auf der Speisetafel landete sie als gelblicher Abglanz, funkelte ein wenig auf dem Kristallgeschirr und dem schwarzen Kaffee in Graf von Weykarts Tasse. Er starrte auf die Titelseite der *Financial Times*, die noch ordentlich zusammengefaltet zwischen seinem Eierbecher und einer geschälten Apfelsine lag. Als der Butler die Tür öffnete, um Gräfin Sabine von Weykart hereinzulassen, schossen des Grafen Augen blitzschnell nach oben, ohne daß er seine geduckte Haltung veränderte.

»Na, da kann ich ja endlich meinen Kaffee zuckern«, begrüßte er seine Frau in Anspielung auf ihre zehnminütige Verspätung. »Aber ich denke, er ist schon kalt.« Sofort wechselte der Butler die Tasse aus.

»Es tut mir leid«, sagte Sabine von Weykart. Ihre Wangen färbten sich blaßrot. »Leider dauerte es länger, bis ich zu meinem neuen Kleid das passende Schmuckstück fand.«

Graf von Weykarts schmales Gesicht mit dem dürren Oberlippenbärtchen ähnelte einem Fragezeichen. Über dem Kinnpunkt lag sein Mund leicht nach links verschoben. Zugleich spannte er meist seine rechte Stirnregion an, was ihm schräge Dackelfalten eingetragen hatte. Niemand wußte, wann er sich diese Gesichtsakrobatik zugelegt hatte, oder ob sie vielleicht angeboren war. Geringschätzig schaute er auf Sabines buntgemustertes Kleid. »Wenn ich dir gestattet habe, zweimal im Monat mit deiner Jugendfreundin bummeln zu gehen, heißt das nicht, daß du dich auf ihr Niveau herabbegeben sollst. Sabine!! Du bist kein Bauernmädel mehr, das von einer Karriere als Schuhverkäuferin träumt. Was müssen wir noch tun, um dir die Prämissen unserer Lebensart ins Hirn zu trichtern? Tja, solange du es nicht im Gefühl hast ... In Zukunft kaufst du nur noch mit meiner Mutter ein. Und zieh endlich den Fetzen aus!«

Tränen flossen über Sabines weiches, 19jähriges Gesicht. Sie machte einen Knicks, entschuldigte sich und ging.

Verdrossen lehnte sich Graf von Weykart in seinem harten Holzstuhl aus dem 18. Jahrhundert zurück. Seine Freunde beneideten ihn um Sabine, ahnten aber nicht, wieviel Probleme sie bereitete. Seine Mutter hatte ihm die Hochzeit aufgeschwatzt. Mit 37 Jahren sei es an der Zeit, sagte sie. Das hatte der Graf eingesehen und auch, wie wichtig es war, eine Frau aus den umliegenden Dörfern zu ehelichen. Die einfachen Leute hatten als Betriebsräte im Sägewerk Mitspracherecht, an ihren Stammtischen entschieden sie, wer der nächste Bürgermeister wird, in ihren Ortsversammlungen konnten sie Umweltschutzauflagen mildern oder verschärfen. Sabine sah zumindest aus wie eine Prinzessin. Bei offiziellen Anlässen und Bällen mußte sich der Graf nicht mehr zu den wichtigen Persönlichkeiten aus Wirtschaft und Politik durchkämpfen. Sie kamen von selbst, um Sabines Anmut, ihr scheues Lächeln und ihre blonde Haarpracht zu bewundern, die golden wie ein Kornfeld in der Abendsonne glänzte.

Sabine war in einem abgelegenen Nest direkt am Wald aufgewachsen. Den Grafen sprach man dort noch als »hochwohlgeborenen Herrn« an. Sabines Familie bewirtschaftete ein kleines Gehöft, arbeitete aber zugleich seit Generationen im gräflichen

Sägewerk, um den Lebensunterhalt zu sichern. Ehrfürchtig und fassungslos glücklich reagierte die Familie, als sie immer wieder aufs Schloß eingeladen wurde und der Graf schließlich vorschlug, ihr Schicksal mit seiner Sippe zu verknüpfen. Sabine nahm den Heiratsantrag mit unbewegtem Gesicht entgegen. Vater und Mutter erklärten, daß der liebe Gott ihr ein einmaliges Geschenk gemacht hätte, welches auch ihre Angehörigen glücklich machen sollte. Sabine nickte stumm und lächelte dann auf eine Art, als ob ihr ein Licht aufgegangen sei.

Nach dem Frühstück suchte der Graf seine Mutter auf und bat sie, Sabines Lehrstunden in allgemeinem Geschmacksempfinden, Anstand und Sitte sowie Sprachgebrauch zu verdoppeln.

»Glaubst du nicht, du solltest ein wenig sensibler mit deiner jungen Frau umgehen?« fragte die alte Gräfin. »Natürlich ist sie naiv und unerfahren. Sie hat von der Welt rein gar nichts gesehen. Wie soll sie eine stolze von Weykart werden, wenn du sie einschüchterst?«

»Das wird sie, wenn meine Worte endlich nur in ihren Schädel dringen. Ich habe mich herabgelassen zu dieser Bauernmagd. Nun ist es an ihr, aus meiner Investition Gewinn zu machen. Sie muß sich anstrengen, nicht ich.«

»So spricht kein junger Ehemann. Du hast nur deine Geschäfte im Kopf. Ein wahrer Edelmann trägt seine Frau auf Händen. Schon lange habe ich des Nachts auf dem Parkett nicht mehr deine Schritte auf dem Weg zu ihrem Schlafzimmer gehört. Ja, wie soll das gehen mit dem Erben?«

»Im Moment ist sie es nicht wert, daß ich mich derart vor ihr entblöße. Nein! Sie ist wie ein neugekauftes Pferd in meinem Stall. Erst wenn ich weiß, daß schon ein Blick genügt, damit es spurt, kann ich es streicheln. Vorher kommt das harte Training und manchmal die Peitsche.«

»Himmelhilf«, sagte die Gräfin und erhob sich schwungvoll.

Der Chauffeur wartete mit der Limousine für den monatlichen Wochenendtrip zur Beauty-Farm. Dann fiel ihr noch etwas ein: »Du sprichst doch heute abend mit dem Onkel. Du solltest nicht immer nur über Finanzen mit ihm plaudern. Bei ihm merkt man, was aristokratisch sein eigentlich heißt. Er denkt stets daran, welche Opfer er selbst bringen muß, um hohe Ziele zu erreichen.«

»Er besitzt tatsächlich Autorität, obwohl er ein Schlitzohr ist«, sagte Graf von Weykart nachdenklich. »Sein Einfluß könnte nützlich sein. Wenn er kommt, bitte ich ihn, mit mir ein halbstündiges Gespräch über moralische Fragen zu führen. Das beeindruckt Sabine vielleicht. Sage ihr, daß sie sich rechtzeitig im Salon einfinden soll!«

Die moralische Lehrstunde, zu der sich Graf Weinrich von Weykart mit Freuden bereiterklärte, fand im düsteren Lichtschein des heruntergedimmten Kronleuchters und bei einem alten, schweren Rotwein statt. Allerdings nur für die Männer. Sabine, die separat in einer Zimmerecke Platz nehmen mußte, hatte man ein Glas Mineralwasser bereitgestellt. Der stattliche, rotwangige Weinrich von Weykart belebte die Atmosphäre mit seinen humorvollen Redewendungen und sattem Gelächter. Graf Jobst setzte das Gespräch unter das Motto: »Die Ehe im Rittertum«. Rasch stellte man fest, daß sie sich von der normalen, bürgerlichen Ehe erheblich unterschied. »Die Ehe dient zuerst dem Wappen des Hauses und keinen persönlichen Wünschen«, erklärte Graf Jobst. »So wie der Rittersmann nur für sein Stammhaus kämpft und sich opfert, muß seine Frau ihm bedingungslos zur Seite stehen.«

»Recht hast du«, lobte Graf Weinrich. »Wenn Mann und Frau sich zusammentun, sind sie wie die Säulen eines hehren Ideals. Gegenseitige Verehrung ist deshalb so wichtig. Durch respektloses Verhalten dem anderen gegenüber gerät auch das Ideal ins Wanken.«

»Dafür wurden Frauen früher sogar geköpft.«

Graf von Weinrich warf der verängstigten Sabine einen gutherzigen Blick zu und meinte: »Aber natürlich mußten auch unsere männlichen Ahnen büßen, wenn sie unsere ungeschriebenen Gesetze brachen.«

Als die Wanduhr zur halben Stunde schlug, schickte Graf Jobst Sabine auf ihr Zimmer und schaltete den Kronleuchter wieder auf volle Helligkeit. Sodann holte er seine Geschäftsakten hervor, die er mit Graf Weinrich durchgehen wollte.

»Hoffentlich haben wir sie nicht zu sehr erschreckt«, meinte der Onkel und blickte dabei eigenartig versonnen. Graf Jobst schlug einen dicken Ordner auf. »Hauptsache, es wirkt. Schau her.«

Graf Weinrich überflog den Zahlensalat. »Wahrlich ein süßes Geschöpf, wahrlich.« Plötzlich stutzte er, nahm seine Brille von der Nase und hielt das Papier knapp vor seine Nasenspitze. »Was sehe ich? Deine Sägerei macht dieses Jahr Verlust, empfindlichen Verlust. Und gleichzeitig mußt du nächsten Monat für neue Maschinen bezahlen.«

»Mit einem Wort, werter Onkel, geschäftlich gab's viel Pech. Kredite kann ich nicht mehr aufnehmen. Ich muß entweder Besitz verkaufen oder mir von dir ein paar Mark leihen.«

»Mein Junge, das ist nicht so einfach. Verwandtschaft gut und schön, aber ich schmeiß mein Geld doch nicht zum Fenster raus.«

»Du traust mir doch wohl zu, daß ich das Geld im nächsten Jahr zurückzahle«, antwortete Graf Jobst verdutzt.

Graf Weinrichs Stirn faltete und glättete sich wieder. Er verdrehte den Kopf, rieb Nase und Kinn und seufzte heftig.

»Auch Vertrauen braucht Gegenleistung. Hör mal, ich bin sechzig. Ein alter Knacker, der meistens rückwärts denkt. Schenke mir eine Nacht mit deiner bezaubernden Gattin. Du machst mich glücklich, und ich riskier was für dich.«

Verwirrt starrte Graf Jobst seinen Onkel an, der das Familienwappen auf dem Aktenordner tätschelte. »Bedenke, Jobst, eine Gräfin muß nicht nur für den Tag, sondern auch für die Nacht zu Schicklichkeit erzogen werden. Ein erfahrener Kerl wie ich kann ihr was beibringen.«

»Na ja«, raunte Graf Jobst wie im Selbstgespräch. »Was die sogenannte Liebe angeht, ist sie für mich eine Fremde. Wenn ich sie nicht anrühre, warum solltest du es dann nicht tun?« Mit kreischender Stimme setzte er hinzu: »Bleibt ja in der Familie!«

Tief in der Nacht wachte Sabine auf. Sie spürte eine Hand, die über ihren Oberschenkel strich. Ihr Oberkörper schnellte aus den Laken.

»Nicht doch, nicht doch«, säuselte Graf Weinrichs Stimme in der Dunkelheit. »Du hast gehört, worüber wir vorhin sprachen. Nun mußt du dein Opfer bringen. Für einen guten Zweck, aber auch zu unserem Vergnügen. Ich liebe dich, seit ich dich zum ersten Mal sah. Du bist das Verheißungsvollste, was ich mir für mein Leben noch vorstellen kann.« Weinrichs Hand glitt zu Sabines Brüsten hinauf.

»Hören Sie auf! Mein Mann wird Sie erschießen.«

»Nicht doch. Weil ich ihm einen Gefallen tue, darfst du mir auch einen tun. Ein gerechter Pakt. Daß dieser Nichtsnutz dein Mann ist, ist eine Schande. Ich habe ihn stets verachtet. Wenn du nur mein wärst!« Weinrich bemühte sich, die Schleifen von Sabines Nachthemd zu lösen. Zugleich schob er seinen Bauch auf das Bett. Sabine geriet in Panik. »Dann kämpfen Sie doch wie ein Ritter um mich! Sie lassen zu, daß mein Mann mich einfach verkauft. Das ist nicht ehrenhaft. Er sollte büßen für seine Tat. Aber Sie dürfen sich nicht versündigen.«

Plötzlich ließ Graf Weinrich von ihr ab. Sekundenlang hörte Sabine nur sein Atmen. Dann erklang seine Stimme in einer höheren Stimmlage als gewöhnlich. »Wie konnte ich nur so brutal sein zu dir! Ich danke dir, deine Worte haben mich vor unendlicher Beschämung bewahrt. Aber natürlich muß Jobst büßen. Wieso kam ich nicht eher darauf! Es war immer Ehrensache bei uns, daß Witwen ins Haus des ältesten männlichen Verwandten aufgenommen werden. Du wirst bei mir bleiben, bis an mein Lebensende.«

Graf Weinrich küßte Sabines Hand und verließ geschwind das Schlafgemach. Sabine schaltete die Nachttischlampe ein und stieg schwerfällig wie ein uralte Frau aus dem Bett. Sie schluckte zwei von den Valiumtabletten, die Graf Jobst ihr gegeben hatte, damit sie bei öffentlichen Anlässen die Nerven behielt. Liebend gern hätte sie Graf Jobst vom Erdboden verschluckt gesehen. Doch schaudernd wurde ihr gewiß, daß ihr Schicksal eine neue Richtung nehmen wollte, die noch gruseliger als das Leben auf Schloß Weykart war. Diese Phantasien, zu der sie Graf Weinrich angestachelt hatte, durften nicht wahr werden.

Übers Wochenende war Graf Jobst verschwunden. Er tauchte erst am Montag, kurz vor der Rückkehr seiner Mutter von der Beauty-Farm, wieder auf. Mutter und Sohn nahmen gemeinsam mit Sabine den Lunch ein. Nachdem die Lobeshymnen der alten Gräfin über Fango-Packungen und chinesische Massagetechniken abgeklungen waren, ergriff Graf Jobst das Wort: »Onkel Weinrich hat mich überredet, an der morgigen Jagd teilzunehmen. Die Nacht werde ich auf seinem Gut verbringen.«

»Ist das dein Ernst? Du warst zwei Jahre nicht mehr auf Jagd. Sagtest du nicht, dir fehlten die Nerven dafür?«

»Solche Ausreden gelten heute nicht mehr. Nur wer sich stellt, wird nicht schwach. Das findet auch der Onkel, und deshalb übernehme ich, wenn die Gruppe sich getrennt hat, den Weg durch die Sümpfe.«

»Du willst die gefährlichste Strecke reiten? Das ist doch Wahnsinn. Dein Großvater ist von dort niemals zurückgekehrt, er liegt immer noch auf dem Grund irgendeines Moortümpels. Man verirrt sich leicht auf den glatten Pfaden, und wenn du nur einen falschen Schritt tust, ergeht es dir wie ihm.«

»Ich kenne die Gegend immer noch wie meine Westentasche. Ich nehme nur an der Jagd teil, weil mich die schwierige Aufgabe reizt.«

Die alte Gräfin nahm Sabines Hand. »Bitte mein Liebes, schau nicht so entsetzt. Du und ich werden morgen nicht sorgenvoll zu Hause sitzen. Wir fahren in die Stadt und gehen am Abend in die Oper.«

Am folgenden Morgen stiegen Sabine und die Gräfin gleich nach dem Frühstück in den Wagen. Sabine hielt ihr Gesicht zur vorbeiziehenden Landschaft gewandt, damit ihr elender Blick nicht auffiel. Hätte sie Graf Jobst warnen sollen? Er hätte sie für verrückt erklärt. Und vielleicht erfüllten die vier Valium-Tabletten, die sie in seinen Kaffee getan hatte, längst ihre Wirkung. Wenn ihm wegen unerklärlicher Mattigkeit dauernd die Augen zufielen, würde er am Mittag sein Pferd nicht satteln.

Beim Stadtbummel zeigte sich die Gräfin spendabel. Sabine bekam vier neue Kleider, die sie sich selbst aussuchen durfte, und beim Juwelier eine Uhr mit kleinen Smaragden. Sie speisten im besten Hotel der Stadt und kleideten sich dann in einer eigens angemieteten Suite für die Oper um. Sabine mußte unentwegt Hände schütteln, freundlich lächeln und passable Antworten geben. Das drängte ihre Angst in den Hintergrund, und als die fünfstündige Wagner-Oper begann, dachte sie: »Jetzt komme, was kommen soll.« Sabine gab sich der Musik hin. Als die beiden Frauen nach der Aufführung in den bereitstehenden Wagen stiegen, saß neben dem Chauffeur Graf von Schläger, der Bruder der alten Gräfin. Er wies den Chauffeur an loszufahren und sagte mit kaum hörbarer Stimme: »Auf der Jagd ist es zu einem furchtbaren Unglück gekommen.«

Die entsetzten Blicke der Frauen schienen dem Graf seinen Mut zu rauben. Schwerfällig berichtete er über die Ereignisse: Graf Jobst habe zu Beginn der Jagd auf alle Beteiligten einen eigenartig abwesenden, beinahe tranceähnlichen Eindruck gemacht. Gleichwohl habe er darauf bestanden, durch die Sümpfe zu reiten. Dorthin habe sich auch Graf Weinrich verirrt. Jedenfalls fand man ihn an einem besonders heiklen Punkt der Route, die eigentlich für Graf Jobst bestimmt war. Graf Jobst habe seinen Onkel wohl für ein Stück Wild gehalten. Denn aus weiter Entfernung habe er mehrere Ladungen abgefeuert und ihn ins Herz getroffen. Verantwortlich könne nur Graf Jobsts ungewöhnlicher Zustand gewesen sein, der seinen Blick trübte. Allgemein vermute man, daß er, um die Jagd durchzustehen, irgendeine starke Droge eingenommen habe.

Die Gräfin stoppte ihren Bruder, indem sie ihre Hand auf seine Schulter legte. »Geht es meinem Sohn gut?«

»Ich hoffe, ich meine, ich weiß nicht. Am Tatort wurde seine Flinte entdeckt, weiter weg sein Pferd. Es bockte wohl, als er die Schüsse abgab, und in seiner Verfassung konnte er sich nicht halten. Überall wird nach Graf Jobst gesucht und … nun, ein Moorteich, auf dem sein Jagdhut schwamm, mit Stangen durchkämmt.«

Die alte Gräfin nahm in der erlesenen Polstergarnitur der Limousine eine steif aufrechte Haltung an. Dann umgriff sie Sabines Hand und sagte: »Wir müssen unseren Schmerz wie Aristokraten tragen, Kind. Ich helfe dir, eine ehrenvolle Herrscherin von Weykart zu werden.«

Wolf Brümmel

Der jüngste Herr im Vorstand

Mit hochrotem Kopf trat Reiner Feldmann aus dem Zimmer seines Chefs. Der Vorstandsvorsitzende hatte ihm gerade eröffnet, daß er auf Grund seiner Verdienste im Verkauf in den Vorstand der Firma aufgenommen werden soll. »Sie haben gut gearbeitet, Feldmann«, hatte der Vorstandsvorsitzende laut und deutlich gesagt und ihm dabei kameradschaftlich auf die Schulter geklopft. »In Ihrer neuen Position erwarte ich natürlich noch eine gewaltige Steigerung Ihrer Aktivitäten.« Und dann hat er Reiner Feldmann todernst angesehen und scharf hinzugefügt: »Enttäuschen Sie mich nicht, schließlich sind Sie jetzt bei uns der jüngste Herr im Vorstand.«

Mit Riesenschritten eilte Feldmann durch das Großraumbüro, er blickte weder nach links noch nach rechts, den neugierigen Augen seiner Kollegen wich er wie immer geschickt aus. Seine Sekretärin, Frau Brandt, empfing ihn ziemlich aufgeregt: »Herr Feldmann, Sie haben doch einen Mittagstermin mit Herrn Otto. Das Taxi wartet schon vor der Tür.« Frau Brandt entging nun mal nichts. Natürlich hatte sie sofort bemerkt, daß ihr Chef in einer aufgewühlten Verfassung war. Feldmann schüttelte nur den Kopf.

Im Restaurant hatte Feldmann Mühe, Herrn Otto zuzuhören. Seine Gedanken beschäftigten sich mit seiner Zukunft, die ihm auch ermöglichte, solch ein stinklangweiliges Arbeitsgespräch wie heute nicht mehr führen zu müssen. An den Nebentisch setzte sich eine junge Frau. Ihre großen schwarzen Augen trafen ihn wie ein Blitz. Ununterbrochen sah sie ihn an, wich seinem verlegenen, aber auch interessierten Blick nicht einen Augenblick aus. Angestrengt versuchte sich Feldmann wieder ganz auf den monotonen Monolog seines Geschäftspartners Otto zu konzentrieren. Als er seine Augen wieder in Richtung der jungen Frau wandern ließ, trafen sich erneut ihre Blicke. Wieder sah sie ihn durchdringend an, ohne auch nur eine Sekunde mit ihren glühenden Augen zu zucken. Sie hatte lange schwarze Wimpern, die seidig glänzten, einen vollen Mund und eine reine, auffallend blasse Haut. Eine kleine Schönheit, wie Feldmann wohlwollend registrierte. Nur ihr schwarzes Haar hing ungewaschen und strähnig, und es paßte nicht so recht zu ihrem hübschen Kopf. Sie schien Probleme mit dem Oberkellner zu haben. Hilfesuchend schickte sie ihre großen Augen zu Feldmann. »Entschuldigen Sie bitte, Herr Otto. Ich glaube, ich muß da drüben kurz eingreifen. Ich bin gleich wieder bei Ihnen.« Überrascht stoppte Herr Otto seinen Redefluß und sah Reiner Feldmann verständnislos mit offenem Mund an. »Also, was Sie mir da eben sagten ist hochinteressant, das versichere ich Ihnen, Herr Otto, aber jetzt ...« Reiner Feldmann verließ den verdutzten Herrn Otto und eilte an den Nebentisch.

»Kann ich Ihnen helfen?« Unschuldig blickten ihn die zwei großen Augen an.

»Die junge Frau will nichts essen, nur trinken. Dabei sind wir ein Restaurant!« schimpfte der Oberkellner mit hektisch roten Flecken auf den Wangen.

»Erstens ist die junge Frau eine junge Dame, und zweitens eine Bekannte von mir, und ich bitte Sie, ihre Wünsche zu respektieren, ist das klar?« Der Oberkellner zuckte sichtlich zusammen und murmelte eine Entschuldigung.

»Wollen Sie nicht vielleicht doch einen kleinen Salat?« versuchte Feldmann die Situation zu retten.

»Nein«, sagte die Schöne, ohne ihn aus den Augen zu lassen.

»Gut, dann bringen Sie der Dame die Getränke, die sie wünscht!« befahl er dem Oberkellner und setzte sich wieder an seinen Tisch, wo Herr Otto ungerührt das unterbrochene Gespräch fortsetzte. Nach einer unendlich langen Stunde konnte sich Feldmann von Herrn Otto befreien, indem er ihm eine ungetrübte weitere Zusammenarbeit zusicherte.

»Darf ich mich zu Ihnen setzen?« fragte er höflich die Schönheit vom Nebentisch, die eine unberührte Flasche Wasser vor sich stehen hatte.

»Klar«, meinte sie, ohne den Blick von ihm zu lassen.

»Ich bin in solchen Situationen wie dieser hier ein wenig ungeübt«, sagte Feldmann höflich. »Es ist schon lange her, daß mich ein junges Mädchen überhaupt angesehen hat.«

»Untertreiben Sie da nicht ein wenig?«

»Nein, kein bißchen.«

»Also, ich mag ältere Männer!« Reiner Feldmann wich überrascht zurück, als hätte ihn der Schlag getroffen. »Ehrlich sind Sie, das muß man Ihnen lassen«, sagte er leise.

»Ich sage immer die Wahrheit.«

»Wenn Sie sich das leisten können!«

»Kann ich!« kam kurz und knapp die Antwort. Feldmann spürte, wie seine Zuneigung dem fremden Mädchen gegenüber von Sekunde zu Sekunde wuchs. »Ich muß jetzt arbeiten, aber ich möchte Sie wiedersehen, was halten Sie davon?« Die Schöne sah ihn an und schwieg. »Sagen Sie bitte auch jetzt die Wahrheit. Ich kann sie vertragen.«

»Heute um 19.00 Uhr hier an diesem Tisch.«

»Fein«, sagte Feldmann erfreut und fügte hinzu: »Werden Sie etwas essen?« Er bekam nur einen tiefen Blick als Antwort.

Reiner Feldmann fühlte sich wie ein Schuljunge, der erwartungsvoll vor seiner ersten großen Liebe steht. Das hatte er jahrelang nicht erlebt. Ein Flirt mit einem jungen Mädchen, höchstens Mitte Zwanzig. Dabei war er sich seiner fünfzig Jahre voll bewußt. Was soll das? Mann, sie hat dich auf den Arm genommen, und du bist voll drauf reingefallen. Du gehst doch nicht etwa tatsächlich zu der Verabredung? Jeder blamiert sich, so gut er kann. Reiner Feldmann hielt ungewohnte Selbstgespräche, bevor er das Restaurant betrat. Natürlich war sie nicht da. Eilfertig und heftig dienernd kam der Oberkellner und führte ihn zum Tisch. Feldmanns Frau hatte sein plötzlich arrangiertes Abendessen gelassen zur Kenntnis genommen. Daß sich dahinter ein Rendezvous versteckte, wäre ihr niemals in den Sinn gekommen. Fast 25 Jahre vertraute sie ihm und hatte auch keinen Grund, an seiner Treue zu zweifeln. Nun saß Reiner Feldmann an dem leeren Tisch und fühlte sein Herz heftig klopfen. Plötzlich stand sie vor ihm, jung, schön, mit den unwiderstehlich sprechenden schwarzen Augen.

»Sie sind ja ganz aufgeregt«, stellte sie fest und schmunzelte leicht. »Das steht Ihnen gut. Ich heiße Lore.« Lore hatte sogar Hunger und trank ein bis zwei Schlucke Wein. Reiner Feldmann war von ihr hin und her gerissen, und als sie nach dem Dessert seine Hände nahm und ihn zart streichelte, glaubte er zu träumen. »Ich mag ältere Männer, weil sie treu sind und ergeben. Bei den Jungen muß ich immer nur aufpassen.«

»Das nennt man wohl einen Vaterkomplex«, sagte Reiner Feldmann.

»Nenne es, wie du willst. Wo gehen wir nun hin? Natürlich nicht zu dir. Klar, kann ich mir denken. Also gut, dann bring mich zu mir.« Er brachte sie nicht nur nach Hause, er hatte mit Lore Stunden voller unbeherrschter Leidenschaft. Sein Verhältnis mit Lore begann wie das Selbstverständlichste und Natürlichste auf der Welt, und er war fest entschlossen, dieses unerwartete Glück mit aller Kraft zu halten. Auf dem Weg in seine Wohnung empfand er ein schlechtes Gewissen seiner Frau gegenüber, die ihn weit nach Mitternacht mit liebevollem Blick ahnungslos erwartete. Das schlechte Gewissen sollte Reiner Feldmann die nächsten Monate ständig begleiten.

»Eine Frau Lore hat angerufen«, sagte Frau Brandt, als Reiner Feldmann aus der Vorstandssitzung kam. »Mehrmals sogar, ihre Nummer liegt auf Ihrem Schreibtisch.« Feldmann verschwand in seinem Büro.

»Hallo, Lore, Liebling. Ist was geschehen?«

»Ich muß dich sehen!«

»Aber ...«

»Kein aber, es ist dringend.«

»Heute abend geht es wirklich nicht, das weißt du.«

»Dann komme jetzt!« Ehe er etwas erwidern konnte, hatte sie den Hörer schon aufgelegt. Frau Brandts vorwurfsvoller Blick begleitete ihn aus dem Büro. Schließlich mußte sie alle seine Nachmittagstermine als Mitglied des Vorstandes absagen. Und das mußte sie in letzter Zeit immer häufiger. Langsam tuschelte man schon über ihn wegen seiner auffallend häufigen Abwesenheit von der Firma. Längst hatte Lore ihren Reiner fest in der Hand. Er zahlte inzwischen ihr Appartement, den Strom, das Telefon, ihren Haushalt und ihre Parties, zu denen er jedoch nicht eingeladen wurde. Er bezahlte alle Rechnungen, die sie ihm präsentierte. Und er zahlte, obwohl sie ihn nicht regelmäßig liebte, was ihn sehr kränkte und was zu leichten, später heftigen Auseinandersetzungen führte. Manchmal hatte er das Gefühl, daß sie ihn zu erpressen versuchte, indem sie ihm scherzend zu verstehen gab, daß sie schließlich seine Privattelefonnummer hätte, um ein gemeinsames, gemütliches Treffen mit seiner Frau zu arrangieren, oder aber seinen streng konservativen Chef über sein Verhältnis mit ihr zu informieren. Mit einem Scheck beruhigte er dann seine geliebte Lore, und für die nächste Zeit war wieder Ruhe. Reiner Feldmann wollte es nicht wahrhaben, daß er mit Haut und Haaren diesem Mädchen verfallen, daß er ihr hörig war. »Mensch, Feldmann, was ist los mit Ihnen?« empfing ihn sein Chef, und sein Ton war nicht gerade freundlich. »Seitdem Sie im Vorstand sind, sehe ich Sie kaum noch. Gut, gegen Ihre Arbeit ist nichts zu sagen. Aber auch als jüngster Herr im Vorstand haben Sie Repräsentationspflichten, die Sie nicht auf Ihre Kollegen abwälzen können. Ihnen ist doch wohl klar, daß die Firma nun vorgeht.« Nach diesem Gespräch klopfte er ihm nicht kameradschaftlich auf die Schulter. Frau Brandt tat, was sie konnte, um ihren Chef zu schützen. Längst wußte sie, welche Rolle Lore in seinem Leben spielte, und sie wußte, daß diese Rolle schrecklich für ihn enden würde. »Lore, Liebling, ich bitte dich, nimm doch ein wenig Rücksicht auf mich und meine Arbeit.«

»Und auf deine Frau, was? Wie komme ich dazu? Ich bin es leid, nur deine Geliebte zu sein, versteckt zu werden.«

»Darüber haben wir doch unendlich oft miteinander gesprochen, und du hast unser Verhältnis, so wie es nun einmal ist, akzeptiert.«

Ein böses Wort wechselte das andere ab, die Auseinandersetzung wurde immer lauter, immer heftiger. Schließlich verlor Reiner Feldmann die Nerven und schlug eine endgültige Trennung vor. Danach rastete Lore völlig aus. Als Reiner Feldmann sie erregt verließ, verfolgten ihn ihre drohenden Worte, daß sie ihn gründlich ruinieren würde. Die Sekretärin des Vorstandsvorsitzenden hörte sich Lores Drohungen geduldig an und versprach, den Chef darüber zu informieren. »Wenn Sie das nicht tun, komme ich persönlich vorbei«, beendete Lore das Gespräch.

Reiner Feldmann wurde kalkweiß, als ihm die Sekretärin von der Unterhaltung berichtete. »Ich denke, Sie nehmen das lieber selber in die Hand, bevor ich den Chef unterrichte«, meinte sie und unterstrich ihre Worte mit einem kräftigen Kopfschütteln. Als Feldmann seine Wohnung betrat, kam ihm eine völlig ratlose Ehefrau entgegen. Da wußte er, was er zu tun hatte.

»Herr Feldmann, jemand von der Polizei möchte Sie sprechen«, sagte Frau Brandt mit einem ängstlichen Ausdruck in ihren mausgrauen Augen. »Stellen Sie durch, Frau Brandt. Bestimmt bin ich wieder viel zu schnell gefahren«, versuchte er sie zu beruhigen. Nachdem der Kommissar mit seinem Bericht zu Ende war, fühlte sich Feldmann hundeelend. »Ich denke, das beste ist, ich komme zu Ihnen«, sagte er kaum hörbar. Und fügte etwas lauter hinzu: »Um Gottes willen, nein. Hier dürfen Sie auf keinen Fall erscheinen!«

Was Kommissar Gerd Ginster ihm dann im Polizeipräsidium eröffnete, ließ Reiner Feldmann erblassen. »Gut, ich kenne Lore. Das ist aber auch alles.«

»Nein, das ist nicht alles. Wir haben festgestellt, daß Sie ihre Miete bezahlt haben und das Telefon.«

»Na und? Ich wollte ihr helfen. Darum verstehe ich nicht, was ich mit dem Überfall zu tun haben soll.«

»Der Überfall ist nur getürkt, wie wir inzwischen wissen. Es ging dem Täter gar nicht um ihren Schmuck, ihre Pelze, ihr Geld.«

»Dann sagen Sie es doch, worum es ging.«

»Das wissen wir eben noch nicht. Vielleicht können Sie uns da helfen?«

»Ich? Also, wie sollte ich!« Doch dann packte Kommissar Gerd Ginster aus und verriet, was er über seine Beziehung zu Lore wußte. Und er wußte alles. Auch über ihren Streit und die Tatsache, daß er sich seitdem nicht wieder mit Lore getroffen hatte. »Oder vielleicht haben Sie Lore noch einmal besucht?« bohrte der Kommissar.

»Nein, habe ich nicht.«

»Herr Feldmann, ich habe Ihnen noch nicht alles gesagt. Lore

Lorentzen hieß in Wirklichkeit Ingeborg Frey und ist vorletzten Dienstag ermordet worden. Wenige Stunden nachdem Sie sie im Zorn verlassen haben. Vorher hat Lore Sie noch erpreßt, Ihre Frau und Ihren Chef angerufen ... Mein Gott, ist Ihnen nicht gut?«

»Lore ist tot?«

»Ja, Herr Feldmann, brutal erschlagen worden.« Nachdem Feldmann Personalien und Fingerabdrücke hinterlassen hatte, fuhr er total erschöpft nach Hause. Die Worte von Kommissar Gerd Ginster klangen ihm noch im Ohr: »Herr Feldmann, halten Sie sich zu unserer Verfügung. Es ist Ihnen doch klar, daß Sie der Hauptverdächtige sind.«

Das bedeutete, daß seine Karriere genauso beendet war wie seine Ehe. Schluß mit seinem vergoldeten Sitz im Vorstand. Vorbei das gemütliche Eheleben. Bevor er am nächsten Morgen in seine Firma fahren konnte, stand Kommissar Ginster an seiner Haustür. »Herr Feldmann, die Fingerabdrücke an den Gegenständen, mit denen Lore Lorentzen, wie sie sich Ihnen gegenüber ja nannte, erschlagen wurde, sind identisch mit Ihren. Ich muß Sie wegen Mordverdachts festnehmen.« Zufrieden strich sich Kommissar Ginster über seinen Leib. Das sollte ihm mal einer nachmachen. Innerhalb von wenigen Stunden hatte er einen Mord aufgeklärt, den Tatverdächtigen hinter Gitter gebracht. Für ihn stand eindeutig fest, der Mörder hieß Reiner Feldmann. Das Motiv: Er mußte Lore Lorentzen beseitigen, weil sie seine sorgfältig vorbereitete Karriere und seine gute langjährige Ehe zerstört hat.

»Herr Kommissar, darf ich zu dem Fall Lore Lorentzen noch etwas sagen?«

Inspektor Götz Lengries steckte seinen Kopf in das Zimmer seines Chefs. »Kommen Sie, aber viel Zeit habe ich nicht. Heute wird gefeiert.«

»Ja, Chef, hoffentlich kommen Sie zum Feiern, denn der Mörder von Lore Lorentzen heißt nicht Reiner Feldmann.«

»Ach, was Sie nicht sagen, wie heißt er denn?« Ginster beugte sich hämisch lächelnd über seinen Schreibtisch. »Das weiß ich noch nicht, aber mit Ihrer Hilfe werde ich es bald wissen.« Und dann stellte er folgende Fragen. »Herr Kommissar, es stimmt doch, daß Sie ein anonymer Anrufer auf die Spur von Reiner Feldmann gebracht hat.« Ginster nickte emsig. Der Inspektor ging ihm langsam auf die Nerven.

»Ich habe den Mitschnitt des Gespräches wiederholt gründlich angehört. Der Anrufer wußte zu viel, er wußte Einzelheiten, die nur Lore Lorentzen und Reiner Feldmann wissen konnten, er wußte über Reiner Feldmanns Privat- und Geschäftsleben so gut Bescheid, als wäre er der beste Freund. Er wußte alles von der letzten Auseinandersetzung bis ins kleinste Detail. Da stimmt doch etwas nicht. Wir müssen diesen Mann finden. Er gehörte zu dem engsten Umfeld der Toten, um ihre Bekannten haben wir uns überhaupt nicht gekümmert.« Kommissar Ginster schluckte heftig. Sein Inspektor hatte leider recht. Am besten, er verhielt sich nun großzügig kollegial.

»Nicht schlecht, mein lieber Lengries. Natürlich habe ich auch darüber nachgedacht, bin aber zu dem Ergebnis gekommen, das Sie kennen: Der Mörder heißt Feldmann. Trotzdem, ich will Sie nicht aufhalten in Ihren Aktivitäten. Bringen Sie mir einen anderen Tatverdächtigen, und ich werde ihn mir mal ansehen.«

Was für ein bornierter Kerl, dachte Götz Lengries angewidert, sagte aber brav und devot: »Danke, Chef. Ich werde mein Bestes tun.«

»Zwei Männer sind fast täglich zu Frau Lorentzen gekommen. Der eine war elegant wie ein Herr gekleidet und mindestens 50 Jahre alt, der andere war so jung wie Sie und in Jeans und solch modernen Sachen«, erzählte der Hausmeister froh darüber, daß er endlich in diesem Fall befragt wurde. Schließlich ging es im Fernsehen niemals ohne die Aussagen des Hausmeisters.

»Können Sie mir den Jungen genauer beschreiben?« Inspektor Götz Lengries sah sein Gegenüber aufmunternd an.

»Sage ich doch, er trug moderne Sachen. Hosen, die viel zu groß waren, und Hemden, die über die weiten Hosen hingen, aus der Jacke raus. Also so was Fürchterliches.« Dann beschrieb er den jungen Mann, blieb aber immer an der ausgefallenen Kleidung hängen. »Die Sachen, die er trug, haben mich geärgert, da hatte ich keine Zeit, mir sein Gesicht zu merken«, knurrte der Hausmeister.

»Schade«, sagte Lengries, »Sie hätten nämlich viel Geld verdienen können. Wir haben eine Belohnung für die Ergreifung des Täters ausgesetzt«, log er.

»Was? Ja was soll ich denn sagen, wenn ich nicht mehr weiß.«

»Vielleicht wissen Sie doch noch etwas, das uns zu dem Jungen führen könnte.«

»Ja, wenn Sie meinen? Sein Auto kenne ich. Einen Sportwagen fuhr er, toll, sage ich Ihnen.« Und der Hausmeister geriet so richtig ins Schwärmen. Als er sogar die Zulassungsnummer auf Anhieb verriet, stand er plötzlich alleine im Hausflur. »Manieren sind das«, schimpfte er. »Die Polizei ist genauso verdorben wie die Jugend von heute.«

Inspektor Götz Lengries erwischte Hans Dorneich, als er seinen saubergeputzten Sportwagen mit Pelzen und Koffern belud. Sekundenlang überlegte er, ob er eine Fluchtchance hatte, doch dann entschied er sich, frech und überheblich zu reagieren. »Sie spinnen wohl. Ich soll aufs Präsidium? Ich? Warum denn? Ich denke gar nicht daran. Ich packe hier gemütlich Gepäck in mein Auto. Ist das etwa verboten?« Dann griff er zu seinem Handy und schrie Lengries an: »Jetzt rufe ich meinen Anwalt an, haben Sie mich verstanden?«

Lengries schlug ihm das Handy aus den Fingern, legte ihm blitzschnell Handschellen an und zerrte ihn in seinen Wagen. »Sehen Sie, so ergeht es jedem, der nicht hören will«, meinte Lengries. »Und jetzt werde ich Sie einem Hausmeister vorstellen. Der liebt nämlich ihr ausgefallenes Outfit.«

Kommissar Gerd Ginster bekam eine steile Falte auf seiner hohen Stirn. Scheiße, dachte er, da machte ihm sein kleiner Inspektor vor, was gute Polizeiarbeit war.

»Herr Kommissar, Hans Dorneich war der Freund von Lore Lorentzen, oder wie sie sich auch immer nannte. Er brachte sie mit reichen Männern zusammen, arrangierte geschickt Treffen. Dafür kassierte er von ihr ab, beschützte sie, wie man so sagt. Reiner Feldmann war so etwas wie eine fruchtbare Kuh, die man bis zum Äußersten melken konnte. Als Lore diese Verbindung lästig wurde und sie dem Feldmann nicht immer für Liebe und Leidenschaft zur Verfügung stand, gab es kräftige Auseinandersetzungen zwischen ihnen. Hans Dorneich störten diese Streits, er wollte Feldmann weiter ausnützen. Als Lore dann begann, Feldmann zu erpressen, seine Frau und Firma anrief, um von ihrem Verhältnis zu plaudern, war das natürlich gegen Dorneichs Interesse.«

»Hört sich an wie ein Märchen«, knurrte Kommissar Ginster, konnte aber nicht verhehlen, daß ihm schon einleuchtete, was ihm Inspektor Lengries da erzählte.

»Ist aber die Wahrheit. Dorneich knöpfte sich Lore vor, doch zum ersten Mal hörte sie nicht auf ihn, sondern drohte auch Dorneich, ihn bei der Polizei zu verpfeifen. Da riß ihm der Geduldsfaden, und er schlug Lore zusammen, bis sie mausetot war. Dann verwischte er alle Spuren, so daß wir nur Reiner Feldmanns Fingerabdrücke in dem Appartement vorfanden.«

»Junge, Junge. Wie wollen Sie das beweisen?« Ginsters Gesicht verfinsterte sich zusehends.

»Ich habe ein umfassendes Geständnis von Herrn Dorneich. Er plädiert auf Notwehr, denn Lore Lorentzen war angeblich Karatekämpferin mit diversen Auszeichnungen.«

»Na, dann wollen wir mal Reiner Feldmann in die Freiheit schicken«, meinte Ginster. »Übrigens, nicht schlecht, Ihre Arbeit«, fügte er hinzu, und man sah ihm an, wie schwer ihm dieses Eingeständnis wurde.

Reiner Feldmann dachte an seine Frau und an seinen kurzen Job als jüngster Herr im Vorstand, als er in dem Restaurant saß, in dem er Lore zum ersten Mal begegnet war. Er wartete auf Herrn Otto, der mit ihm über seine Zukunft sprechen wollte.

Kim Rose

Das erste Mal

Weder Land noch eine Wolke waren in Sicht. Die Wellen wirkten stürmischer als gestern, waren aber unfähig, den mächtigen Schiffskörper der M. S. Delos zu erschüttern. Wenn Bert Bartel beobachtete, wie stilvoll der Luxusliner durchs Mittelmeer zog, mochte er kaum glauben, daß viele hundert Meter Wasser unter ihm lagen. Zufrieden blickte er aus seinem Liegestuhl auf den Horizont, ohne die hübsche Dame im Bikini, die auf dem Liegestuhl nebenan lag, aus dem Augenwinkel zu verlieren. Es war hinreißend, mitanzusehen, wie sie beim Lesen ihres Buches ihren wohlgestalteten Körper rekelte. Manchmal setzte sie sich auf und warf einen strahlenden Blick in die Runde. Dann wagte Bartel, sie freundlich anzulächeln.

Als Bartel vor einer Woche in Dortmund Abschied von seinen Eltern nahm, glaubte er nicht, daß ihm die Kreuzfahrt Spaß machen würde. Sie hatten ihm die Reise zum dreißigsten Geburtstag geschenkt und ihn somit zu einem Abenteuer gezwungen, das er niemals selbst in die Wege geleitet hätte. Bert Bartel wußte genau, was Mamas und Papas Hintergedanken waren. Er hatte ihnen in den letzten Jahren nur Freude gemacht – einen erstklassigen Hochschulabschluß vorgelegt und in der familieneigenen Maschinenbaufabrik erste Lorbeeren geerntet. Aber den Eltern behagte nicht, daß ihr Sohn außer Arbeit, technischen Spielereien an seinem Computer und gelegentlichen Bierabenden mit alten

Kumpels keine Interessen zu haben schien. Gern sagte sein Vater in weisem, eindringlichem Tonfall: »Ein Mann sollte danach streben, seinen Horizont zu erweitern.« Seine Mutter fragte nach gesellschaftlichen Anlässen oft gespielt ungezwungen, wie ihm diese oder jene Tochter aus gutem Hause gefalle. »Ganz nett«, war meistens Bartels Antwort.

Bert Bartel beunruhigte es selbst ein wenig, daß er die Freuden der Liebe noch nicht kennengelernt hatte, obwohl er sich nur wenig unter ihnen vorstellen konnte. Die Lady nebenan brachte es fertig, seine Phantasie zu entzünden. Er schätzte sie auf ein paar Jahre älter als sich selbst. Im Speisesaal – wo er sie bereits beobachtet hatte – trat sie stets allein und in eleganter Garderobe auf. Jetzt legte sie geschmeidig die Beine übereinander, und Bartel wünschte plötzlich, ihr Knie zu küssen.

Eine einfältige Schlagermelodie lenkte Bert Bartel ab. Sie wurde schrill und falsch von einem Mann gepfiffen, der in durchschwitztem Muskelshirt und knappen Shorts an der Reling entlangspazierte. Er war ein breitschultriger, muskulöser Typ und trug einen markanten Schnauzbart. Als sein Blick auf Bartels Nachbarin fiel, stutzte er, um dann umgehend auf dem Liegestuhl zu ihrer anderen Seite Platz zu nehmen. Minuten später waren die Schöne und der Macho in ein anregendes Gespräch vertieft. Bert Bartel lag flau in seinem Polster.

Während die M. S. Delos in den nächsten Tagen mit voller Kraft die Küste Siziliens ansteuerte, war die hübsche Meeresbraut häufiger in Gesellschaft ihres forschen Verehrers zu sehen. Beim Frühstück kam er an ihren Tisch, sie spazierten – wenn auch noch nicht Arm in Arm – über die Deckpromenade und tanzten engumschlungen beim Candle-Light-Dinner. Trotzdem warf sie auch Bartel manchmal ihr verführerisches Lächeln zu. Dieses Lächeln fiel ihm sofort ein, wenn er morgens erwachte. Er spürte, wie eine ungewohnte Leidenschaft in ihm heranwuchs: Der

Wille, eine Frau zu erobern, gegen den Nebenbuhler um sie zu kämpfen. Früh am Morgen wanderte er über Deck und überlegte, wie der Kraftprotz am besten auszuschalten sei. Und er war sich sicher: Sollte der Kerl ihm allein an der Reling begegnen, würde er ihn ohne Umschweife über Bord werfen.

Eines Nachts tauchten die Lichter der sizilianischen Insel Lipari aus dem dunklen Meer auf. Viele Passagiere blieben wach, bis die M. S. Delos ankerte. Auch Bert Bartel bewegte sich erst in den frühen Morgenstunden durch den Gang zu seiner Kabine. Plötzlich schallte es durch den Gang: »Herr … bitte warten Sie.« Bartel erkannte ihre Stimme und blieb stehen. Schon war sie bei ihm und hob ihr Gesicht zu seinem. »Entschuldigung«, sagte die schöne Dame. »Bitte, darf ich zu Ihnen in die Kabine kommen?«

Bert Bartel schaffte es trotz seiner Aufregung, den Schlüssel zu finden und ihr die Tür zu öffnen. »Darf ich … Ihnen etwas anbieten?« fragte er, als sie auf seinem Bett saß. Er füllte zwei Gläser aus einer Cognacflasche, aus der noch kein Tropfen fehlte, und fühlte sich nach einem vorsichtigen Schluck etwas sicherer.

»Es ist mir so unangenehm, Sie zu belästigen«, sagte die Meeresbraut mit betörend zerknirschter Miene. »Sie sind mir während der gesamten Fahrt angenehm aufgefallen, und jetzt erschienen Sie mir wie die rettende Fügung. Ich irre bereits eine halbe Stunde übers Schiff und versuche den Kerl abzuschütteln, mit dem Sie mich bestimmt schon gesehen haben. Leider habe ich falsche Hoffnungen in ihm geweckt. Er weicht nicht mehr von meiner Seite. Wie ein läufiger Hund jagt er hinter mir her.«

Bert Bartels nüchterner Verstand schaltete sich ein: »Wenn er Sie belästigt, sollten Sie den Kapitän informieren.«

»Ach, ich will keinen Aufruhr. Und es ist ja noch nichts geschehen. Aber irgendwie bereitet mir der Kerl Angst. Sie als Mann können das vielleicht nicht verstehen. Am liebsten würde ich sofort von Bord gehen.«

»Hier sind Sie erst mal sicher!« befand Bert Bartel und freute sich über den entschiedenen Klang seiner Stimme. Die Stunden verflogen. Bert Bartel erfuhr, daß die schöne Dame Yessica hieß, bei einem großen Modekonzern arbeitete, unverheiratet und 34 Jahre alt war. Irgendwann bot er ihr sein Bett an, was sie gerne annahm. Bert Bartel wurde zwischen Fußboden und Wolldecke von lieblichen Empfindungen in den Schlaf begleitet.

Als sie sich am späten Vormittag einen guten Morgen wünschten, schaute Bartel seinem Gast konzentriert in die Augen. Denn zeitweise rutschte Yessicas Bettdecke bis zu ihrem BH aus feiner Spitze herab. »Bitte, Herr Bartel, begleiten Sie mich auf einen Landausflug. Wir werden zusammen bestimmt viel Spaß haben, und außerdem bin ich vor dem ungehobelten Kerl sicher.«

Bert Bartel stimmte begeistert zu. Er gab Yessica Geleitschutz bis zu ihrer Kabine, dort zog sie sich rasch um und packte eine kleine Tasche. Unbehelligt verließen sie das Schiff. Sie bestaunten die Rauchfontänen auf den Bergkuppen der Vulkaninsel, nahmen ein Bad zwischen Lavaklippen und besichtigten die schmucke Hafenstadt. Yessica wollte unbedingt einen Kurztrip zur Mutterinsel Sizilien mit dem Tragflügelboot unternehmen. Eine Stunde rasten sie durch die Meerenge und kehrten dann in einem Fischrestaurant ein. Bartel imponierte mit seinen Weinkenntnissen. Endlich nutzte ihm mal, daß sein Vater ein Rebenfan war und die Familie gern mit seinen neuesten Erkenntnissen über Traubensorten und Jahrgänge nervte. Bert Bartel spürte, daß der Abend auch Yessica glücklich machte. »Leider müssen wir bald zurück«, sagte er mit einem Blick auf die Uhr. »Sie wissen, die Delos legt morgen früh wieder ab.«

»Wir pfeifen einfach auf das Schiff. Lassen Sie doch die Passagiere allein weiterdampfen. Und vor allem diesen widerlichen Störenfried. Wir können zu zweit Italien erkunden.«

Die Vorstellung überwältigte Bartel. Trotzdem entfuhr ihm:

»Aber wir können doch nicht einfach verschwinden. Was ist mit unseren Sachen an Bord?«

»Schecks und Ausweis haben Sie doch sicher dabei. Wir werden uns nach der neuesten italienischen Mode neu einkleiden. Ich werde sofort den Kapitän informieren, okay?«

Bert Bartel antwortete durch ein entzücktes Schmunzeln, Yessica begab sich zum Telefon. Bartel staunte, welchen Abenteuergeist er entwickelte. Diese Aktion würde seinen Eltern bestimmt nicht gefallen. Sie sollten ruhig glauben, daß er auch in den kommenden Wochen auf der Delos saß. Am selben Abend mietete Yessica einen Campingbus. Am frühen Morgen setzten sie mit der Autofähre zum italienischen Festland über und brausten durch die wilde, südliche Landschaft. Yessica mißfielen Touristenorte. Lieber erkundete sie unberührte Täler und einsame Bergdörfer. Bert Bartel hatte schon einmal mit seinen Eltern Venedig und Florenz besucht, doch nun lernte er das Land von einer anderen Seite kennen. Er kampierte mit Yessica an stillen Seen und unter Pinienbäumen. Auf Bauernhöfen versorgten sie sich mit Verpflegung, und sie besuchten Gasthäuser, die wahrscheinlich noch kein Urlauber vorher betreten hatte. Im Campingbus schlief man zwar beengt, doch Bartel hätte ihn gegen keine Luxussuite eintauschen mögen. Während nachts Eulenrufe oder das Glucksen von Bächen zu hören waren, schmiegte sich Yessica in seine Arme. Bert Bartel wußte jetzt, warum er seine Jungfräulichkeit aufgespart hatte.

Als zwei aufregende Wochen vergangen waren, sagte Yessica: »Es ist mal wieder Zeit für eine warme Dusche in einem anständigen Badezimmer. Rom ist nicht weit! Ich kenne da ein Messehotel an der Stadtgrenze – zum Ausspannen bestens geeignet. Halt mal vor der Telefonzelle. Ich kündige uns an.«

Wenig später stiegen sie auf dem riesenhaften Parkplatz vor einem Hochhausgebäude aus dem Wagen. Nach kurzer Überlegung meinte Yessica: »Ich muß mir für die Dusche noch unbedingt eine passable Haarkur besorgen. Checkst du uns schon mal ein? Es gibt in der Nähe bestimmt eine gute Drogerie.«

»Alles klar.« Bert Bartel erhielt einen Kuß auf die Wange und betrat den Empfangssaal des Hotels. An der Rezeption orderte er ein Doppelzimmer und legte seinen Personalausweis vor. »Momento«, sagte der Hotelangestellte und verschwand durch eine Bürotür. Die Minuten verstrichen. Gelangweilt drehte Bartel an einem Zeitungsständer. Bis er unter einer italienischen Schlagzeile sein Foto und seinen Namen sah. Es gelang ihm nicht, zu begreifen, was dort stand. Yessica! Sie sprach italienisch.

»Signore!« schallte es ihm hinterher, als er zum Hotelausgang sprintete. An der Hauptstraße schaute er unschlüssig nach allen Richtungen. Beinahe wurde er von einem grünen Sportwagen überfahren, der in hohem Tempo den Parkplatz verließ. Als er auswich, erkannte er Yessicas Verehrer vom Schiff. Und kurz war über der Lehne vom Beifahrersitz ihr Hinterkopf zu sehen.

Zwei Sekunden später saß Bartel im Campingbus. Yessica hatte recht gehabt, überlegte er. Der Kerl war gemeingefährlich und schreckte sogar vor einer Entführung nicht zurück. Mit Vollgas nahm Bartel die Verfolgung auf.

Vor einer Ampelkreuzung kam der grüne Wagen in Sicht. Bert Bartel kümmerte nicht, daß im Rückspiegel mehrere Polizeifahrzeuge mit Blaulicht aufgetaucht waren. Wenn er jetzt Schwäche zeigte, so war ihm klar, konnte Yessica Opfer eines furchtbaren Verbrechens werden. Ein paar Mal rückte der Campingbus bis zu einer Armlänge an die Stoßstange des Sportwagens vor. Doch der Schnauzbärtige schaffte durch tollkühne Manöver immer wieder Distanz. In einer scharfen Linkskurve gab Bartel Gas, statt zu bremsen, und setzte zum Überholmanöver an. Mit der folgenden scharfen Rechtskurve hatte er nicht gerechnet. Die beiden Fahrzeuge krachten gegeneinander, der Bus wankte und kippte gegen einen Laternenpfahl.

Bert Bartel wurde von einem Rettungsteam vorsichtig aus dem Wagen gezogen und auf eine Trage gelegt. Der Notarzt stellte nur leichtere Verletzungen bei ihm fest. »Wie geht es der Frau?« fragte Bartel.

»Die beiden anderen Opfer sind ebenfalls mit einem blauen Auge davongekommen«, antwortete ihm ein italienischer Kommissar auf Deutsch. »Herr Bartel, Sie gelten seit drei Wochen als entführt. Nachdem Sie von der M. S. Delos verschwanden, ging ein Erpresserbrief bei Ihren Eltern ein. Sie zahlten zwei Millionen. Bevor Sie heute an der Rezeption erkannt wurden, hatten wir keinerlei Hinweise. Im Wagen, den Sie gerammt haben, fanden wir das Lösegeld. Der Fahrer und seine Begleiterin sind ein einschlägig vorbestraftes Gaunerpärchen.«

»Aber ich wurde nicht ...« Allmählich dämmerte Bert Bartel, welch perfektes Spiel Yessica mit ihm gespielt hatte.

»Wir besprechen das auf dem Präsidium. Ich denke, Sie werden einer Anzeige wegen Gefährdung des Straßenverkehrs entgehen. Schließlich haben Sie die beiden zur Strecke gebracht.«

Auf dem Weg zum Krankenwagen erblickte Bert Bartel Yessica. Sie saß auf einer Trage, hatte eine Platzwunde an der Stirn und trug Handschellen. Yessica schlug die Augen nieder, als sich Bartel zu ihr beugte. »Ich werde beim Prozeß ein gutes Wort für Sie einlegen«, sagte er traurig. »Sie haben mich ja zu nichts gezwungen, mir kein Haar gekrümmt – im Gegenteil!«

Yessica hob den Kopf und lächelte ihn noch einmal auf ihre hinreißende Art an. »Ehrlich«, sagte sie, »ich fand es nett mit Ihnen. Also, auf Wiedersehen vor Gericht.«

Carsten Klemann

Eine komische Kiste

Morgens, beim Frühstück, schaute Yasmin in ihren kleinen Garten hinaus. Die Grünfläche war zu allen Seiten von Buschwerk eingefaßt und bildete ein geometrisch exaktes Rechteck. Yasmin erinnerte der Garten an eine Tischtennisplatte, auch wenn er ein wenig größer war. Abends, in ihrem Bett, horchte sie auf die Geräusche einzelner Autos. Wenn eines in ihre Straße kam, schien der Lärm ohrenbetäubend. Minuten später herrschte wieder absolute Stille. Täglich verließ Yasmin das Reihenhaus sehr früh und kam so spät wie möglich zurück. Roter Klinker, Garagen und große Ampelkreuzungen prägten die Gegend. Bei Spaziergängen begegnete Yasmin nur selten Menschen. Yasmin wohnte hier, weil sie nach ihrer Scheidung eine neue Wohnung brauchte, in der City aber keine bezahlbare fand. Das betagte Reihenhaus wurde zu einer sehr günstigen Miete angeboten – 75 Quadratmeter, Garten ... Yasmin hoffte, die Vorteile irgendwann schätzen zu lernen. An einem Freitagabend bekam Yasmin zum ersten Mal Herrn und Frau Peters zu Gesicht. Sie wohnten im letzten Haus der Reihe – direkt neben Yasmin – und kehrten mit dem Campingbus aus dem Urlaub zurück. Der Mann war schmächtig und hager, sie kräftig gebaut und einen halben Kopf größer als er. Beim Entladen des Wagens zeigten sie viel Temperament, verständigten sich durch kraftvolle Gesten und laute Zurufe. Yasmin freute das.

Zu später Stunde nahm sie ein Bad und schaltete dann im

Schlafzimmer den Fernseher ein. In einer Talkshow sprach einer ihrer Lieblingsschauspieler über sein bewegtes Leben. Mitten im Satz wurde der Mann durch wütende Schreie übertönt. Sie dröhnten durch Yasmins Zimmerwand. Zank, Gezeter und wüste Schimpfworte kamen mal aus Herrn Peters' und mal aus Frau Peters' Mund. Einige Sekunden herrschte Stille. Dann schwoll das Gekreische wieder an, entfernte sich oder war – je nach dem Standort von Herrn und Frau Peters – aus verschiedenen Richtungen zu hören. Yasmin nahm den Fernseher unter den Arm und postierte ihn im Wohnzimmer. Sie wußte aus ihrer eigenen Ehe, daß sich aufgestaute Spannungen gerade nach einer Urlaubsreise hemmungslos entladen können. Doch als sie nach Mitternacht in ihr Schlafzimmer zurückkehrte, war immer noch Gebrüll zu hören. Sie war bereit, den Absatz eines Pantoffels gegen die Wand zu hämmern, als ihr ein lautes Krachen zuvorkam. Es klang, als sei im Nebenhaus ein Möbelstück zu Boden geschmettert worden. Danach herrschte Stille. Yasmin legte sich ins Bett und schlief bis zum Vormittag.

Beim Frühstück ertönte die Hausglocke. Der Türspion zeigte Frau Peters' bullige Gesichtszüge unter einer blondgefärbten Mähne. »Es tut mir ja so leid«, erklang ihre tiefe Stimme, bevor Yasmin die Tür ganz geöffnet hatte.

»Sie haben sicher den Lärm mitbekommen, gestern. Bitte, kommen Sie doch einen Moment zu mir herüber.« Ohne Yasmins Reaktion abzuwarten, strebte Frau Peters zurück zu ihrem Haus. Yasmin entschloß sich, ihr zu folgen.

Im Wohnzimmer der Peters standen zwei gefüllte Kaffeetassen bereit. »Also, bitte«, sagte Frau Peters, »wir wollen doch gute Nachbarinnen sein. Es wird nie wieder vorkommen. Wissen Sie warum? Weil ich meinen Mann hinausgeschmissen habe. Es ist ein für allemal Schluß. Unser Urlaub war die Hölle. Jedes Jahr unserer Ehe war die Hölle. Lieber ein Ende mit Schrecken, sage ich.«

Yasmin war betroffen. »Im Prinzip haben Sie recht. Trotzdem kann man so einen Schritt nicht gut genug überlegen.«

»Dann würde mein Kopf platzen. Zwanzig Jahre überlegte ich, wie ich es mit ihm aushalten soll. Er sieht zwar nicht so aus, aber er ist ein Tyrann und Halsabschneider. Nun denn. Mein Anwalt wird ihn zwingen, die Hälfte von allem herauszurücken. Ich behalte natürlich das Haus. Und von seinen Unterhaltszahlungen kann ich mir endlich ein menschenwürdiges Leben leisten.«

»Wo ist denn Ihr Mann?«

»Er ist gestern nacht noch mit dem Taxi weg. Weiß der Kuckuck, wo er steckt. Am besten, er läßt sich nie wieder blicken.«

Yasmin wunderte sich über Frau Peters' Aussage. Denn nach dem lauten Krachen in der Nacht war es auf der Straße völlig ruhig gewesen.

»Also!« Frau Peters klatschte ihre Handflächen kräftig auf ihre Schenkel. »Wir werden gute Freundinnen. Wir tauschen Kochrezepte aus und so weiter. Darf ich unsere Freundschaft mit einer kleinen Bitte beginnen?«

Yasmin rutschte tiefer in ihren Sessel hinein.

»Gestern nacht noch habe ich Krimskrams zusammengepackt, den man Erinnerungsstücke nennt. Fotos, Urlaubssouvenirs, Geschenke von meinem Mann. Ich will keine Minute mehr an meine Ehe erinnert werden! Das Zeug muß weg! Schauen Sie, alles in der Truhe drin.«

Frau Peters nahm Yasmins Arm und führte sie in die Diele. Hier stand eine riesige Truhe aus dunklem Holz. »Bitte, bitte. Helfen Sie mir, die Kiste zur Deponie zu bringen. Heute ist zwar Samstag, aber jeder weiß, wo man durch den Zaun kommt. Ich muß sie loswerden! Unbedingt!«

»Ist ja schon gut, ja, ja, wir machen das.«

Yasmin packte den schmiedeeisernen Haltegriff an. Die Truhe

war sehr schwer, und Yasmin mußte ihre ganze Kraft darauf konzentrieren, sie gemeinsam mit Frau Peters über den Erdboden zu manövrieren. Als die Truhe im Laderaum des Campingbusses stand, setzte sich Yasmin neben ihre Nachbarin auf den Beifahrersitz. Frau Peters, die bisher ununterbrochen geplappert hatte, sagte kein Wort während der Fahrt. Yasmin hielt sich mit beiden Händen am Armaturenbrett fest und blickte erschrocken auf die Straße. Was war wirklich in der Kiste? Andenken – oder Herr Peters? Sprachen nicht einige Gründe dafür, daß Frau Peters ihren Mann gestern nacht umgebracht hatte und nun beiseite schaffen wollte? Am liebsten hätte Yasmin sofort die Polizei alarmiert, damit sie die Truhe durchsuchte. Peinlich nur, wenn sich der Verdacht dann als Hirngespinst entpuppte. Und wenn Frau Peters tatsächlich eine Mörderin war, würde sie sich ihren Plan nicht so einfach durchkreuzen lassen. Die Frau jagte Yasmin Angst ein. Im Augenblick war es am besten, den Dingen ihren Lauf zu lassen.

Frau Peters bog von der Landstraße in einen Waldweg ein. Der Weg war schmal, dünne Zweige schlugen gegen die Flanken des Campingbusses. Er erklomm eine Böschung, überfuhr Buschwerk und ruckelte auf die weite Fläche der Mülldeponie. »Sehen Sie den Trümmerberg?« fragte Frau Peters. »Der wird bestimmt bald verbrannt. Genau der richtige Platz für meine Truhe.«

Yasmin schob und zog mit verbissenem Einsatz die Truhe zum Bestimmungsort. Es galt, diese Aktion so rasch wie möglich zu beenden und sich der Gewalt dieser Frau zu entziehen.

Endlich saßen sie wieder im Bus. Doch bevor er den Waldsaum erreichte, trat Frau Peters jäh auf die Bremse.

»He! Was macht der Kerl da?« Sie wendete den Wagen und brauste zurück zum Müllberg. Ein Mann im Arbeitsoverall machte sich an der Truhe zu schaffen.

»Lassen Sie sofort die Finger von meinem Eigentum«, keifte Frau Peters und sprang aus dem Wagen. »Wer sind Sie?«

»Altwarenhändler.« Der Mann lachte höhnisch. »Und wenn Leute wie Sie hier illegal ihren Müll abladen, kann ich mir davon nehmen, was ich will. Hübsche Truhe.«

Fünf Minuten später stand die Truhe wieder im VW-Bus.

»Ich laß doch nicht zu, daß irgendein Kerl die schrecklichen Relikte meiner Vergangenheit in der ganzen Welt verbreitet«, schimpfte Frau Peters. »Denken Sie nur an die Fotos! Die Truhe muß verbrannt werden. Aber heute nicht mehr. Ich bin fix und fertig mit den Nerven. Ich sollte mich nicht aufregen. Die glücklichste Zeit meines Lebens ist angebrochen! Am wichtigsten ist doch, daß ich meinen Mann losgeworden bin, diesen Schuft und Halsabschneider.«

Yasmin ließ das Gerede lethargisch über sich ergehen. Als der Wagen vor den Reihenhäusern hielt, sprang sie geschwind auf die Straße, sagte »Wiedersehen«, ohne sich noch einmal nach Frau Peters umzudrehen, und knallte ihre Haustür ins Schloß. Im Schlafzimmer fiel sie aufs Bett und breitete weit die Arme aus.

Es war dunkel, als Yasmin von Motorengeräuschen geweckt wurde. Sie lief zum Fenster. Ein Taxi parkte vor dem Reihenhaus der Peters. Herr Peters stieg aus. Er nahm einen Schlüsselbund aus seiner Tasche und verschwand im Vorgarten. Yasmin kicherte vor Erleichterung. Nach einigen Sekunden drangen heftige Wortwechsel und dann lautes Geschrei durch die Wände. Wenig später brach es ab. Yasmin kroch in ihr Bett zurück und schlief entspannt ein.

Noch nie hatte Yasmin einen Sonntag im Reihenhaus durchgestanden. Doch an diesem Morgen genoß sie die Ruhe und wollte nicht flüchten. Sie war sehr früh aufgestanden und nagelte die Bilder an die Wand, die seit dem Einzug im Wege standen. Danach ging sie mit ihren Blumenzwiebeln in den Garten und grub die Erde auf. Als sich die Haustür der Nachbarn öffnete, hob sie absichtlich nicht den Kopf. Auf der Vortreppe der Peters waren eigenartige Geräusche zu hören.

»Frau Nachbarin!« rief Herr Peters herüber. »Vielleicht können Sie mir helfen. Schauen Sie, ich habe ein paar alte Gartengeräte zusammengepackt, die auf die Mülldeponie sollen. Sind alle da drin.« Herr Peters deutete auf die Holztruhe, die auf seiner Vortreppe stand. »Können Sie mir helfen, das Ding bis zum Campingbus zu schleppen? Ist wirklich mordsschwer.«

Wolf Brümmel

Begegnung mit Hindernissen

»Barbara Howen ist mein Name. Ich habe ein Einzelzimmer reservieren lassen.«

Der junge Mann an der Rezeption des Grand-Hotels antwortete seinem hübschen Gast: »Ja, bitte tragen Sie sich hier ein.«

Barbara ärgerte sich, weil der Herr neben ihr immer näher an sie heranrückte.

»Ach, Sie kommen aus Köln?« fragte er freundlich, nachdem er frech auf ihr Formular geschielt hatte. »Ich auch.«

»Schön für Sie«, erwiderte Barbara, nahm den Zimmerschlüssel und verschwand eilig im Fahrstuhl. Ihr Zimmer war gemütlich und sauber, stellte sie zufrieden fest. Da klingelte das Telefon.

»Sie sind es, Frau Howen? Kann ich Sie einen Augenblick bitte sprechen? Ich habe Sie nämlich an der Rezeption kennengelernt und ...«

»Kennengelernt ist doch wohl sehr übertrieben«, unterbrach ihn Barbara.

»Mein Name ist Günter Rodmann. Es ist wirklich nicht meine Art, fremde Frauen einfach anzusprechen. Verzeihen Sie bitte, aber Sie sind die Ausnahme.«

»Vielen Dank, ich habe keine Zeit.« Barbara legte den Hörer auf. Schade, dachte sie, daß so ein gutaussehender Mann so ein blöder Draufgänger ist.

Sie war nach Hamburg gekommen, um einmal gründlich abzuschalten und über ihre Zukunft nachzudenken. Ihre Stiefmutter hatte gerade ein halbes Jahr nach dem plötzlichen Tod ihres Vaters geheiratet. Ausgerechnet den Prokuristen des Betriebes, der bisher Barbara erfolglos nachgestellt hatte. Und damit gab es entscheidende Probleme, denn beide wollten sie sichtlich aus der Firma drängen. Das ging jedoch nicht ganz so einfach, da sie 50 Prozent der Firma testamentarisch von ihrem Vater geerbt hatte. Wiederholt hatte ihre Stiefmutter ihren Anteil abkaufen wollen, doch Barbara hatte sich bis zur Stunde hartnäckig geweigert. Barbara ahnte jedoch nicht, daß dies bald böse Folgen für sie haben sollte.

Sorgfältig zog sie sich jetzt um und prüfte ihr Make-up, bevor sie in ihren neuen braunen Mantel schlüpfte, der so gut zu ihrem naturblonden Haar paßte.

»Zum Alsterpavillon, bitte«, sagte sie zu dem Taxifahrer.

Barbara Howen ging Günter Rodmann nicht mehr aus dem Kopf. Diese Frau mußte er näher kennenlernen. Eigentlich war er nach Hamburg gekommen, um sich mit einer jungen Frau zu treffen, die er noch nie gesehen hatte. Seine energische Mutter hatte dies eingefädelt. »Ihr trefft euch in Hamburg, im Alsterpavillon«, hatte sie gesagt und augenzwinkernd hinzugefügt: »Erkennungszeichen: eine Portion Pistazieneis.«

Günter Rodmann saß schon am Fenster, als er plötzlich Barbara Howen entdeckte. Sofort nahm er seinen Pistazieneisbecher und stürzte auf sie zu.

»Das nenne ich eine Überraschung«, lächelte er sie an. »Darf ich mich zu Ihnen setzen?«

Und ehe Barbara etwas erwidern konnte, saß er ihr schon glücklich gegenüber.

»Wollen Sie nicht auch ein Pistazieneis?« fragte er.

»Warum nicht?« antwortete Barbara ahnungslos.

»Das ist doch nicht zu fassen, Sie sind es, die ich hier treffen sollte. Meine Mutter hatte also recht.«

»Wie meinen Sie das?« Barbara sah ihn fassungslos an.

»Na, sie hatte recht damit, uns beide zusammenzubringen«, freute sich Günter.

»Ich kenne Ihre Mutter überhaupt nicht!« Barbara stand verärgert auf und eilte mit schnellen Schritten zum Ausgang. Das ist aber gründlich schiefgegangen, dachte Günter. Dann sah er drei Tische entfernt eine junge elegante Frau ebenfalls das Café eiligst verlassen. Auf ihrem Tisch ließ sie eine Portion Pistazieneis zurück.

Aufgeregt kam Barbara ins Hotel. »Hallo«, hörte sie plötzlich eine knarrende Stimme. »Das ist doch Barbara! Mensch, Mädchen, wie geht es dir?«

Ich kenne den Mann gar nicht, dachte Barbara bestürzt. Nun kam er auch noch näher an sie heran und machte tatsächlich den Versuch, sie auf die Wange zu küssen.

»Lassen Sie das«, sagte Barbara streng. Dann spürte sie einen Pistolenlauf im Rücken.

»Ich warne nur einmal. Wenn du schreist, drücke ich ab«, zischte der Fremde in ihr Ohr.

Langsam führte er die vor Schreck willenlose Barbara aus dem Hotel, während er laut auf sie einredete, so als wären sie gute alte Bekannte. Auf dem Parkplatz angekommen, wurde die Tür eines Autos von innen aufgerissen, und zwei starke Männerhände zogen sie in den Wagen. Dann wurde ihr ein mit Chloroform getränktes Tuch vor Mund und Nase gedrückt. Wenige Sekunden später fuhr das Auto mit quietschenden Reifen davon.

Günter Rodmann hatte von der Hotelhalle aus beobachtet, was mit Barbara gerade geschehen war. Sofort sprang er, ohne überhaupt darüber nachzudenken, in seinen Wagen und jagte den Entführern hinterher. Daß es sich um Kidnapper handeln mußte, das war ihm irgendwie klar. Das ist ja wie im Kino, dachte er und bekam nachträglich einen Schreck, denn von einem Helden war er sehr weit entfernt. Die Polizei muß her, beschloß er und wählte vom Autotelefon aus den Notruf. Seine Angaben waren jedoch ziemlich verwirrend, so daß der Beamte Zweifel bekam.

»Es ist aber so, wie ich es Ihnen erzählt habe«, schrie Günter ins Telefon. »Nun tun Sie schon etwas. Was passiert, wenn mir das Auto an der nächsten Ecke oder Ampel entwischt?«

»Nur ruhig, mein Herr. Haben Sie das Kennzeichen des Autos, das Sie verfolgen?«

Günter gab es ihm durch.

»Mann, unternehmen Sie endlich was. Die fahren mittlerweile über 100 km/h mitten in der Stadt und ich hinterher.«

Das ist natürlich ein Grund, die Sache zu verfolgen, dachte der Beamte und ließ sich noch schnell die Straße durchsagen, auf der beide Autos rasten.

Erleichtert atmete Günter auf, als er die Sirenen des Polizeiautos hörte, das wenige Minuten später den Wagen der Entführer stoppen wollte. Doch der Fahrer des Autos gab erneut Gas und raste noch schneller davon. Das Polizeiauto hinterher. Günter fuhr an den Straßenrand und legte seinen Kopf erneut auf das Steuerrad.

Als er einige Stunden später Barbara Howen auf dem Kommissariat wiedersah, war sie bleich wie eine Kalkwand. Haltsuchend griff sie nach dem Arm eines Polizisten. Doch Günter war schneller und ergriff ihre Hand.

»Nein«, schrie Barbara, »das ist doch nicht möglich.« Dann schlug sie die Hände vor ihr Gesicht.

»Wollen Sie übrigens wissen, wem Sie Ihre Rettung zu verdanken haben, Frau Howen?« fragte Inspektor Manfred Ohm. »Diesem Herrn hier«, und er zeigte mit seinem spitzen Finger auf Günter.

»Und ich dachte, er gehört zu diesen Männern«, antwortete sie kaum hörbar.

»Sie haben großes Glück gehabt«, dozierte der Inspektor forsch weiter. »Denn wie wir schon jetzt mit Sicherheit sagen können, sind Sie einer ganz üblen Bande in die Hände gefallen. Nun brauchen wir nur noch ihre Auftraggeber. Haben Sie eine Ahnung, wer das sein könnte?«

Barbara wußte darauf keine Antwort. Günter Rodmann brachte sie zurück ins Hotel.

»Geht es Ihnen wirklich gut? Sollten wir nicht doch lieber zu einem Arzt fahren?«

»Nein, es geht schon wieder«, flüsterte sie und musterte Günter Rodmann, der sich verlegen über sein widerspenstiges Haar fuhr. »Ich habe Sie wirklich im Alsterpavillon verwechselt, falls es Sie noch interessiert nach alldem, was inzwischen passiert ist.«

Barbara mußte auf einmal schmunzeln. Sie fühlte sich in seiner Nähe nicht mehr allein.

Am nächsten Morgen rief sie Inspektor Manfred Ohm an. Erbarmungslos sagte er: »Ihre Stiefmutter und ihr neuer Ehemann haben den Auftrag zu Ihrer Entführung erteilt. Aber das ist noch nicht alles, die Burschen sollten Sie auch noch töten und in der Elbe versenken. Hallo, hören Sie mich?«

Eine Antwort erhielt er nicht. Barbara war seufzend in die Arme von Günter Rodmann gesunken.

Wolf Brümmel

Geschwisterliebe

Fabian Lerch hatte einen großen Blumenstrauß gekauft, mit dem er nun vor der Wohnungstür seiner Schwester Ilona stand. Ilona war völlig überrascht, ihn zu sehen.

»Was willst du denn hier? Monatelang läßt du nichts von dir hören, und jetzt kommst du plötzlich mit Blumen? Was soll das?« Jeder Außenstehende hätte sofort gemerkt, daß das Verhältnis zwischen den Geschwistern nicht das beste war.

»Gratulieren will ich dir. Zu deiner neuen Stellung als Prokuristin!« Und damit überreichte er ihr den Strauß.

»Da bist du aber ziemlich spät dran, mein lieber Fabian. Den Posten habe ich schon über ein halbes Jahr.«

»Genau, und ein halbes Jahr bin ich jetzt arbeitslos. Ich brauche einen Job. Raffiniert wie du bist, wird es dir doch nicht schwerfallen, mich bei euch einzustellen.«

Ilona ahnte Unheilvolles. Sie wußte, daß ihr Bruder keine guten Charaktereigenschaften hatte.

»Ich kann dir nicht helfen«, sagte sie kurz.

»Doch, das kannst du«, antwortete er und lächelte süffisant. »Weil du nicht nur die Prokuristin, sondern auch die Geliebte des Chefs bist. Deshalb. Und dein Einfluß auf ihn ist groß.«

Ilona war entsetzt über die Dreistigkeit ihres kleinen Bruders. Sie versprach ihm jedoch, alles für ihn zu versuchen, denn sie wollte ihn so schnell wie möglich loswerden.

Ja, es stimmte, sie hatte ein Verhältnis mit ihrem Boß. Als er sich vor einem knappen Jahr von seiner Frau scheiden ließ, hatte sie sich intensiv um ihn gekümmert. Ilona war wirklich nicht dumm und hatte sehr schnell ihre Chance erkannt, sich an ihn heranzumachen, um endlich die Stelle zu bekommen, die ihr eigentlich längst zustand. Sie wirbelte pausenlos um ihn herum und machte sich total unentbehrlich.

Und Benjamin Bastian ließ es bereitwillig geschehen. Er war ein Mann von großer Noblesse und bestechender Eleganz. Obgleich er erst vierzig Jahre alt war, verkörperte er einen Menschenschlag, der eigentlich schon längst ausgestorben war. Tradition und Konvention gingen ihm über alles. Leider war er ein bißchen zu arrogant. Und nach einem turbulenten Arbeitstag und einigen notwendigen Überstunden meinte Benjamin Bastian plötzlich unvermittelt zu Ilona:

»Es wird allerhöchste Zeit, daß ich mich bei Ihnen für Ihre aufreibende Mitarbeit bedanke, Ilona. Sie haben mehr für mich und meine Firma getan, als je eine Frau vor Ihnen. Nein, sagen Sie jetzt bitte nichts und kommen nur zu mir!«

Benjamin sah Ilona mit seinen nachtschwarzen Augen verführerisch an und zog sie dann fest an sich. Ilona ließ es geschehen, daß er sie mit einer Intensität und Wildheit küßte, die sie diesem Mann nun wirklich nicht zugetraut hätte. Sie gab sich ihm willenlos hin, schließlich hatte sie lange genug auf diesen Augenblick gewartet. Wenige Tage später machte er Ilona zu seiner Prokuristin.

Als Ilona ihn nun bat, ihren Bruder Fabian einzustellen, lehnte Benjamin brüsk ab:

»Das kommt nicht in Frage. Familienklüngel kann ich nicht leiden. Übrigens hätte ich nicht gedacht, daß du deine Position ausnützt, um deine Verwandtschaft in meiner Firma unterzubringen«, antwortete er kalt.

Als sie Fabian am Abend anrief, meinte sie ärgerlich: »Deinetwegen habe ich nur Ärger bekommen. Es gibt keinen Job für dich bei uns. Also laß mich bitte in Ruhe!«

»Das werde ich nicht, meine Liebe. Ich werde mich wohl in aller Ruhe mit deinem Mann unterhalten müssen.«

»Fabian, das ist Erpressung!«

»Nenne es, wie du willst. Ich will einen Job!« Und damit legte er den Hörer auf. Auch das noch, dachte Ilona unruhig. Eine Scheidung konnte sie wirklich nicht gebrauchen. Denn daß Benjamin sie niemals heiraten würde, das war ihr sonnenklar.

An die Riesenszene, die Ilona dann von ihrem Mann präsentiert bekam, mußte sie noch lange denken. Tödlich beleidigt reichte er sofort die Scheidung ein. Da hatte ihr Bruder Fabian ja was angerichtet. Doch der lachte nur und sagte: »Besorg mir einen Job, oder es passiert noch mehr.«

Zu allem Unglück bemerkte Ilona, daß Benjamins Interesse langsam aber sicher nachließ. Lange dauerte es dann auch nicht mehr, und sie kam dahinter, daß er sich eine neue Freundin zugelegt hatte. Ilona stellte ihn zur Rede. Seine Antwort traf sie wie ein Peitschenhieb: »Was hast du dir eigentlich gedacht, Ilona. Hast du ehrlich geglaubt, daß du mich so einnehmen kannst wie meine Firma?«

Es stimmte, daß Ilona mittlerweile die Seele des Betriebs geworden war.

»Und wie siehst du unsere gemeinsame Zukunft?« fragte Ilona ziemlich beklommen.

»Du kannst jederzeit gehen. Dein Pech ist, daß meine Liebe einer anderen Frau gehört.«

»Und wenn ich nicht freiwillig gehe?«

»Dann kündige ich dir hiermit!«

Ausgerechnet in diesem Augenblick kreuzte Fabian wieder auf. Er traf auf eine völlig verzweifelte Ilona. »Du, Schwesterherz, für das Unrecht, das der Typ dir zugefügt hat, muß er büßen. Laß mich nur machen.«

»Ach Fabian, mach das Unglück nicht noch größer!«

»Quatsch, einen Denkzettel will ich ihm verpassen. Weiter nichts!«

Und Ilona ließ ihn laufen, ohne über seine Bemerkungen ernsthaft nachzudenken.

Am nächsten Morgen um 5.30 Uhr fand die Putzkolonne den Chef der Firma in seinem Büro. Benjamin Bastian lag zusammengesackt, mit weit auseinandergebreiteten Armen auf der Schreibtischplatte. Sein Kopf hing schwer auf der Unterschriftenmappe, die durch sein vornüberfallendes blondes Haar halb verdeckt war. Auf der Stirn war eine winzige Blutspur eingetrocknet, und über seinen starr nach oben gerichteten offenen Augen befand sich ein kleines Einschußloch. Eine Pistole lag neben seinem goldenen Füllfederhalter.

Kommissar Thomas Herz betrachtete lange dieses schreckliche Bild, dann machte er sich an die Untersuchung. Selbstmord schied aus. Die zurückgelassene Pistole war die Mordwaffe, die todbringende Patrone kam aus ihrem Lauf. Fingerabdrücke waren natürlich nicht an der Waffe.

»Klar lebte er noch, als ich ihn verließ«, beteuerte Ilona immer wieder gegenüber dem Kommissar. »Und wie lebendig er noch war. Rausgeschmissen hat er mich!«

Ihre unachtsame Äußerung machte den Kommissar hellwach. Er kam schnell dahinter, daß Ilona die ehemalige Geliebte des Chefs war und gerade gegen seine neue Freundin ausgetauscht worden war.

»Das wollte ich verhindern. Selbstverständlich«, gestand Ilona aufgebracht. »Aber doch nicht indem ich ihn töte!« Und sie verwickelte sich immer mehr in Widersprüche.

»Na, Schwesterchen? Das nennt man wahre Geschwisterliebe, was? Deinen abtrünnigen Lover bist du jedenfalls los. Nun steht doch nichts mehr im Wege, und du kannst mich einstellen.« Mit diesen Worten überraschte Fabian seine Schwester Ilona.

»Spinnst du? Gar nichts kann ich«, schrie sie ihn an. »Hast du nicht begriffen, er hat mich doch gefeuert!«

»Das kannst du doch rückgängig machen. Du bist doch jetzt die Chefin. Jedenfalls solange kein Nachfolger bestimmt ist. Also zier dich nicht. Wenn ich erst einmal in der Firma bin, wird man mich so schnell nicht wieder los.«

»Ach, Fabian, so einfach ist das doch nicht. Mein Gott, warum hast du ihn denn gleich erschossen?«

»Das wollte ich doch gar nicht. Er holte aber plötzlich seine Knarre aus der Schreibtischschublade, und da habe ich sie ihm fix aus der Hand geschlagen. Mußte ich doch. Dann hab ich ihm den Revolver an die Stirn gesetzt. Das war glatte Notwehr!«

Ilonas Knie knickten ein. Haltsuchend griff sie nach dem Türrahmen.

»Reg dich ab, Schwesterherz, und rede kein Wort über diese Sache, klar? Ich denke, du hast mich verstanden, niemand kommt hinter unser Geheimnis.«

Das denkst du dir so leicht, dachte Ilona, nachdem er krachend die Tür hinter sich ins Schloß geworfen hatte. Kommissar Herz wird dir auf die Schliche kommen. Der ganz bestimmt.

Es war Fabian selbst, der den Kommissar auf seine Spur brachte. Jessica Beiner, die neue Freundin des erschossenen Benjamin Bastian, bot Ilona eine Zusammenarbeit an.

»Ohne Sie bin ich total aufgeschmissen. Also helfen Sie mir, das Geschäft weiterzuführen.«

Ilona willigte ein, und als Fabian davon erfuhr, machte er sofort einen Besuch bei Jessica Beiner. Aber sie dachte gar nicht daran, ihn einzustellen. Daraufhin bedrohte er sie. Was er nicht wußte, Jessica stand unter Polizeischutz. Das war Kommissar Herz' Idee, der auch ganz persönlich Fabian Lerch in Empfang nahm.

Warum kommen eigentlich Verbrecher so häufig an den Tatort zurück, fragte er sich kopfschüttelnd. Über eine Antwort würde er nachdenken, wenn Fabian sein Geständnis gemacht hätte.

Victor Sperl

Mord im Park

In der abendlichen Sonne des Spätsommertags wirkte der Kaiserpark besonders lauschig. Doch nur wenige Besucher spazierten noch an den kunstvollen Blumenbeeten, den Tiergehegen und Plastiken namhafter Künstler vorbei. In einer halben Stunde wurde geschlossen, außerdem war die Urlaubssaison schon vorbei. Ein Gärtner harkte die Wege und schlug ab und zu nach den Mücken, die ihn umschwärmten. Die Kassiererin am Eingang verschloß die Tageseinnahmen und die Fensterläden ihres Häuschens. Sie und alle übrigen Menschen, die sich noch im Park aufhielten, hoben im selben Augenblick erschrocken den Kopf. Das Quietschen der Schaukeln auf dem Kinderspielplatz brach ab. Ursache war ein lauter Knall, der noch einige Zeit von den alten Bäumen, die den Park begrenzten, widerhallte. »Das war ein Schuß«, sagte ein Rentner, der mit seiner Frau auf einer Bank vor dem Springbrunnen saß.

»Aus dem Wald?« fragte sie. »Darf man da jagen?«

»Im Park hat jemand geschossen.«

Der Gärtner trug seine Forke wie einen Speer vor sich her, während er, nach allen Seiten Ausschau haltend, eilig über die Wege schritt. Ein Tierpfleger beteiligte sich per Fahrrad an der Suche nach dem Schützen. Minuten später raste er auf die Kassiererin zu, die neben ihrem Kassenhäuschen von einem Bein aufs andere trat. »Frau Müller, alarmieren Sie die Polizei, jemand hat den Rodenhals erschossen. Und schließen Sie sofort das Tor ab!«

»Unglaublich. Und er ist tot?«

»Was sonst, mit einer Kugel zwischen den Augen. Ich fahr weiter, den Täter suchen.«

Im Tiergehege kreischten laut die Papageien und Schimpansen auf, als Polizei- und Krankenwagen mit Sirenengeheuel durch die Einfahrt brausten. Kommissar Ferber nahm eine kalte Zigarette aus dem Mund, bevor er die Kassiererin fragte: »Wo ist die Leiche?«

»Keine Ahnung. Aber schauen Sie, da kommt Herr Jürgens auf seinem Rad zurück. Der weiß Bescheid.«

Der Tierpfleger sprang vom Sattel und stützte seinen entkräfteten Körper auf die Lenkstange. »Ich bin jeden Winkel abgefahren. Der Mörder wird sich in den Büschen verstecken. Alles muß durchkämmt werden. Frau Müller, warum steckt der Schlüssel nicht im Tor? War es etwa die ganze Zeit sperrangelweit auf?«

»Na, ich hab mir gedacht, wo die Polizei kommen will, kann ich's auch danach schließen.«

Mit einer Handbewegung gebot Kommissar Ferber dem Tierpfleger, seine Entrüstung zu bremsen. »Haben Sie jemanden den Park verlassen sehen?« fragte er Frau Müller.

»Nix und niemanden.«

»So soll es auch erst mal bleiben. Der Park wird von meinen Männern abgesperrt. Jetzt will ich den Tatort sehen.«

Außer einem leblosen Körper, der im Anzug aus feinem Tuch auf dem Rasen neben einem Kiesweg lag, gab es nicht viel zu sehen. »Nur Spuren von Fahrradreifen«, beobachtete der Kommissar.

»Ich habe veranlaßt, daß niemand dem Tatort zu nahe tritt«, erklärte Tierpfleger Jürgens.

Zwei Beamte der Spurensicherung wendeten vorsichtig den Körper des Toten um. »Der trägt ja eine Kamera um den Bauch.«

»Herr Rodenhals fotografierte seit gestern jeden Winkel im

Park«, erklärte der Tierpfleger. »Die Bilder sollten ihm bei seinen Planungen helfen.«

»Was für Planungen?« fragte der Kommissar. »Und überhaupt, was wissen Sie noch über das Opfer.«

»Das erzähle ich Ihnen besser in meinem Büro«, sagte ein Herr, der soeben außer Atem den Tatort erreichte. »Ich bin der Parkdirektor ... habe von dem ... schrecklichen Unfall gerade erfahren ... Ich muß eigentlich das Bett hüten.«

Im Büro schüttete der Direktor eine grünliche Medizin in ein Wasserglas und trank sie in einem Schluck. »Ich fand es besser, hier mit Ihnen über Herrn Rodenhals zu sprechen. Die Kollegen sahen ihn nicht gern. Er ist Hotelier. Der Park gehört der Kommune, und deren Finanzen sind knapp. Seit einem Jahr verhandelte Rodenhals mit ihr über einen Verkauf der Anlage. Er wollte hier ein großes Hotel hinstellen. Die Angestellten lieben den Park, so wie er ist, und fürchteten natürlich die Arbeitslosigkeit. Ein Gärtner oder Tierpfleger findet nicht so leicht was Neues.«

»Ihre Worte bestätigen meine Ansicht, daß der Täter kein Unbekannter ist. Ich bin ihm oder ihr sicher schon begegnet.«

»Ich will niemanden verdächtigen!«

Kommissar Ferber erhob sich, und der Direktor folgte ihm schwerfällig. »Worunter leiden Sie eigentlich?« fragte Ferber.

»Eine alte Geschichte. Abgase, unreine Luft können bei mir asthmaartige Anfälle auslösen. Das passiert zum Glück nur selten.«

»Weil die Luft hier so rein ist, nicht wahr? Was machten Sie früher?«

»Bis die Anfälle losgingen, leitete ich viele Jahre eine Zementfabrik.«

»Na, da können Sie ja froh sein, daß sich dieser Posten für Sie fand.«

Der Direktor öffnete die Lippen und ließ sie sekundenlang so stehen. »Warum fällt es mir erst jetzt ein!« rief er, sprang vom Stuhl auf und durchwühlte einen Aktenschrank. »Sie ist weg.«

»Wer ist weg?«

»Unsere Pistole. Sie ist auf meinen Namen angemeldet und war für den Notfall gedacht. Ich hatte sechs Patronen drin für den Fall, daß unsere Leoparden aus dem Gehege ausbrechen.«

»Gleichwohl sollte man keine geladene Waffe im Schrank aufbewahren.«

»Nur ich konnte über sie verfügen. Wenn ich das Büro verlasse, sind die Türen gut gesichert. Bevor ich mich krank meldete, übergab ich allerdings dem Tierpfleger Jürgens die Schlüssel.«

Über sein Handy bat Kommissar Ferber einen Beamten, den Tierpfleger zum Büro zu geleiten. Jürgens trat bereits umgezogen, in seiner Freizeitkleidung, durch die Tür. »Wann sind Sie das letzte Mal hier gewesen«, fragte ihn der Kommissar.

»Heute mittag, weil ich durchs Büro muß, um in unsere Medikamentenkammer zu kommen. Java, unser Schimpanse, hat eine leichte Angina und braucht täglich seine Spritze.«

»Herr Jürgens, mochten Sie das Mordopfer nicht?«

»Sowenig wie jeder andere. Der Park ist eine Oase, für uns genauso wie für die Pflanzen und Tiere. Rodenhals wollte alles zerstören. Die Tiere hätten wahrscheinlich in den engen Zwingern irgendwelcher Zoos ihr Dasein fristen müssen.«

Der Kommissar blickte amüsiert von einem der Männer zum anderen. »Es ist Ihnen vielleicht nicht bewußt, meine Herren, aber Sie sind Verdächtige in diesem Mordfall. Herein.«

Es hatte an der Tür geklopft, durch die nun Jan Sorge, der Assistent des Kommissars, sichtlich verstört hereinkam.

»Haben Sie ein Gespenst gesehen?« fragte Ferber.

»So ähnlich. Wir haben den Film aus Rodenhals' Kamera entwickelt. Hier sehen Sie das letzte Bild, das er machte.«

Ferber betrachtete das große Schwarzweißfoto. »Ich sehe hier einen Schimpansen mit Cowboyhut und Pistolenhalfter. Er zielt mit einer Pistole auf den Fotografen. Meine Herren?« wandte er sich erwartungsvoll an den Direktor und den Tierpfleger.

»Das ist Java.« Der Direktor umklammerte sein Medizinfläschchen. »Java ist handzahm. Er darf sich im Park frei bewegen. Er ist sozusagen ein Waffennarr und klaute Kindern früher gern ihre Spielzeugpistolen. Da gaben wir ihm eben seine eigene. Ein Besucher schenkte ihm den Hut. Nun wird er als Park-Sheriff mit gezücktem Colt jeden Tag Dutzende Male fotografiert.«

»Herr Jürgens, haben Sie Java aus den Augen gelassen, als Sie mit ihm im Büro waren?«

»Als ich in der Medikamentenkammer die Spritze vorbereitete, war er ein paar Minuten allein.«

Der Direktor beugte sich über den Tisch und studierte das Foto seitenverkehrt. »Die Waffe, mit der er hier zielt, ist nicht seine Spielzeugpistole. Das ist meine Waffe.«

»Dann wollen wir mal sehen, welche Schlüsse unsere Indizien erlauben«, erklärte Kommissar Ferber. »Java durchstöberte das Büro, als Herr Jürgens die Spritze aufzog. Vielleicht hat er sogar schon mal beobachtet, wo der Direktor seine Pistole versteckt. Java schmuggelte sie in den Park, traf mit dem Mordopfer zusammen und wollte sein neues Spielzeug gleich ausprobieren. Der amüsierte Herr Rodenhals konnte noch ein Foto machen, bevor ihn der tödliche Schuß traf.«

»Furchtbar«, brachte der Direktor heraus.

»Somit hat ein Bewohner des Parks selbst dafür gesorgt, daß Rodenhals' Hotelpläne nicht wahr werden. Ob Sie sich dafür bei Java bedanken wollen, müssen Sie selbst wissen.«

Bis zum Anbruch der Dunkelheit suchten Polizeibeamte nach der Mordwaffe. Doch sie fanden nur Java, der sich vor ihnen auf einen Baum flüchtete. Tierpfleger Jürgens gelang es, ihn herunterzulocken. Der Affe klammerte sich an die Brust seines Betreuers. »Er ist eingeschüchtert. In seinem Halfter steckt bloß seine Spielzeugpistole.«

Kommissar Ferber betrachtete ratlos das haarige Wesen. »Was machen wir nun mit dir, Java?« fragte er. »Bereust du deine Tat?« Der Affe schien die Worte freundlich zu verstehen, denn jetzt reckte er seinen Körper, zeigte sein Gesicht und schnatterte. Er sprang zu Boden, hüpfte und machte wilde Bewegungen. »Er ist wieder der alte«, sagte der Direktor.

»Genau wie alles hier ...« Ferber stockte, weil er Javas blitzschnelle Bewegung bemerkte. Flink griff der Affe in die Innentasche des Mantels, den der Tierpfleger auf dem Arm trug, und zog eine Pistole heraus. Java fuchtelte mit ihr herum und drückte seinen Zeigefinger gegen den Abzug, bevor die Gesellschaft in Deckung gehen konnte. Doch kein Schuß löste sich. Kommissar Ferber entriß Java die Waffe. Bedächtig wog er sie in den Händen.

»Wie soll der Affe wissen, daß man echte Schießeisen entsichern muß?« fragte der Kommissar. »Herr Jürgens, ich nehme jetzt folgendes an: Sie überredeten Herrn Rodenhals, doch mal ein Witzfoto von Sheriff Java zu machen, und gaben dem Affen dazu die Mordwaffe in die Hand. Als das Beweisfoto im Kasten war, haben Sie wahrscheinlich höchstpersönlich geschossen. Ein Mord verlangt schließlich menschliche Präzision. Aber warum nur haben Sie die Waffe bei sich behalten?«

Der Tierpfleger streichelte Javas Kopf, der sich wieder schüchtern an seine Schulter schmiegte. »Es gelang mir nicht, sie unbemerkt im Springbrunnen zu versenken. An allen anderen Orten findet Java jedes Schießeisen über kurz oder lang. Er hätte am Sicherungshebel spielen und im Park ein Blutbad anrichten können.«

»Ob Ihre Fürsorge vom Gericht als mildernder Umstand angesehen wird«, antwortete der Kommissar, »bezweifle ich.« Er steckte seine Hand in die Manteltasche und zerbrach mit Daumen und Zeigefinger die Zigarette, die er dort fand.

Kim Rose

Die großen und die kleinen Flieger

Das Auto, ein geräumiger Kombi, bog von der Landstraße in den Sandweg ein. Über Bodenwellen ruckelte es am Wiesengrün vorbei und stoppte nach 200 Metern. Die Türen öffneten sich: Die achtjährige Mareike und der fünfjährige Sebastian sprangen heraus. Ihr dreijähriger Bruder Samuel kam hinterher, und schließlich standen auch die Eltern bereit. Alle schauten zu dem Gebäude, das vor ihnen lag: ein kleines Schloß, mit Burgtürmen, Zinnen und einem verwilderten Garten drumherum.

Mareike streckte einen Finger aus. »Da sind Pferde!«

»Wohnen wir jetzt hier?« fragte Sebastian.

Bernhard Müller blickte verblüfft und fragend zu seiner Frau Gesine. Sie lächelte und sagte: »Ein Traum.«

Im Portal stand ein stattlicher, gepflegter Herr und lächelte ihnen zu. »Ich bin Wolfgang Kröger. Und Sie sind bestimmt Familie Müller. Kommen Sie herein!«

Sie betraten einen riesigen Saal mit Rundbögen und Kamin. Auf einem antiken Tisch standen Kaffee und Kuchen bereit.

»Wollen Sie sich zuerst ein wenig kräftigen? Oder soll ich Sie sofort herumführen?« Familie Müller entschied sich für das zweite. Das Schloß besaß zwölf Zimmer, die eine Renovierung brauchten. Die sanitären Anlagen waren altertümlich. Ehepaar Müller inspizierte alles genau, während die Kinder durch die Räume tobten.

Schließlich nahmen sie an der Kaffeetafel Platz. »Ich möchte nicht«, sagte Wolfgang Kröger, »daß Sie sich von dem niedrigen Preis blenden lassen. Das Anwesen gehört mir schon eine ganze Weile, und es würde mich freuen, wenn eine richtige Familie einzieht. Aber: Sie haben gesehen, daß einiges getan werden muß. Das Haus steht unter Denkmalschutz. Sie dürfen keine baulichen Veränderungen vornehmen. Aber Sie sind verpflichtet, das Gebäude tiptop instand zu halten. Das kostet entweder viel Geld oder viel Arbeitskraft. Deshalb kostet das Schloß nur 50 000 Mark.«

»Wir wissen Bescheid«, erklärte Bernhard Müller. »Ich bin Ingenieur, meine Frau ist Architektin. Wir würden das meiste selber machen.«

»Na prima. Also, überlegen Sie zu Hause noch einmal gut und geben Sie mir möglichst bald Bescheid. Es gibt weitere Interessenten. Wer zuerst kommt, mahlt zuerst.«

Auf der Heimfahrt versuchten Gesine und Bernhard Müller, kritisch zu sein: »Es gibt eine Menge Arbeit ... unsere Ersparnisse gehen futsch ... bis in die Stadt sind es 40 Kilometer ... Mareike muß die Schule wechseln ...«

Die Einwände klangen halbherzig und konnten ihre fröhlichen Mienen nicht erschüttern.

Bernhard Müller wandte sich zu den Kindern um. »Und was sagt ihr?«

»Wir woll'n ein Schloß, wir woll'n ein Schloß!«

Noch am selben Abend rief Bernhard Müller den Besitzer an. Und wenige Wochen später besaß die Familie ein Schloß. Die Arbeit war härter als erwartet. Sie schufteten jeden Tag bis in die Nacht, erlebten am Wochenende keine freie Stunde mehr. Freunde und Verwandte packten mit an, irgendwann sollten sie durch einen fürstlichen Wochenendurlaub entschädigt werden. Das Mauerwerk wurde saniert, Parkettböden, Elektrik und Badewannen installiert. Sie restaurierten den Stuck, strichen die Fassaden, pflanzten Obstbäume und legten Blumenbeete an. Die Ersparnisse reichten nicht, die Müllers mußten Schulden machen. Doch als das nächste Frühjahr kam, war aus dem vergilbten Schlößchen ein strahlender Prachtbau geworden. Die Kinder tollten auf den Wiesen vor dem Grundstück und auf den neuen Spielgeräten im Innenhof. Bernhard Müller stutzte abends mit Hingabe die Hecken und fütterte die Goldfische im Schloßteich, bevor er sich bei schönem Wetter in die Hollywoodschaukel setzte. Dort genoß dann bereits seine Frau den weiten Himmel, Vogelgesang, raschelndes Laub und die untergehende Sonne.

An einem solchen Abend fuhren beide erschrocken zusammen, auch die Kinder erstarrten im Spiel. Wie aus dem Nichts war ein krachendes Gedröhne gekommen und schmerzte in ihren Ohren. Gesine Müller starrte mit zusammengekniffenen Augen in den Himmel. »Ein Sportflugzeug.«

»Wieso fliegt der so tief? Der macht ja richtige Sturzflüge!«

»Eine Unverschämtheit.«

Sie wollten der Sache nachgehen, vergaßen es aber rasch. Nur eine Woche später wurden sie von stampfenden Motorengeräuschen geweckt. Unmittelbar vor ihrem Grundstück, vielleicht hundert Meter vom Schlafzimmer entfernt, hatte ein Dutzend Bulldozer Aufstellung bezogen. Laut wurden Kommandos gerufen. Die Bulldozer setzten sich in Bewegung und gruben die Wiesenlandschaft um. Bernhard Müller rannte im Bademantel ins Freie. Er sah einen behelmten Mann, der neben der aufgewühlten Erde Pläne studierte.

»Was tun Sie da?!« schrie Müller mit rotem Gesicht.

»Wir bauen einen Flugplatz.«

Bernhard Müller rief die Polizei an, die ihn rasch abwimmelte: Es gäbe eine ordentliche Genehmigung für die Bauarbeiten. Ein Freund der Familie, der Anwalt war, wollte der Sache nachgehen.

Als er ins Schloß kam, konnte ihn die Familie nicht im Garten empfangen, die Preßlufthammer hätten jedes Wort übertönt. Doch selbst im großen Saal klirrten die Kaffeetassen, wenn ein Flieger seine Luftübungen machte.

»Das passiert mehrmals am Tag!« sagte Gesine Müller dem Anwalt. »Unsere Stadtwohnung war dagegen das reinste Sanatorium.«

»Die Piloten suchen nach den besten Einflugschneisen«, erklärte der Jurist. »Damit die Pisten optimal ausgerichtet werden können. Was ich herausgefunden habe, klingt leider nicht gut für euch. Die Wiesen ringsum gehören dem Bauunternehmer Wolfgang Kröger. Ihm wurde genehmigt, einen Sportflugplatz zu bauen.«

»Kröger! Der hat uns das Schloß verkauft.«

Der Anwalt nickte. »Vor nicht langer Zeit erstand er den gesamten Landsitz. Aber das Schloß war für ihn nur eine teure Last. Weil er es nicht abreißen durfte, hat er es an euch verkauft. Ein gutes Geschäft. Nach dem Bau des Flughafens ist es keinen Pfifferling mehr wert.«

»Das ist doch ein klarer Fall von Betrug! Er hätte uns sagen müssen, daß er den Flugplatz plant.«

»Hätte er. Aber niemand kann ihm nachweisen, daß es den Plan beim Verkauf des Schlosses schon gab. Denn erst danach bat er um die Baugenehmigung. Die Kommune gab im Eilverfahren ihr Okay. Sie erhofft sich viele Vorteile von dem Flugverkehr. Eine Handvoll Schloßbesitzer spielen keine Rolle. Kurzum: Wolfgang Kröger hat euch belogen und betrogen, kann aber von keinem Gericht gestoppt werden.«

Ehepaar Müller diskutierte bis zum Morgengrauen. Wenn die Familie im Schloß blieb, wäre sie bald reif für die Nervenheilanstalt. Wenn sie wegzögen, mußten sie trotzdem weiter für die Instandhaltung des Gebäudes sorgen. Außer, sie verschenkten das

Schloß. Doch selbst wenn jemand zugreifen sollte, was der Anwalt nicht glaubte, wären sie ruiniert.

Bernhard Müller schrieb wütende Briefe an die Lokalpresse und den Bürgermeister. Der sprach in seinem Antwortschreiben von »übergeordneten Interessen.« Eines Abends schritt Wolfgang Kröger seine Baustelle ab. Bernhard Müller fing den Bauunternehmer ab, packte ihn am Kragen und schüttelte ihn.

»Sie mieser Schuft, ich werde Sie ...!«

Ein paar Arbeiter zerrten Müller fort. Wolfgang Kröger lachte höhnisch und sagte:

»Wenn Sie das noch einmal tun, verklage ich Sie wegen Hausfriedensbruch und Körperverletzung.«

Nachts fand das Ehepaar kaum Schlaf. Die Kinder tollten nur noch selten im Garten herum, saßen meist verstockt in ihren Zimmern. In furchtbaren Phantasien malte sich Bernhard Müller aus, wie er Kröger das Handwerk legen könnte. Da hielt an einem Sonntag ein Jeep vor dem Schloßportal. Ein Mann stieg aus. Sein Schädel war kahl, doch um so mehr Haare wallten in seinem grauen Vollbart. Er trug eine derbe, braune Lederhose und ein grünes Wams.

»Was wollen Sie?« fragte Bernhard Müller, unwirsch, unrasiert und ungekämmt.

»Sie haben ein Problem, ich löse es für Sie. Für eine Spende von 10 000 Mark. Eine Hälfte jetzt, die andere nach Erfolg.« Der Mann deutete zur Baustelle. »Dort werden bald wieder Blumen blühen. Und Sie haben für immer Ihre Ruhe – wenn wir unser Geschäft machen.«

»Haben Sie etwas ... Kriminelles vor?«

»Das ist mein Problem. Ja oder nein?«

Bernhard Müller dachte an das Konto mit den Rücklagen. Er dachte an den Abgrund, an dem seine Familie stand. Es gab nichts mehr zu verlieren. Er schrieb einen Scheck aus. Erst als der Fremde fortfuhr, erschrak Müller beim Gedanken an die möglichen Folgen seines Handelns. Nun war es zu spät.

Die Sommerferien begannen. Gesines Eltern besaßen ein Ferienhaus an der Nordsee, in dem sich Familie Müller für zwei Wochen vom Schloß erholte. Die Zeit verging schnell. Auf der Rückfahrt quengelten die Kinder. Auch Gesine und Bernhard dachten mit trüben Mienen an den Ort, an dem sie nun wieder leben mußten.

Die Flugübungen hatten aufgehört. Vermessungstrupps marschierten über den Bauplatz vor dem Schloß – die künftigen Pisten wurden abgesteckt. Betonmischmaschinen standen schon bereit. Tag für Tag verfolgten die Müllers entsetzt das Geschehen, sehnten sich nach ihrem Urlaubsort zurück. Es war ein frischer Frühlingsmorgen, als plötzlich Polizeiwagen auf das Gelände holperten.

»Komm herunter«, rief Gesine aus dem Garten zu Bernhard hinauf. »Laß uns gucken, was da los ist.«

Beamte diskutierten mit einigen Arbeitern. Wolfgang Kröger stieß mit aufgekrempelten Ärmeln zu der Gruppe und fragte: »Was wollen Sie?« Ein Mann in Zivil sagte ihm: »Die Umweltbehörde ordnet die sofortige Einstellung der Arbeiten an.«

»Wie bitte?«

»Wir erhielten einen Hinweis, der durch unsere Untersuchungen bestätigt wurde: In diesem Gebiet siedelt der Wendehals. Diese Vogelart steht unter strengstem Naturschutz, sein Lebensraum darf nicht gestört werden.«

Wolfgang Kröger schüttelte fassungslos den Kopf. »Sie spinnen ja wohl! Vogelschutz? Ich habe mich schon über die vielen Brutkästen an den Bäumen gewundert. Jemand hat die Viecher jetzt erst hergebracht.«

»Davon weiß ich nichts. Außerdem ist es nicht verboten, bedrohten Tierarten zu helfen. Wir versiegeln jetzt die Baustelle.«

Kröger klagte vor Gericht gegen den Beschluß – und wurde abgewiesen. Seine Baugenehmigung war ohne ein ordentliches Umweltgutachten erteilt worden. Was er verwüstet hatte, mußte er zwar nicht wieder herrichten. Doch allmählich wuchsen wieder Gräser, Kräuter und Blumen auf der planierten Fläche.

An einem Sommertag saß Ehepaar Müller im Schatten des Schloßtürmchens und schaute den Kindern beim Spielen zu. Da bog ein Jeep von der Landstraße ein. Der kahlköpfige Fremde stieg aus. Bernd Müller lud ihn zum Kaffee ein, doch der Mann wehrte ab: »Ich muß vor dem Abend wieder auf meiner Farm sein. Da warten Tiere auf mich, die man in der Natur nur noch selten sieht. Ich helfe ihnen, groß und stark zu werden, und lasse sie dann frei.«

Bernd Müller schrieb ihm einen Scheck aus.

»Danke«, sagte der Mann. »Eine großzügige Spende, für die ich viel Futter kaufen kann.«

Als sich der Jeep entfernte, blickte Ehepaar Müller in den Himmel. Über der einstigen Baustelle kreisten ein paar Wendehälse.

Carsten Klemann

Ohne Job

Daß es ihm jemals schwerfallen könnte, einen Job zu finden, hätte Jack Pallance Greener früher nie für möglich gehalten. Sein erstklassiges Abschlußzeugnis von der Harvard University war eine der wenigen Habseligkeiten, die er in seiner Lammfelljacke bei sich trug. Seine letzte Gehaltsabrechnung über 30 000 Dollar im Monat steckte in seiner Brieftasche neben den beiden Scheinen, die vom Geld übriggeblieben waren. Ziellos stapfte er durch die schneeverwehten Straßen Detroits und spürte immerhin die Gewißheit, alles Menschenmögliche versucht zu haben. Aus dem Computershop hatten sie ihn hinausgeschmissen, weil seine versponnenen Vorträge die Kunden zwar beeindruckten, aber nicht zum Kauf animierten. Und im Imbiß-Lokal erkannte der Besitzer sofort seine linken Hände. Um sie zu testen, mußte Jack Greener ein Tablett mit turmhohem Geschirr anheben, das er – schreckenerregendes Geklirre im Ohr – sofort wieder abstellte.

Jack Greener wußte nun, daß er sich für keinen Job zu schade war, aber nur für einen Posten wie bei Speakerman and Company, seinem 30000-Dollar-Arbeitgeber, taugte.

Er galt als einer der besten Texter der renommierten Werbeagentur. Originelle Sprüche zu klopfen war sein großes, aber leider auch einziges Talent. Als ihn die Agentur vor vier Monaten entließ, fühlte sich Greener derart verwirrt, daß es ihm nicht in den Sinn kam, seinen Lebensstil zu ändern. Im Gegenteil: Er tröstete sich mit zwei Europareisen und einem neuen Auto. Den Rest seiner Ersparnisse zehrte das teure Appartement auf. Erst als das Konto überzogen war, schrieb Greener Bewerbungen an andere Agenturen, die allesamt Absagen zurückschickten. Greener mußte sich die Wahrheit eingestehen: In seinem Metier war er ein toter Mann. Er hatte gegen die ehernen Gesetze der Branche verstoßen und sich für immer disqualifiziert.

Es begann harmlos bei einer Party. Jack Greener saß mit dem Reporter Pete Webster zusammen. Sie tranken Bier und stiegen später auf Cocktails um. Weit nach Mitternacht kamen Jack Greener die folgenschweren Sätze lallend über die Lippen: »Weißt du, was ›Super Skin‹ in Wirklichkeit ist? Ein Mittel, das Mitesser verursacht!« Pete Webster stellte sein Glas ab und blickte plötzlich so klar durch seine Augen, wie nach dem ersten Becher Kaffee am Morgen.

»Noch schlimmer«, schob Jack Greener nach. »Du kannst sogar allergische Ekzeme davon bekommen.«

Diese Sätze waren Jack Greeners Todesurteil. Seit Monaten arbeitete er an einer Werbekampagne für den Konzern, der »Super Skin« herstellte. Unentwegt kreierte er neue Werbespots und Hochglanzanzeigen, die das Präparat als Wundermittel gegen Falten priesen. Da ergab ein Test, daß »Super Skin« unangenehme Nebenwirkungen haben könnte. Harvey Speakerman, Besitzer der Werbeagentur, weihte Greener höchstpersönlich ein. Die Nebenwirkungen träten nur sehr selten auf und seien im Grunde harmlos, sagte er. Die Chemiker des Kosmetikkonzerns bekämen das Problem bald in den Griff. So habe man sich entschieden, die Wahrheit zu vertuschen.

Zuviel Geld stand auf dem Spiel. Drogerien und Schönheitsstudios erklärte man, Nachlieferungen seien im Augenblick nicht möglich, weil der reißende Absatz die Produktion überfordere. Nun hieß es in den Anzeigen: »Super Skin ist bald wieder da!«

Die Neugierde der Öffentlichkeit wurde unfreiwillig angeheizt: Mußte »Super Skin« nicht tatsächlich ein Wundermittel sein, wenn es so schwer herzustellen war?

Zwei Tage nach seinem Umtrunk mit Pete Webster fand Greener seinen Namen und sein Foto auf der Titelseite der »Detroit News«. Darüber die Schlagzeile: »›Super Skin‹ macht krank.«

Die Ereignisse schienen Jahre zurückzuliegen. Jack Greener konnte kaum mehr glauben, jemals in einem der edlen Büros von Speakerman and Company residiert zu haben, jemals in teuren Limousinen herumkutschiert und jemals mit einer bezaubernden, edelsteinbehängten Brünetten Partymittelpunkt gewesen zu sein. War Madeleine wirklich bezaubernd? Nach dem Eklat wollte sie nichts mehr von ihm wissen. Erstaunlich war für Greener auch, wie rasch sein Freundeskreis aufhörte, ihn mit Geldsorgen oder Beziehungsproblemen zu belästigen. Es rief niemand mehr an. Nur seine Eltern, die in einer fernen Kleinstadt lebten, hielten Greener noch für einen »golden boy«. Er wagte nicht, ihnen vom Rausschmiß zu berichten.

Greener sah keinen Sinn darin, seinen Marsch durch die kalten Straßen zu beenden. Wozu ins schäbige Hotelzimmer zurückkehren, das noch für eine Woche bezahlt war? Wozu irgend etwas tun oder nicht tun? Er lernte die Stadt von allen Seiten kennen. Vom Geschäftszentrum gelangte er ins Rotlichtviertel und erreichte nun einen herrschaftlichen Wohnbezirk. Es tauchte ein Platz auf, in dessen Mitte die marmorne Statue eines Bürgerkriegsgenerals thronte. »Herrje«, erinnerte sich Greener, »in dieser Gegend wohnt Speakerman.«

Ein paar Mal war er zu privaten Empfängen beim Agenturchef geladen worden. Speakermans Haus, dieser Inbegriff von Reichtum, Macht und einer wunderbaren Vergangenheit, zog ihn magisch an. Das Tempo seiner Schritte verdoppelte sich, und schon sah er den Wohntempel, aus dessen Fenstern unendlich kostbares Licht zu strahlen schien.

Eine Lücke in der Gartenhecke gab den Blick auf Speakermans Arbeitszimmer frei. Und da saß der alte Herr hinterm Schreibtisch, Zigarrenwolken quollen aus seinem Mund und zogen durch die leicht geöffnete Terrassentür. Wenige Schritte genügten, um Speakerman zu beschwören, eine Begnadigung auszusprechen! Jetzt verließ sein Ex-Chef den Schreibtisch und ging ins Nebenzimmer. Jack Greener kletterte über die Hecke. Sein Versuch mochte irrsinnig sein, aber es war sein letzter. Leise betrat er das Arbeitszimmer, wartete. Auf dem Schreibtisch lag handbeschriebenes Papier inmitten von ausgeschnittenen Artikeln über die »Super Skin«-Pleite. Greener überflog die Artikel, fast jede Überschrift nannte seinen Namen. Aus irgendeinem Grund ermutigte ihn das. Er klopfte an die Tür, hinter der Speakerman verschwunden war. Als nichts passierte, drückte er die Klinke. Ein gewaltiges Krachen scholl ihm entgegen. Greener sprang zur Seite, preßte seinen Rücken neben der Tür an die Wand des Arbeitszimmers. Es herrschte Stille ... eine Minute, zwei Minuten. Mutig lugte Greener ins Nebenzimmer. Harvey Speakerman lag auf seinem Bett, mit einer Schußwunde direkt zwischen den Augen. In der Nähe einer zweiten Tür lag ein Revolver am Boden.

Greeners Erschütterung war weniger groß als seine Angst.

Er stand bei der Leiche, während der Mörder geflüchtet war. Er war ins Haus eingebrochen und besaß handfeste Motive für das Verbrechen. Er mußte weg!

Als er zur Terrassentür stürmte, sah er die Papiere auf dem Schreibtisch. Sie trugen seinen Namen und nun auch seine Fingerabdrücke und würden die Polizei zu fatalen Schlußfolgerungen verleiten. Er raffte sämtliche Blätter zusammen, die auf dem Schreibtisch lagen, stopfte sie in Speakermans Aktenkoffer und klemmte ihn unter den Arm. Hinter seinem Rücken knarrte eine Tür. Greener sprang in den Garten hinaus, überwand die Hecke und rannte wie ein Hase.

Jack Greener erinnerte sich, wie oft er in seinen Werbetexten über das »vollkommene Glück«, den »vollkommenen Genuß« phantasiert hatte, ohne zu wissen, ob beides überhaupt existierte. Müßte er jetzt etwas über das perfekte Elend schreiben, könnte er tief aus seinem Inneren schöpfen. Sein Herz schmerzte vor Aufregung, sobald ein Auto an ihm vorbeifuhr oder ein Mensch ihm entgegenkam. War der Mörder hinter ihm ins Arbeitszimmer getreten? Oder ein unschuldiges Familienmitglied? Hatte man ihn erkannt und längst bei der Polizei angezeigt?

Greener gelangte in einen düsteren Bezirk der Stadt mit halbverfallenen Fabrikanlagen und maroden Wohnhäusern. Unter einer Brücke vor einem Bahndamm stellte er Speakermans Aktenkoffer ab und nahm darauf Platz. Plötzlich stellte er fest, daß er nicht allein war. Unter der Brücke kauerten Obdachlose in der Kälte. Trotz der unangenehmen Temperaturen spürte Greener das Bedürfnis, die Augen zufallen zu lassen und in einen Schlaf zu sinken, der die Welt auslöschen könnte. Aber nach ein paar Stunden, im hellen Morgenlicht, würde sie noch furchtbarer aussehen als jetzt. Gewißheit mußte her! Vielleicht wurde er überhaupt nicht als Mörder verdächtigt, oder der Täter war längst gefaßt. Pete Webster, der Reporter, wußte sicher schon über alles Bescheid! Greener eilte den Bahndamm hinauf zu einer Telefonzelle. Dort wählte er Websters Nummer. Der Reporter meldete sich sofort.

»Hier spricht Jack Greener.«

»Mensch, Greener! Wo steckst du?« Websters Stimme klang vorsichtig. »Ich komme eben vom Tatort. Hast du dich der Polizei gestellt? Soll ich dir einen Anwalt besorgen?«

»Ich habe nichts getan.«

»Hör auf, Mann. Du hast keine Chance. Speakermans Privatsekretär hat dich identifiziert. Genau zwischen die Augen, alle Achtung, mein Junge. Sag mir, wo du bist.«

Greener hängte auf. Verzweifelt trottete er den Bahndamm hinunter. In ein, zwei Tagen spätestens würde ihn die Polizei erwischen. Irgendein Anwalt würde sich bemühen, mildernde Umstände herauszuschlagen. Jack Greener sah die Schnellzüge, die in die Stadt hineinrasten, und wußte, was ihm zu tun übrig blieb. Auf einem der Schienenstränge konnte er sich von den unendlichen Plagen der letzten Monate erlösen.

»Hey, Mister, Mister!« Jack Greener schaute sich um. Eine zerlumpte Gestalt lief auf ihn zu.

»Das sollten Sie nicht tun. Trotz allem, das Leben ist zu kostbar.«

»Können Sie Gedanken lesen, oder was?«

»Sorry, Mister. Habe in Ihrem Koffer nach Eßbarem gewühlt. Sie haben ihn ja stehenlassen, als bräuchten Sie ihn nicht mehr. Da habe ich Ihren Abschiedsbrief gefunden.« Der Mann schwenkte ein Blatt Papier.

»Meinen Abschiedsbrief? Zeigen Sie her.«

Jack Greener las, was in markanter Handschrift auf dem Blatt geschrieben stand: »Ich, Harvey Speakerman, bitte um Vergebung für das Leid, das ich anderen antat, und auch dafür, daß ich meine Verantwortung nicht anders als durch einen feigen Freitod übernehmen kann ...«

Zwei Stunden später saß Jack Greener im Morddezernat dem leitenden Inspektor gegenüber. Der Mann wirkte noch müder als er selbst. »Kein Zweifel, Mr. Greener, der Brief ist echt, Speakerman erschoß sich selbst. Verdammte Schlamperei: Die Kollegen kümmerten sich nicht um die Schmauchspuren an seinen Händen! Nun, es schien sicher, daß Sie ihn umbrachten.«

Jack Greener mochte den Kaffee nicht anrühren, der vor ihm

stand. »Ich habe den Abschiedsbrief nicht zu Ende gelesen«, sagte er. »Warum hat Speakerman ihn geschrieben?«

»Er gesteht, daß ›Super Skin‹ nach längerer Einwirkzeit lebensgefährliche Allergie-Schocks auslösen kann. Das wußte er lange, alarmierte aber nicht die Öffentlichkeit. Jetzt lassen sich einige rätselhafte Todesfälle erklären. Es wären noch mehr gewesen, wenn Sie das Zeug nicht über die ›Detroit News‹ zum Ladenhüter gemacht hätten. Speakermans schlechtes Gewissen war wohl ein paar Nummern zu groß für ihn – früher oder später hätten wir ihn sowieso kassiert.«

»Ich will mich jetzt ausruhen«, murmelte Greener. »Schätze, bei den ›Detroit News‹ läßt sich ein guter Job für mich finden.«

Carsten Klemann

Wer nicht mitdenkt, muß büßen

Bäckermeister Ulf Gebhard verfolgte scheinbar andächtig, was sein 16jähriger Sohn machte. Klaus bemerkte ihn nicht und knetete friedvoll weiter an seinem Teig. Bis nun sein Vater betont sanft die Stimme erhob, was sie um so bedrohlicher klingen ließ: »Sag mal, Junge, warum glaubst du, arbeiten wir hier in aller Herrgottsfrühe?«

Klaus schaute überrascht zu seinem Vater auf. »Damit die Leute zum Frühstück frisches Brot auf dem Tisch haben.«

»Eben nicht! Brötchen wollen sie haben, Brötchen! Brot können sie am Nachmittag immer noch kaufen, und sie kaufen es auch nicht täglich frisch. Aber was machst du da?«

»Brot.«

»Und was willst du tun, wenn die Leute am Morgen Brötchen verlangen und du zu wenig gebacken hast? Weißt du eigentlich, wie man es schafft, logisch zu handeln?«

Klaus starrte seinen Vater erwartungsvoll an.

»Indem man nachdenkt, du Blödmann! Jetzt laß endlich den Brotteig stehen und mach dich an die Brötchen!«

Ulf Gebhard ging zurück in den Verkaufsraum, wo ihm, während er das Schaufenster neu dekorierte, der Ärger über seinen Sohn noch einige Zeit zusetzte. Schon die schulischen Leistungen von Klaus waren nicht beeindruckend gewesen. Und der Bäckermeister war sicher: Nur weil sein Sohn eine Lehre im Familienbetrieb machen konnte, hatte er überhaupt eine Chance in dieser Welt. Doch Gebhard rätselte, wie Klaus es schaffen sollte, die Bäckerei jemals selbständig zu führen.

Leider war ungewiß, ob die Bäckerei in einem Jahr überhaupt noch existierte. Das Herz des Bäckermeisters pochte schneller. Die Zukunft lag in seiner Hand! Er mußte seinen gefährlichen Plan bloß in die Tat umsetzen.

Der Hausbesitzer hatte ihm geschrieben, er wolle die Ladenräume an eine Drogeriekette verkaufen. Laut Vertrag besaß Gebhard aber ein Vorkaufsrecht. Wenn er 300 000 Mark hinlegte, gehörte das Geschäft ihm. Nur hatte es Gebhard erst kürzlich mit hohen Krediten modernisiert. Die Bank war nicht bereit, mehr zu geben.

Als die ersten Kunden kamen, stellte er sich hinter die Kasse und ließ seinen Sohn bedienen. Sobald beide wieder für ein paar Minuten allein waren, wurde aus Ulf Gebhards gutmütig lächelndem Verkäufergesicht eine übellaunige Fratze.

»Da wollte ein Kunde bloß drei Brötchen«, sagte er zu Klaus. »Warum tust die dann in die große Tüte und nicht in eine kleine? Das ist Verschwendung!«

»Ich wußte ja zuerst nicht, wieviel er will. Er sagte, ich will eins von denen, eins von denen …«

»Deshalb fragt man als erstes, wieviel Brötchen der Kunde insgesamt wünscht! Das ist doch logisch!«

Am Mittag hängte Ulf Gebhard ein Schild vor die Tür seines Ladens: »Heute leider schon ab 13 Uhr geschlossen.«

Aufgewühlt lief er hin und her. Wenn er jetzt nicht bald handelte, dann nie! Er gab sich eine weitere Galgenfrist und beauftragte seinen Sohn, die Monatseinnahmen zusammenzuzählen und die Ausgaben abzuziehen. Klaus brütete mit einem Taschenrechner über den Büchern. Ulf Gebhard wich nicht von seiner Seite und prüfte jede Zahl, die sein Sohn mit nervösen Fingern auf ein Rechenblatt schrieb. Als Klaus die Endsumme notierte, aber zugleich den schweren, unregelmäßigen Atem seines Vaters hörte, wußte er, daß er einen schweren Fehler begangen hatte. Ulf Gebhard stand auf und zog seinen Sohn am Ärmel zum Wasserhahn in der Backstube. Er ließ das Wasser laufen, tippte verächtlich mit dem Zeigefinger gegen seine Stirn und sagte: »Weil die Menschen logischen Verstand besitzen, wissen sie, woraus man Teig macht. Aber es gibt Ausnahmen.« Klaus eilte zurück zu seinem Rechenblatt und trug die Unkosten für den Wasserverbrauch ein.

»Du kannst jetzt deine Brote backen«, sagte Ulf Gebhard. Plötzlich spürte er Tatkraft und keine Zweifel mehr. Sein Lieferwagen stand auf dem Hof. Er setzte sich hinters Steuer und fuhr die zehn Kilometer bis zum Nachbarort. Dort parkte er das Auto nahe der Fußgängerzone, stieg aus und ging seinen Weg mit tief gesenktem Haupt. Erst unmittelbar vor dem Eingang des Juweliergeschäftes zog er seine Strumpfmaske vors Gesicht. Er stürmte hinein und hielt dem Verkäufer eine Pistole unter die Nase. Sie war aus Backwerk hergestellt und mit einer metallischen Lackschicht überzogen, die ihr ein täuschend echtes Aussehen verlieh.

»Die Uhren raus«, sagte Gebhard mit verstellter, heiserer Stimme.

Zwei Minuten später verließ er das Gebäude mit einer Plastiktüte voll kostbarster Uhren. Er warf die Maske weg und lief wie in Trance zu seinem Wagen. Auf der Rückfahrt schaute er immer wieder in seinen Rückspiegel: Niemand verfolgte ihn. Schließlich brach er in ein wahnwitziges Gekicher aus und sagte immer wieder: »So einfach ist das also, so einfach!«

Er stellte den Wagen wieder im Hof ab und ging mit dem Uhrenbeutel in die Bäckerei. Klaus backte immer noch Brot.

»Hallo Papa«, sagte er. Ulf Gebhard erwiderte nichts, sondern schaute an Klaus vorbei durch das Schaufenster. Zwei Autos hielten an der Straße, und auf einem stand: »Polizei.« Mehrere Männer stiegen aus und kamen auf die Tür der Bäckerei zu. Für einen Augenblick glaubte Gebhard, der Himmel über seinem Kopf breche zugleich mit dem Boden unter seinen Füßen zusammen. Dann drückte er seinem Sohn den Beutel mit den Uhren in die Hand und sagte: »Versteck das, versteck das, verflucht.«

Klaus verschwand, und die Männer betraten die Bäckerei. Ihr Anführer zückte ein Papier, das ihn als Kommissar auswies.

»Ein Juwelier wurde überfallen«, sagte er. »Ein Zeuge beobachtete, daß der Täter in einem weißen Lieferwagen verschwand. Sie besitzen ein solches Fahrzeug, und deshalb haben Sie Verständnis dafür, wenn wir hier alles durchsuchen müssen.«

Die Beamten kümmerten sich zuerst um den Wagen. Pedantisch genau suchten sie die Sitze ab, den Motor und die Reifen. Dann inspizierten sie den Laden. Während sich Ulf Gebhard die Schrecken einer engen Gefängniszelle ausmalte, war Klaus seelenruhig mit Backen beschäftigt. Die Polizisten untersuchten seine Arbeitsplatte und baten ihn, die Ofentür zu öffnen. Schließlich sagte der Kommissar: »Nichts für ungut. Entschuldigen Sie die Störung.«

Der Bäckermeister spürte ein sagenhaftes Gefühl der Erleichterung und Dankbarkeit. »Ich bin der Polizei doch gerne behilflich! Hoffentlich darf ich Sie auch mal als Kunden begrüßen!« Er blickte eilfertig um sich. »Eine kleine Spende fürs Revier«, sagte er dann, nahm ein paar frische Brotlaibe von Klaus' Arbeitsplatte und schenkte sie dem Kommissar.

»Danke, danke«, sagte der Polizist. »Die Kollegen werden sich freuen.«

Als die Beamten fort waren, packte Ulf Gebhard seinen Sohn liebevoll bei den Schultern: »Wo hast du die Uhren versteckt?!«

»Ja, wo wohl Papi? Am einzigen Ort, wo sie niemand finden konnte.«

»Und wo soll das sein?«

»In den Broten natürlich«, sagte Klaus verdrossen. »Ich konnte nicht begreifen, warum du sie verschenkt hast. Es war doch so logisch, die Uhren einfach einzubacken!«

Toyo Tanaka

Ein Mannequin zu viel

»Laura, du siehst zauberhaft aus. Also wirklich, als ich dich eben vor dem Spiegel entdeckt habe, da ist mir vor Staunen über dein gutes Aussehen fast der Atem weggeblieben.«

»Mama, ich kann das nicht mehr hören. Wenn du das wenigstens im Spaß sagen würdest.«

»Kindchen, es ist mein voller Ernst. Sieh dich doch an! Also, ich glaube an deine Zukunft als Mannequin. Ich weiß, du wirst ein großer Star. Und was ich dazu tun kann, das werde ich tun.«

»O Gott, Mama, du tust schon viel zu viel. Aber übertreibe damit nicht.«

»Ist es etwa übertrieben, wenn du zum Vorstellen beim großen Modestar Tazio Bacho eingeladen bist? Na, was sagst du nun?« Ellen Antwerpen hielt freudestrahlend einen Brief in die Höhe.

»Das glaube ich nicht!«

»Es stimmt aber. Und wer hat das arrangiert? Ich, deine Mutter!« Und sie gab in königlicher Geste die Einladung an ihre fassungslose, hübsche Tochter Laura weiter.

Eine Woche später stand eine zu allem entschlossene Frau Ellen Antwerpen mit ihrer 18jährigen aufgeregten Tochter Laura an der Seite Tazio Bachos Assistenten Mario in dem riesigen Salon voll opulenter Eleganz gegenüber. Glänzendes Scheinwerferlicht strahlte erbarmungslos auf die hübschen, aber angespannten Gesichter der unruhig durcheinandertrippelnden Mädchen. Eifrig teilte Mario die 35 angereisten Mannequins, eins schöner als das andere, in Haarfarben ein. »Die Damen mit den schwarzen Haaren bitte in die Mitte, die Brünetten nach rechts, die Blonden nach links und die übrigen? Die übrigen kommen zu mir. Bitte, nun teilen Sie sich schon auf.«

Frau Antwerpen stellte fest, daß Mario von allen Anwesenden am weiblichsten wirkte. Dabei waren außer ihm nur noch Frauen in dem Salon. Und dann kam der große, berühmte Tazio Bacho begleitet von einem Troß von schönen Assistenten vorbei. Er war höchstens 1,60 Meter klein, wurde aber durch seine ausgefallene Mode innerhalb kürzester Zeit zum größten Schneider Münchens. Verwundert zuckte er zusammen, als Frau Antwerpen auf ihn zueilte, kräftig die Hand schüttelte und ins beringte Ohr hauchte: »Das lange, blonde Mädchen dort, das ist Laura, meine Tochter!«

»Ja«, sagte Tazio Bacho nur. Viel mehr deutsche Wörter kannte er nicht. So schnell, wie er gekommen war, verschwand er wieder hinter seidenen Gardinen. Allerdings hatte er kritische Blicke auf alle Mädchen geworfen. Laura genierte sich fürchterlich, hatten doch alle Kolleginnen den Auftritt ihrer Mutter verfolgt. Inzwischen wurden 10 Mädchen ausgewählt, die Bachos neue Mode-Kreationen vorführen sollten.

»Die Würfel sind gefallen, meine Damen«, verkündete Mario geziert. »Folgende Mädchen bitte ich zu bleiben.« Und er rief zehn Namen in den vor Spannung kochenden Raum. Lauras Name war darunter. Frau Antwerpens Adrenalinspiegel schoß in die Höhe. Geschafft, dachte sie erleichtert. »Den übrigen Damen sage ich im Namen des Meisters Tazio Bacho herzlichen Dank.«

Während der folgenden Proben stellte sich heraus, daß ein Mannequin zu viel in der Modenschau war. Meister Bacho hatte auf seinem goldenen Sessel sitzend die folgenschwere Entscheidung getroffen, ein Mädchen nach Hause zu schicken. Diese Aufgabe übertrug er seinem Assistenten Mario. Verärgert über den Auftrag seines Meisters, sagte er zur vorbeieilenden Direktrice: »Edda, stell dir vor, von den beiden blonden Mädchen muß eine verschwinden. Der Meister will das. Und ich muß das erledigen. Was für ein Scheißjob!« Und mit einem spitzen Aufschrei, weil er sich in den Samtvorhängen verwickelt hatte, bog er mit hocherhobenen Armen um die Ecke. Ellen Antwerpen hatte diese Bemerkung natürlich gehört. Ihr blieb nichts verborgen, wenn es um die Karriere ihrer Tochter ging. Das Herz schien ihr still zu stehen. Kritisch hatte sie längst bemerkt, daß Laura in der kühlen blondhaarigen Anja eine echte Konkurrenz hatte. Und nun auch noch diese Drohung von Mario. Nein, daß irgend jemand Laura diese einmalige Chance nehmen wird, nein, das würde sie niemals zulassen. Stunden später füllte sich allmählich der mit herrlich gelben Rosen ausgeschmückte Prachtsaal der Luxusvilla. Die goldverzierten Stuckwände und Decken wurden von einem warmen Licht umschmeichelt.

Eine Gruppe beleibter Herren in maßgeschneiderten Anzügen, mit dicken goldenen Uhren und üppig geschmückten, sorgfältig geschminkten jungen Begleiterinnen stand erwartungsvoll an der Bar. Sie waren gespannt, was ihr exotischer Darling Tazio ihnen heute abend zeigen würde. Tazio Bachos Designerkleider gab es nur einmal, um so größer war das Interesse der Ehefrauen von Männern mit kolossalem Vermögen an den seidenen Unikaten. Schließlich müssen sie ihre Lust am Luxus stillen.

Mario sah zu Beginn der aufwendigen Modenschau stolz auf neun langbeinige hagere Mannequins. Neun neue Gesichter, neun neue Typen, genauso wie der Meister es verlangt hatte. Sie zeigten dem erwartungsvollen, staunenden Publikum, was glänzt und was teuer war. Laura war unter ihnen. Kein Mensch fragte nach der blonde Anja. Am Schluß gab es dann einen Riesenapplaus für den kleinen großen Modestar, der zwischen purpurfarbenen Samtvorhängen gelassen lächelnd die Ovationen entgegennahm. Seine Freude an dem gelungenen und erfolgreichen Abend wurde erheblich getrübt, als man in der Damentoilette ein hübsches blondes Mannequin fand, das ihre langen Beine mit ihren wohlgeformten Fingern umschlungen hatte. Es war Anja, und sie war tot. Panik breitete sich unter den Mannequins aus. Erst die Hektik hinter den Kulissen, dann die Anspannung auf dem Laufsteg und nun auch noch eine tote Kollegin. Das war zu viel für sie. Einige täuschten eine Ohnmacht vor, andere ertränkten ihre Aufregung im Champagner, und der Rest entschloß sich hemmungslos zu schluchzen, ungeachtet der getuschten Wimpern und geschminkten Wangen. Am hysterischsten benahm sich Mario.

»Der hat allen Grund zu kreischen«, meinte die dünne Evelyn. »Schließlich hat er doch die Anja rausgeschmissen. Kein Wunder, wenn sie sich das Leben genommen hat.«

Mario wurde kalkweiß, als er das hörte, denn es entsprach nicht der Wahrheit. Da er bisher laut geschrien hatte, fiel ihm nun nichts anderes ein, als betroffen zu schweigen.

»Es könnte auch sein«, ließ sich das zarte Stimmchen von Eve hören, »es könnte auch sein, daß der Freund von Anja ihr etwas angetan hat. Er war immer dagegen, daß Anja vor fremden Leuten posiert und Dessous präsentiert.«

Kommissar Henner Hallhuber notierte alles fleißig mit. Er konzentrierte sich angestrengt auf seinen Job, denn so viele hübsche Mädchen, leicht bekleidet, mit großen Dekolletés in den fast durchsichtigen Kleidern, machten ihn sichtlich nervös.

»Die Obduktion wird ergeben, woran Anja gestorben ist«, meinte der Polizeiarzt. »Ich tippe jedenfalls auf K.O.-Tropfen.«

»Moment mal, daran stirbt man doch nicht«, Kommissar

Hallhuber schüttelte verwundert seinen Kopf. »Eine Überdosis kann allerlei anrichten, wenn die Betroffene zum Beispiel schon jede Menge Beruhigungsmittel genommen hat«, sagte der Arzt streng und gab Anja frei zur Fahrt ins Gerichtsmedizinische Institut.

Der Kommissar hielt sich noch ein wenig unter den aufgeregten hübschen Mädchen auf. Rein beruflich natürlich, wie er seinen Mitarbeitern mitteilte, als er sie ins Präsidium schickte. Er mischte sich unter die Agenten, die Ausschau nach neuen Talenten hielten, und sprach lange und ausgiebig mit allen Mannequins. Die hübsche Laura war besonders verstört. Der Tod von Anja hatte sie ziemlich durcheinandergebracht. »Waren Sie eine Freundin von Anja?« fragte sie der Kommissar.

»O nein, ich habe sie heute erst kennengelernt.«

»Laura muß sich jetzt auf ein Treffen mit Tazio Bacho vorbereiten«, mischte sich Ellen Antwerpen schnell in das Gespräch. »Fragen Sie mich, ich weiß alles, ich bin Lauras Mutter.«

Ja, dachte der Kommissar, diese Mütter kenne ich. Der Traum vom erfolgreichen Kind läßt sie niemals zur Ruhe kommen, spornt sie zu krankhaftem Ehrgeiz an.

»Seien Sie froh, Ihre Tochter scheint es ja geschafft zu haben.«

»Ja, doch denken Sie nicht, daß dies so einfach war. Wir haben hart daran gearbeitet.«

»Wir?« fragte der Kommissar höflich nach.

»Natürlich, denn ich habe meiner Tochter stets zur Seite gestanden, war immer für sie da, habe alle Hürden für sie genommen. Nicht wahr, Laura?« Laura sah ihre Mutter ausdruckslos an. Sie hatte das Gesicht eines Teenagers, doch den Blick einer erwachsenen Frau. Laura schwieg und zog heftig an ihrer Zigarette. Ihre Hände zitterten. Um ihren langen Hals hatte sie ihren aprikotfarbenen Pullover geknotet.

Kommissar Hallhuber verzog den Mund zu einem falschen Lächeln. »Darf ich Sie kurz sprechen, Laura? Alleine, ohne Ihre Mutter!«

»Sind Sie verrückt?« Ellen Antwerpen vergaß ihre gute Erziehung. »Ich bin nicht nur die Mutter, sondern die Managerin meines Kindes. Das heißt, ich bin immer dabei.«

»Heute nicht, Frau Antwerpen. Und falls Sie mich nicht verstanden haben, kann ich deutlicher werden!« Hallhuber führte Laura aus dem Umkleideraum mit den dicken Perserteppichen, hellen Lampen und zum Teil stumpfen Spiegeln. Hallhuber mußte einsehen, daß ihn ein Gespräch mit Laura auch nicht weiter brachte. Das Mädchen arbeitete nur für die Sehnsucht ihrer karrieresüchtigen Mutter, wurde von ihr systematisch auf Erfolg getrimmt. Die Obduktion der Leiche ergab tatsächlich, daß Anja an einer Überdosis Drogen gestorben war.

»Die Drogen sind ihr eingeflößt worden«, berichtete der Arzt kopfschüttelnd. »Das sieht man an den Druckstellen am Hals und am Kinn und an den aufgeplatzten Lippen. Klarer Fall von Gewaltanwendung. Allerdings sollte Anja wohl nur betäubt, also für einige Stunden aus dem Verkehr gezogen werden. Dann wäre sie später mit einem fürchterlichen Kater aufgewacht, aber noch am Leben. Erschütternderweise war Anja«, er unterbrach sich und betrachtete die aufgebahrte Leiche, »erschütternderweise hatte sich Anja schon vorher mit Ecstasy vollgepumpt. Das hielt ihr Herz nicht aus.« Hallhuber war sich darüber im klaren, daß der Täter unter den Beteiligten der umjubelten Modenschau zu suchen war. Immer wieder sprach er mit den Mitarbeitern des Meisters Tazio Bacho, die nur aufgeschreckt waren, aber nichts zur Lösung beitragen konnten. Gedankenverloren sah sich der Kommissar zum wiederholten Mal im Umkleideraum um. Er hatte sich auf den goldenen Sessel des parfümdurchtränkten Modestars gesetzt und strich sich immer wieder über den Nasenrücken. Da entdeckte er die Video-Überwachung. An allen vier Ecken waren deutlich sichtbar Kameras angebracht.

»Um Himmels willen«, ereiferte sich Mario. Totenblaß und mit tiefen Ringen unter glasigen Augen. »Was ist denn dabei? Wir brauchen die optische Überwachung. Denken Sie doch nur an den kostbaren Schmuck, die teuren, goldenen Uhren, und vergessen Sie nicht die einmaligen Kreationen von Signore Tazio Bacho. Wenn da etwas geklaut wird, ich meine …«

»Ist schon gut, Mario«, unterbrach ihn Hallhuber. »Zeigen Sie mir die Aufzeichnungen!« Mario eilte mit kleinen Schritten und wild gestikulierenden Händen dem Kommissar in Bachos Büro voraus.

»Ist Ihre Mutter zu Hause, Laura?« Höflich lächelnd stand Kommissar Hallhuber vor der Wohnungstür.

»Natürlich bin ich da, was gibt es denn?« Frau Antwerpen stemmte ihre Hände energisch in die Hüften und sah den Kommissar überheblich an. Sie hatte erreicht, was sie wollte. Laura war inzwischen auf dem besten Weg, ein gefeiertes Mannequin zu werden.

»Darf ich hereinkommen? Es ist besser für Sie.« Stolz und hocherhobenen Hauptes bat Ellen Antwerpen den Kommissar in die Wohnung. Ihre herablassende Haltung war jedoch nicht von langer Dauer. Als der Kommissar seinen Bericht beendet hatte, meinte sie schwach: »Und das Video hat alles aufgezeichnet?« Hallhuber nickte.

Frau Antwerpen rechtfertigte sich mit zitternder Stimme: »Ich konnte doch nicht tatenlos mit ansehen, wie man Lauras Chance zunichte machte. Nicht wahr? Das verstehen Sie doch? Da habe ich Anja, die ziemlich aufgeregt, ja eigentlich furchtbar aufgedreht war, nur ein Mittel zur Beruhigung in den Tee geschüttet, heimlich, wie ich dachte. Und dann habe ich sie in die Toilette geführt, ganz mütterlich. Sie dachte, ich würde ihr helfen. Habe ich ja auch. Sie sollte sich beruhigen, darum habe ich ihr noch einige Tropfen gegeben. Anja sollte sich nur für ein bis zwei Stunden ausruhen. Mehr wollte ich nicht.«

»Damit Laura inzwischen unbesorgt an der Modenschau teilnehmen konnte«, ergänzte der Kommissar.

»Ja, das sagte ich Ihnen doch am Anfang.«

»Frau Antwerpen, leider ist Anja an der Überdosis Beruhigungstropfen, die Sie ihr gewaltsam verabreicht haben, gestorben.«

»Ich wollte Anja doch nicht töten, ich wollte doch nur das Beste für Laura. Tazio Bacho hat deutlich gesagt, daß ein Mannequin zu viel in der Modenschau sei. Warum sollte das Laura sein?«

Der Kommissar zuckte mit den Achseln. Vor Gericht sagte Ellen Antwerpen, daß sie ein Gefühl der Genugtuung bei dem Erfolg ihrer Tochter empfunden hätte, denn sie selbst sei nur ein erfolgloses Modell gewesen, obgleich sie sich nichts sehnlicher gewünscht hätte, als ein berühmtes Mannequin zu sein. Der Richter hörte ihr zu und sprach sein gerechtes Urteil.

Wolf Brümmel

Die Mörder gehören mir

Der Himmel der Stadt ist so schwarz wie die langen alten Schornsteine des Elektrizitätswerkes. Nur zwei Straßenlaternen funktionieren noch am Bärenweg, die übrigen sind kaputt. Ein halbes Dutzend Obdachlose hat sich am Rand der durchlöcherten Asphaltstraße niedergelassen, um Geld oder Zigaretten zu erbetteln.

Von den baufälligen Mietskasernen her nähern sich zwei Gestalten. Elke Reinhold beschleunigt ihre Schritte, die von den Backsteinmauern der Lagerhallen widerhallen. »Also bin ich doch eine Haltestelle zu früh ausgestiegen«, schimpft sie laut. »Warum muß so etwas immer mir passieren?« Ängstlich dreht sie sich um. Die zwei Gestalten treten aus den Müllhalden auf die Straße. Nur noch wenige Meter trennen sie von Elke. »Zum Umkehren ist es jetzt zu spät«, denkt sie schnell und entscheidet sich, mutig weiterzugehen. Da starrt sie ein mißgestaltetes narbiges Gesicht an. Im flackernden Licht der Straßenlaterne wirkt es wie ein Totenschädel. Auf der Wange sieht Elke eine kreuzartige Tätowierung. Elkes Nackenhaare stellen sich auf, ihr Magen scheint bleischwer, und ihre Knie beginnen zu zitttern. Ihr Schrei wird von einer schwieligen Hand erstickt, die sich brutal auf ihren Mund legt. Der zweite Mann hat ein wettergegerbtes Gesicht mit stechend hellblauen Augen und einem schiefen Lächeln. Seine Schultern sind auffallend vorgebeugt, und der gewaltige Kopf scheint halslos aus dem Rückgrat zu ragen.

»Was für ein süßes kleines Ding«, sagt er mit einer schnarrenden scharfen Stimme. »Wie für mich geschaffen.«

»Oder für mich, was?« hört Elke den anderen Kerl in ihr Ohr flüstern. Dabei steigt ein dampfender alkoholgetränkter Atem in ihre Nase. Da schlurft plötzlich aus der Dunkelheit ein magerer Obdachloser an der Bürgersteigkante entlang. Niemand hat ihn kommen sehen. Die Männer fahren überrascht zusammen. Elke wirbelt auf ihrem Stiefelabsatz herum und jagt davon. Sie rennt, so schnell sie nur kann. Elke ist gut durchtrainiert. Täglich joggt sie im Stadtpark. Das zahlt sich heute aus. Trotzdem kommen die beiden Verfolger immer näher. Elkes Herz krampft sich zusammen, aus Furcht und der plötzlichen Gewißheit, daß sie es nicht schaffen wird, den beiden Männern zu entkommen. Zwischen abgestellten Lieferwagen rennt sie auf eine leerstehende Lagerhalle zu, stolpert über einen Container und stürzt zu Boden.

Katja Koblenz ist eine kleine schmächtige Frau Mitte Dreißig, die das ganze Jahr über dunkle Hosen und noch dunklere Pullis trägt. Das macht sie jünger, als sie ist, aber ihr Aussehen ist ihr ganz egal, wie sie immer betont. Was jedoch nicht der Wahrheit entspricht, denn sie achtet auf ihre Figur. Natürlich nur wegen des Jobs. Ihr vorzeitig ergrautes Haar ist kurz geschnitten, wie bei einem kleinen Jungen. Seit einem Jahr ist sie Chefin des Morddezernates.

»Die junge Frau hat es böse erwischt«, stellt sie sachlich fest, nachdem sie sich über die übel zugerichtete Leiche gebeugt hat. »Bringt sie ins Gerichtsmedizinische Institut«, befiehlt sie und fügt energisch hinzu: »Die Mörder gehören mir!« Da wußten ihre männlichen Mitarbeiter, daß sie diesen Fall persönlich übernehmen wird.

Dr. Hubert Großkopf streift sich die Einweghandschuhe von den feingliederigen Fingern, bevor er betont langsam sagt: »Ja, es ist so, wie Sie befürchtet haben, Frau Kommissarin …«

»Koblenz heiße ich«, unterbricht die kleine drahtige Frau den Gerichtsmediziner. Der sieht sie verwundert an. »Berichten Sie ruhig weiter«, sagt sie und schaut ihn dabei treuherzig an.

»Ja, also die Tote wurde bestialisch erschlagen und natürlich vergewaltigt.«

»Natürlich«, wiederholt Frau Koblenz.

»Selten so eine demolierte Leiche gesehen«, beendet Dr. Großkopf seine Bilanz.

»Gibt es irgendwelche Hinweise, die mir irgendwie helfen, den Täter zu finden?« Kommissarin Koblenz fühlt ein unbehagliches Ziehen im Magen.

»Ja, gibt es, Frau Komm…, äh, Frau Koblenz. Unter den Fingernägeln haben wir Spuren von Fleischfetzen gefunden. Das Mädchen muß sich tapfer gewehrt haben. Ach ja, und fremde Haare habe ich ebenfalls entdeckt.«

»Gute Arbeit, Doktor«, bedankt sich Frau Koblenz.

»Großkopf ist mein Name«, korrigiert sie der Mediziner und schmunzelt leicht.

»Sollten Sie noch etwas entdecken, rufen Sie mich bitte an, Herr Großkopf.« Dann verschwindet sie mit kurzen eiligen Schritten, und ihre Pfennigabsätze klacken auf dem blankgeputzten Fliesenboden.

Im Kommissariat hat inzwischen Inspektor Andreas Hopf herausgefunden, wer die Tote war: »Cecilia Capella, eine Verkäuferin aus dem Fast-food-Imbiß ein paar elende Straßen vom Mordort entfernt. Sie wohnte in einer dieser häßlichen Unterkünfte mit den verschmierten Fassaden, billigen Mieten und begrabenen Hoffnungen.« Hopf ist Katja Koblenz' Assistent. Eigentlich wollte er Schriftsteller werden. »Und in diesem Trümmerhaufen des Lebens wurde sie umgebracht, zwischen menschlichen Überresten mitten in einer stinkenden Halle. In einer Atmosphäre, die so recht zu meiner Gemütsverfassung paßt.«

»Na, na«, meint Frau Koblenz überrascht. »Sind Sie etwas kaputt?«

»O nein, ich bin kampfbereit!« Andreas Hopf schnieft einmal kräftig durch die Nase, zieht seine viel zu großen Jeans in Schritthöhe und läßt es sich gefallen, daß seine Chefin kühl bemerkt: »Jedenfalls sehen Sie schrecklich aus.«

Dann fahren beide schweigend in das verwinkelte Armenviertel. Als sie Cecilias Wohnung betreten, dreht sich der Deckenventilator faul über einen sauber gekehrten Betonfußboden, auf dem nur eine alte Matratze liegt und ein Küchentisch mit zwei durchgesessenen Korbstühlen seht. Einige kleine Kaffeeflecken, Krümel und ein wuchtiger Aschenbecher voller Zigarettenkippen stören die Ordnung. In einer Ecke liegen Cecilias Kleider fein säuberlich in Supermarktkartons. Einen Hinweis auf ihre Mörder gibt es nicht.

Katja Koblenz und ihr junger Assistent schleichen um die dunklen schmutzigen Häuserblocks, die im Schatten der Schornsteine und meterhohen Mauern des Elektrizitätswerkes liegen.

»Und was suchen wir in diesem Viertel der Endstation?« fragt Andreas und blickt mißmutig auf seine ausgelatschten Stiefel. »Mord und Totschlag gehören hier doch zum täglichen Brot.«

»Eben, und darum sind wir hier«, meint seine Chefin trocken. »Übrigens gibt es hier die meisten Gewaltverbrechen pro Kopf im ganzen Land. Also passen Sie auf sich auf.« Dabei streift sie ihn mit einem mütterlichen Blick.

»Danke«, antwortet Andreas kurz. Irgendwie bewundert er Katja Koblenz, obgleich er sich bei diesem Gedanken nicht unbedingt wohl fühlt. Eine Frau als Chef, wer will das schon? Schließlich hat er schon längst das Zeug zu einem Kommissar.

Sie stoßen auf die Obdachlosen, die sich notdürftig unter Bretterverschlägen verkriechen und aus den umstehenden Müllcontainern ernähren. Die Kommissarin winkt plötzlich einen ausgemergelten Mann undefinierbaren Alters mit einer Drahtgestellbrille vor den rotgeränderten Augen heran. Er scheint nur noch aus Haut und Knochen zu bestehen. Schwach und hilflos wankt er heran. Andreas wühlt in seinen Jeans, um ihm Geld zu geben.

»Wollen Sie einen heißen Tee?« fragt die Kommissarin den Alten.

»Tee?« wiederholt der Mann und betont das Wort als wäre es Gift. »Wie wäre es mit einem Glühwein?«

»Okay, kommen Sie!« Dunkle Gestalten lungern am Eingang der Kneipe »Bei Henriette« herum. Drinnen herrscht an der schmuddeligen Theke reger Andrang. Kommissarin Koblenz geht stramm wie ein Soldat durch die Tischreihen, schiebt mit ihren Stiefelspitzen leere Flaschen und Dosen beiseite und erobert drei freie Plätze. Andreas greift ihren Blick auf und trollt sich zum Ausschank. Als er mit zwei Flaschen Bier und einem großen Becher Glühwein zurückkehrt, weiß die Kommissarin schon ziemlich viel von ihrem Gegenüber und fast alles, was gestern hier in der Gegend passiert war.

»Das sind hundsgemeine Hurenböcke, sind das«, schimpft Larry, so nennt sich der dünne Obdachlose, und der Glühwein tröpfelt ihm beim hastigen Trinken in seinen grauen verfilzten Bart. Ein wohliger Laut steigt aus seiner Kehle. Dann sagt er und versucht dabei mit seinen Augen zu zwinkern: »Ich würde ja gerne noch mehr erzählen, falls Sie wissen, was ich meine, aber ...«

»Andreas, unser Freund hat noch Durst!«

»Klar doch, ich gehe ja schon. Und Sie?« Katja Koblenz zeigt auf ihre leere Bierflasche.

»Also«, beginnt Larry unaufgefordert und leckt sich die spröden Lippen, »gestern kam ein schickes Fräulein in unser Revier.« Er versucht mit seinen zittrigen Händen den Busenumfang des Mädchens zu beschreiben, läßt es dann aber sein. «Bestimmt wollte sie zum Elektrizitätswerk. Wohin denn sonst? Jedenfalls lief sie diesen Scheißkerlen direkt in den Weg. Doch dann nahm sie ihre Beine in die Hand, ich sage Ihnen, die lief flink wie ein Wiesel. Falls Sie wissen, was ich meine …«

Die Kommissarin nickt ihm aufmunternd zu.

»Mann, das sollte Ihnen glatt noch einen Glühwein wert sein. He, Sie verraten mich doch nicht?« fragt er plötzlich, und blanke Angst steht in seinen tränenden Augen.

»Niemals. Nehmen Sie das Wort einer Ehrenfrau.«

»Gibt es das heute noch? Ich meine, ich nehme es lieber in bar. Falls Sie wissen, was ich meine.«

»Ich weiß es.« Katja Koblenz schiebt ihm einen Schein in die zittrigen Hände.

»Sie können immer wiederkommen«, Larry versucht zu lachen. Andreas kommentiert das später mit der Bemerkung: »Für ein Lachen ist kein Platz mehr in seinem Gesicht. Ausgelöscht durch Mengen von hochprozentiger Flüssigkeit. Larrys Leben besteht nur noch aus klassischen Tiefpunkten.«

Larry läßt sich schwer auf seinen Stuhl zurückfallen. Dann beugt er sich wieder vor und flüstert: »Die hübsche Kleine, die lief glatt um ihr Leben. Und die zwei Kerle jagten sie mit tierischer Freude. Dann stolperte das Mädchen direkt vor meinem Mittagstisch. Ich spreche von meinem Müllcontainer. Ich konnte ihr gerade noch rechtzeitig den Weg durch die Lagerhalle zeigen. Mehr nicht. Die zwei Männer waren ihr schließlich auf den Fersen, und wenn auch mein Leben nichts mehr wert ist, ich … also, das ist alles, was ich weiß.«

»Und was wissen Sie von der Frau, der Verkäuferin aus der Imbißbude, die es dann erwischt hat?«

»Keine Ahnung. Was wollen Sie? Jede volle Stunde gibt es hier ein Verbrechen. Sehen Sie sich doch um, dann wissen Sie alles.« Larry zeigt auf die Gestalten, die an den Leitungsrohren der Wände ihr Bier trinken. »Jeder von ihnen kann es gewesen sein.«

Auf dem Weg zum Elektrizitätswerk sagt Andreas: »Komisch, Frau Koblenz. Sie picken sich immer den Richtigen aus der Masse.«

»Das nennt man Glück, junger Mann.«

»Nein, das nenne ich Intuition!«

»Trotzdem wollten Sie nicht mit mir zusammenarbeiten, Andreas.«

»Oh, äh, das war meine Meinung, bevor ich Sie kennengelernt habe. Heute denke ich da ganz anders.«

»Bleiben Sie also bei mir?«

»Ja, ich bleibe.«

»Ich spreche morgen mit dem Chef. Also dann auf eine fröhliche Zukunft. Die erste gemeinsame Schlacht müssen wir gewinnen, das ist doch klar.«

»Klar, Frau Koblenz.«

»Für Sie bin ich ab sofort die Katja, okay?«

Andreas nahm sich vor, sein nächstes Gedicht der Kommissarin zu widmen.

Der Personalleiter des Elektrizitätswerkes ist ein robuster Kerl. Sein massiger Leib hängt über dem Schreibtisch, als er zur Begrüßung kurz und stöhnend aufsteht. Dabei rinnt ihm der Schweiß von seiner hohen Stirn auf die geröteten Wangen.

»Ja, gestern wollte sich eine neue Mitarbeiterin vorstellen. Aber sie ist nicht erschienen. Wie alle anderen auch nie erschienen, die sich angemeldet hatten.«

Unglücklich sieht er auf seinen Besuch, und als er sich seinen Bauch massiert, ächzt der Stuhl unter seinem Gewicht. »Es muß wohl an dieser gottverdammten Gegend liegen«, fügt er noch verzagt hinzu, und aus seinen großen Poren dringt kalter Zigarettenrauch. Kommissarin Koblenz läßt sich den Namen der Frau geben, die gestern den Personalleiter versetzt hatte.

Elke Reinhold öffnet die Tür und läßt die Beamten, nachdem Andreas Hopf seine Dienstnummer präsentiert hat, in ihre Wohnung.

Es stimmt, was Larry berichtet hatte. »Ich will nichts, rein gar nichts mehr damit zu tun haben. Ich will nur vergessen«, antwortet sie hysterisch und steht kurz davor durchzudrehen.

Ein klarer Fall für Katja Koblenz. Erbarmungslos sagt sie streng: »Das heißt, Sie wollen, daß es in Zukunft noch vielen Frauen so ergeht wie Ihnen, ja? Daß noch vielen der Hals einfach umgedreht wird, sie gemein geschlagen, brutal vergewaltigt werden? Das wollen Sie also? Soll ich Ihnen mal die Leiche zeigen von dem jungen Mädchen, das gestern übel zugerichtet gefunden wurde? Gut, dann beten Sie schnell zu Gott, daß er Sie auch in Zukunft gut beschützt.«

»Was soll denn das heißen?« Elke Reinhold sieht die energische Kommissarin fassungslos an.

»Das soll heißen, daß Sie uns helfen sollen, wie eine gute Christin. Das sind Sie doch?«

»Ja, das bin ich«, bestätigte Elke. »Aber was hat das denn damit zu tun?«

Katja Koblenz braucht noch dreißig Minuten, dann hat sie Elke Reinhold überzeugt.

»Ja, und wann sollen wir nun in diese grauenvolle Gegend gehen?« Elkes Stimme kommt dabei ins Schwanken.

»Ach, am besten sofort«, meint Katja Koblenz fröhlich. »Meine Mutter sagt immer, was du heute kannst besorgen, das verschiebe nicht auf morgen.«

Andreas verdreht die Augen und schickt einen verzweifelten Blick an die Zimmerdecke. Motten huschen um die nackte Birne der Lampe, die von der Decke baumelt.

»Wie ist das mit Verstärkung, Katja? Brauchen wir die?« fragt er kleinlaut.

»Na gut. Aber laß dir um Gottes willen eine Zivilstreife schicken.«

Schon wieder hat sie den lieben Gott erwähnt, denkt Andreas bestürzt, als er mit dem Kommissariat telefoniert.

Bierflaschen türmen sich auf den schmierigen Tischen, als Katja Koblenz mit Elke Reinhold die Kneipe betritt. Elke hat sich ganz in Leder gekleidet und von jeglicher Schminke befreit.

»Das halte ich nicht aus«, haucht Elke, die um Jahre gealtert aussieht.

Hoffentlich blickt sie nicht in einen Spiegel, denkt Andreas, dann knallt sie uns glatt durch. Elkes Hände beginnen fürchterlich zu zittern. Dabei klimpert ihr auffallender Schmuck an den schlanken Gelenken. Scheiße, denkt Katja Koblenz. An ihr blödes Geschmeide habe ich natürlich nicht gedacht. Andreas besorgt drei Flaschen Bier. »Ich bekomme keinen Schluck runter«, sagt Elke. »Das macht nichts. Ich erledige das für Sie«, meint Katja und greift nach der Flasche.

Mit gesenktem Kopf, demütig wie eine Gouvernante, hockt Elke am äußersten Ende ihres Stuhls. Irgendwo singt eine heisere Frau ein Liebeslied, bis sie mit einem gellenden Schrei abbricht und nur noch fürchterlich keucht und kiechert.

»Sind die beiden Männer hier, die Sie überfallen haben, Elke?«

»Nein!«

»Woher wollen Sie das denn wissen, wenn Sie nicht einmal vom Tisch hochsehen, nicht einmal in die Runde gucken. Verdammt noch mal. Elke.« Die Kommissarin kocht.

»Toll. Jedenfalls passen Sie sich dem hier üblichen Ton prima an, Frau Kommissarin«, meint Andreas und steht vorsichtshalber schnell auf, um neues Bier zu besorgen.

»Ist doch wahr«, versucht es Katja nun versöhnlicher. »Schließlich hocken wir hier nun schon einige Stunden.«

»Sie wollten es doch so«, sagt Elke mutig und riskiert einen

Blick quer durch die Kneipe. »Meine Güte, da sind sie«, zischt sie, plötzlich kalkweiß, und rutscht von ihrem Stuhl. Katja fängt sie flink auf und streichelt sanft ihre Wange.

»Wo, Mädchen, wo sind die Männer? Nun sagen Sie schon, wo sind sie?« Elke hält sich mit einer Hand die Augen zu, mit der anderen Hand weist sie an die Theke.

»Was soll das? Da stehen über 20 Typen. Mensch, Andreas, sehen Sie doch, die Beschreibung könnte stimmen.« Ihr Assistent braucht nur wenige Minuten, da hat er mit Hilfe der längst angerückten Zivilstreife die beiden Männer aus der Kneipe geführt. Keiner der Anwesenden ist überrascht. Keiner rührt sich. Keiner läßt sein Bier im Stich. Teilnahmslos sehen sie zu, was um sie geschieht. Sie sind nur da, um zu trinken. Vor der Tür trifft die Kommissarin auf einen Mann mit einem mißgestalteten narbigen Gesicht, auf dessen rechter Wange eine kreuzartige Tätowierung prangt. Sein Kumpel hat einen auffallend gekrümmten Rücken, und der Kopf steckt halslos auf vorgebeugten Schultern.

»Kompliment, Frau Kommissarin. Ich meine natürlich Frau Koblenz. Da haben Sie einen Volltreffer gelandet, und das auch noch in so kurzer Zeit«, sagt Dr. Hubert Großkopf. »Das erleben wir hier im Gerichtsmedizinischen Institut nicht alle Tage. Also, die Haare unter den Fingernägeln der Toten sind tatsächlich von beiden Männern, ebenso die niedlichen Fleischfetzen. Sehen Sie selbst, hier ist das Gutachten.«

»Danke. Auch Sie haben gut gearbeitet, Doktor. Ich komme gerne wieder. Vielleicht können Sie bis dahin den grauenvollen Geruch abstellen«, antwortet Katja Koblenz. Dr. Großkopf überhört höflich diese Bemerkung und verschwindet schweigend bei seinen Leichen im Kühlraum.

»Die Mörder gehören Ihnen«, sagt Andreas Hopf. »So wollten Sie es doch haben. Nun brauchen Sie nur noch die Verteidigung und die Staatsanwaltschaft auf Ihre Seite zu bringen. Viel Spaß dabei. Übrigens, der Personalleiter des Elektrizitätswerkes hat angerufen und sich dafür bedankt, daß wir Elke Reinhold vorbeigeschickt haben. Sie ist ab sofort seine Sekretärin.«

»Donnerwetter«, meint Katja Koblenz. »Die hat aber Mut. In diese Gegend zieht es mich jedenfalls nicht so schnell wieder.«

Leonard Koop

Die Blumen des Bösen

»Hier riecht es ja wie in einer Parfumfabrik!« Dieter Jablonsky nahm ein Taschentuch zur Hand, um seine Nase zu schützen. Auf die Blütenpracht der Orchideen warf er nur einen kurzen Blick. »Wollen wir lieber wieder gehen?«

Hennes Mauritz nickte mit einem Gesichtsausdruck, der nicht verhehlte, daß er ein wenig beleidigt war. Er verließ mit Jablonsky das Gewächshaus und sagte: »Vielleicht wird dir bei einem Gläschen in meiner guten Stube wohler.«

Die Blumenplantage bestand aus zwei Gewächshäusern, von denen nur eines bepflanzt war, und einer weißgestrichenen Baracke. Dort nahmen die Männer im sparsam möblierten Wohnzimmer Platz. Hennes Mauritz öffnete eine Flasche Wein. Dieter Jablonsky faltete sein Taschentuch ordentlich zusammen und sagte: »Entschuldige, aber Blümchen sind nicht meine Welt. Trotzdem finde ich großartig, was du auf die Beine gestellt hast. Hundert verschiedene Orchideensorten! Ich wußte gar nicht, daß es so viele überhaupt gibt.«

Hennes Mauritz verzieh seinem Freund, den er nach vielen Jahren zum ersten Mal wiedersah, das gefühllose Benehmen zuvor und sagte mit stolzem Leuchten in den Augen. »Viele habe ich selbst gezüchtet. Blumenliebhaber aus aller Welt kaufen bei mir.«

»Und du lebst gut davon?«

»Manchmal bin ich kurz vor dem Bankrott. Meine Unkosten

sind gewaltig. Aber ich habe mich für diesen Beruf nicht wegen des Geldes entschieden. Wenn ich allerdings mehr davon hätte, könnte ich endlich wieder auch das zweite Gewächshaus in Betrieb nehmen und bessere Bewässerungsanlagen kaufen.«

»Schon in der Schule hattest du den Ruf eines Asketen.« Dieter Jablonsky musterte seinen Freund wie ein drolliges Tierchen. »Aber hast du nicht auch manchmal Lust auf ein wenig Luxus? Willst du auch mit Vierzig immer noch wie ein Waldschrat leben?«

Hennes Mauritz fühlte sich nicht beleidigt. »Ich komm zurecht.«

»Das stimmt ja nicht!« Angriffslustig rückte Jablonsky seinen Stuhl näher an den Tisch. »Ich muß mich wieder für meine offenen Worte entschuldigen. Zufällig habe ich gute Kontakte zu der Bank, bei der du deine Kredite laufen hast. Und dort glaubt man, daß du spätestens in einem halben Jahr reif für die Pfändung bist.«

Hennes Mauritz schaute beschämt zu Boden. Leider hatte sein alter Freund recht. Jablonsky aber strahlte und öffnete seinen großen Schrankkoffer. Zum Vorschein kam ein kompletter Chemiebaukasten für Fortgeschrittene, den er unter Mauritz' staunenden Augen zusammenbaute. »Jetzt noch den Stecker ins Netz ... und nun schau mal her.«

Jablonsky kippte Pülverchen und Wässerchen in die Glasröhren des Geräts. Die Substanzen glitten in einen bauchigen Auffangbehälter, wurden dann einige Zeit durchgemischt und erhitzt. Schließlich nahmen sie eine dunkelrote Farbe an und tröpfelten in ein Reagenzglas. Jablonsky hielt es bedeutungsvoll in die Höhe.

»Zum Teufel, was ist das?«

»Du hast soeben den letzten Produktionsschritt von Starlike miterlebt. Starlike ist meine ... Züchtung! Du hast sicher schon von synthetischen Drogen gehört, aber dieses Zeug ist besser als

Crack oder Ecstasy. Es ist ...« – Hennes Mauritz' entsetzte Miene hinderte seinen Freund weiterzusprechen. Jetzt verdeckte Mauritz sogar seine Augen mit der Handfläche und sagte im Tonfall einer alten Dame, der man eine pornographische Darstellung gezeigt hatte: »Tu das sofort weg.«

Als Hennes Mauritz die Augen wieder öffnete, goß Jablonsky die Flüssigkeit in einen Topf mit Erde auf der Fensterbank. »Hör sofort auf damit!« rief Mauritz. »In der Erde ist frische Saat.«

»Beruhige dich. Ich tue alles, was du willst. Anfangs ist man immer schockiert, wenn man mit solchen Dingen konfrontiert wird. Aber dann zählt nur noch das große Geld. Auf deiner abgelegenen Plantage läßt sich Starlike hervorragend herstellen und lagern. Ich richte ein kleines Laboratorium ein und besuche dich ein paar Mal pro Woche. Wenn die Geschäfte erst richtig gut laufen, suche ich mir etwas Besseres. Bis dahin bist du ein reicher Mann.«

Hennes Mauritz stand auf und durchquerte zielstrebig das Zimmer. »Wenn du nicht sofort verschwindest«, drohte er mit einem Telefonhörer in der Hand, »rufe ich die Polizei.«

Eine Woche später holperte ein Lieferwagen über die unwegsame Piste, die vom Waldsaum zu Hennes Mauritz' Blumenplantage führte. Der Wagen hielt dicht am Eingang der Wohnbaracke. Hennes Mauritz trat heraus und begrüßte Dieter Jablonsky und seinen Helfer.

»Ich habe den Geräteschuppen freigeräumt«, sagte Hennes Mauritz. Dieter Jablonsky strahlte. »Prima. Die Anlage ist in Null Komma nichts zusammengebaut.«

Nach getaner Arbeit tischte Hennes Mauritz Sandwiches und Kaffee auf.

»Ich habe lange nachgedacht«, sagte er. »Warum soll man eigentlich gegenüber jedermann Gewissensbisse haben?«

»Ganz meine Meinung!« meinte Jablonsky. »Jeder muß selbst

entscheiden, ob er Drogen nimmt oder sich vegetarisch ernährt. Ich war Immobilienmakler, Bierdeckelfabrikant und habe mich sogar als braver Angestellter versucht. Vergeblich. Aber jetzt komme ich auf den berühmten grünen Zweig. Und du auch.«

Hennes Mauritz gewöhnte sich daran, daß seine Tage nicht mehr einsam waren. Während er den Boden des leeren Gewächshauses düngte, den Wasserhaushalt seiner Schützlinge und die Luftfeuchtigkeit kontrollierte, brodelte im Geräteschuppen Jablonskys Drogenmaschine. Täglich trug sein Helfer zwei, drei mit Starlike gefüllte Kanister in den Keller hinab. Das Zeug sollte später in winzige Ampullen abgefüllt werden.

Wenn sich die Männer mittags zu einer Kanne Kaffee trafen, wirkte Jablonskys Gesicht manchmal sorgenvoll. »Die Herstellung klappt prima. Aber ich habe meinen letzten Pfennig investiert. Wenn mir das Zeug niemand abnimmt, muß ich Sozialhilfe beantragen.« Hennes Mauritz schwieg und füllte die Tassen nach. Er zweifelte nicht am Erfolg. Er würde die Lebensbedingungen seiner Pflänzchen gewaltig verbessern können. Aus dem kahlen Gewächshaus sollte ein farbenprächtiger Garten entstehen. Obwohl sich auf seinem Schreibtisch die unbeglichenen Rechnungen häuften, hatte er den Thermostat im Glashaus bereits auf subtropische Temperaturen eingestellt.

Eines Morgens war Hennes Mauritz bereits früh auf den Beinen, um sein Bewässerungssystem zu inspizieren. Es war eine Schande, wie stümperhaft die Pflanzenwelt berieselt wurde. Auf seinem Notizblock notierte er eifrig Ideen. Sobald wieder genug Geld in seiner Kasse war, wollte er sich eine Anlage nach eigenen Wünschen zusammenbauen lassen. Vertieft in seine Gedanken, hörte er nicht, daß ein Wagen auf das Grundstück fuhr. Ihm fiel bloß ein lecker Wasserschlauch auf, den er notdürftig mit Teppichklebeband verarztete. Plötzlich stürmte Jablonsky ins Gewächshaus: »Draußen ist die Polizei! Ein Kriminalrat will dich sprechen.«

»Geh in den Geräteschuppen«, sagte Mauritz. »Ich erledige das.«

Hennes Mauritz verblüffte, wie folgsam sein sonst so resoluter Schulkamerad dem Befehl gehorchte. Nachdem sich die Tür des Geräteschuppens hinter ihm geschlossen hatte, hing Mauritz die Gärtnerschürze an den Haken und begrüßte Kriminalrat Höffgens.

»Pünktlich wie immer, Herr Höffgens! Und da sage noch einer, auf Beamte sei kein Verlaß.«

»Jedenfalls dann, wenn ein Hochzeitstag vor der Tür steht. Diesmal brauche ich ein besonders schönes Pflänzchen. Können Sie sich vorstellen, daß ich in zwei Tagen bereits zwanzig Jahre verheiratet bin?«

Hennes Mauritz führte den Kriminalrat in die Wohnung. »Was sagen Sie zu diesem Prachtstück?« fragte er und deutete auf den Blumentopf, in den Jablonsky einst die erste Probe von »Starlike« gegossen hatte.

»Die ist ja groß wie ein halber Baum ... und eine erstaunliche Farbkreation. Wie haben Sie das fertiggebracht?«

»Nun, mit Hilfe meiner Zuchterfahrung und meines alten Schulfreundes Dieter Jablonsky. Er hat einen einzigartigen Spezialdünger entwickelt, der das Pflanzenwachstum extrem beschleunigt. Darf ich Ihnen meine Giftküche zeigen?«

Die beiden gingen in den Geräteschuppen. Jablonsky und sein Helfer wichen mit angstvollen Mienen zur Seite. Mauritz strahlte sie an: »Ihr könnt schon mit dem Düngen des Gewächshauses beginnen. Ich will dem Kriminalrat nur unsere Technik erklären.«

Kriminalrat Höffgens betrachtete interessiert jedes Detail der Drogenmaschine. Hennes Mauritz nahm Jablonsky zur Seite: »Holt alles Zeug aus dem Keller und schüttet es in die Gewächshäuser. Nur so können wir seinen Verdacht zerstreuen.«

Eine knappe Stunde später verließ der Kriminalrat mit der

wunderhübschen Riesenorchidee die Plantage. Vor den Gewächshäusern reihten sich die leeren Drogenbehälter aneinander. Jablonsky war am Boden zerstört. »Alles versickert! Ich bin am Ende«, wehklagte er. Hennes Mauritz sagte mit ernstem Gesicht: »Ich will euch hier nie wiedersehen. Der Kriminalrat ist sehr mißtrauisch.«

Jablonsky und sein Helfer gehorchten. Hennes Mauritz lächelte, als er ihren Wagen davonfahren sah. Der Spezialdünger konnte nur für eine Saison seine Wirkung entfalten. Doch mit dem Verkauf der Wunderpflanzen, die aus ihm wachsen würden, waren alle finanziellen Probleme gelöst. Für den Rest des Tages tat Hennes Mauritz nichts weiter, als die Einsamkeit seiner Plantage zu genießen.

Carsten Klemann

Familientradition

Ralph Fahro war Mitglied einer großen Familie. Er hatte zwei Schwestern und einen Bruder. Außerdem viele Tanten, Onkel, Schwäger, Cousinen und so weiter. Seine Eltern lebten als fröhliche Pensionäre im hübschen Einfamilienhaus, in dem sie alle ihre Kinder großgezogen hatten. Sie liebten es, die gesamte Familie um sich zu haben. Nicht nur an Geburtstagen oder zu Weihnachten luden sie ihre Kinder und Kindeskinder zu großzügigen Kaffeetafeln oder abendlichen Festessen ein. Da klirrten die Gläser, es wurde gescherzt und gelacht, den ersten Sprachversuchen der ganz Kleinen gelauscht oder den etwas älteren der Sternenhimmel erklärt. Ralph Fahro ging gern zu den Familientreffs, auch wenn er eigentlich ein Außenseiter war. Aber niemand außer ihm wußte davon. Bruder Heinz war Zahnarzt. Fahros älteste Schwester Mechthild hatte sich mit einer Freundin eine gutgehende Boutique aufgebaut. Und Jaqueline machte – wenn sie nicht gerade eine Babypause einlegte – in der Firma ihres Mannes die Buchführung. Ralph Fahro war Gauner – allerdings nur ein mittelmäßiger. Ihm war es nie gelungen, sich auf ein bestimmtes Gebiet der Kriminalität zu konzentrieren. Mal half er beim Geldfälschen, mal bei der Geldwäsche, mal fungierte er als Hehler für wertvolle Kunstwerke, und mal knackte er einen Tresor. Es gab Flauten, in denen er sich mit kleineren Einbrüchen über Wasser halten mußte. Die Familie hingegen glaubte, er würde als ehrbarer Vermögensberater seinen Lebensunterhalt bestreiten. Auch die »Kleinen« – von der sechs Monate alten Sigrid bis zum achtjährigen Gregor – hätten ihm nie etwas Böses zugetraut. Wenn Fahro bei einem Familienfest erschien, waren die Dreikäsehochs begeistert. Miriam zupfte gern an den abstehenden Flügeln seines Schnurrbarts, Sebastian wollte durch die Wohnung gejagt werden, und Anna verlangte Aufklärung über die Funktionsweise von Kaffeemaschinen oder anderen technischen Geräten. In ruhigeren Minuten nahm Gregor ihn beiseite, um schwierige Fragen mit ihm zu diskutieren, wie etwa: »Woher wollen meine Lehrer wissen, was ich später wissen muß?« Ralph Fahro ahnte, was ihn für die Gören so anziehend machte: Er strahlte eben nicht die etwas biedere Seriosität der anderen Erwachsenen aus, die einer geregelten Arbeit nachgingen und stets wußten, was man tun oder lassen sollte. Und als Gesetzloser hatte er keine Hemmungen, sich kindisch zu benehmen.

Ralph Fahro spürte keinen Ehrgeiz, selbst Kinder in die Welt zu setzen. Aber einige Male ertappte er sich bei den eitlen Anwandlungen eines Vaters, der im Nachkommen die eigenen Talente wiederentdecken will: Hatte irgendeiner der Sprößlinge das Zeug zu einem großen Gangster? fragte er sich dann. Würden Anna oder Melanie, Alexander, Gregor oder Sven einst in seine Fußstapfen treten, um das wirklich große Geld abzuzocken? Wenn Ralph Fahro die treuherzigen, ehrlichen Gesichtchen unter Engelslocken betrachtete, wußte er die Antwort: Nein! Die Kleinen hatten jetzt schon ein ausgeprägtes Gerechtigkeitsempfinden, besaßen gute, schöne Seelen und waren auch nicht gezwungen, auf die schiefe Bahn zu geraten. Sie kamen aus wohlhabenden Elternhäusern, waren begabt und würden leicht interessante, ehrbare Jobs finden. Die kriminelle Tradition der Familie, die Ralph Fahro begründet hatte, würde von ihm auch beendet werden.

Im Moment war sie nicht besonders ruhmreich. Seit zwei Monaten lebte Ralph Fahro nur von Ersparnissen. Das Vorhaben, mit einigen Mitstreitern 200 000 kubanische Zigarren ins Land zu schmuggeln, mußte immer wieder verschoben werden. Ralph Fahro brauchte Überbrückungsgeld und ortete nach mühsamer Recherche ein Zielobjekt. In der City gab es ein großes Geschäftshaus, in dem sich auch eine renommierte Goldschmiede befand. Hinter den Verkaufsräumen wurden aus Edelmetallen und Diamanten neue Stücke gefertigt. Der Laden grenzte unmittelbar an die unterste Etage eines großen Kaufhauses. Der Clou: Die Toilette des Warenhauses und der Waschraum der Goldschmiede lagen Wand an Wand. Die beiden Räumlichkeiten wurden nur durch eingeschobene Spanholzplatten getrennt, die sich mit geeignetem Werkzeug leicht entfernen ließen.

Einen Tag bevor Ralph Fahro das Kaufhaus als normaler Kunde betreten und als Edelsteinbesitzer wieder verlassen wollte, rief seine Schwester Jaqueline an: »Es ist ganz furchtbar«, krächzte sie in die Leitung. »Ich habe die Grippe, bei Georg im Betrieb geht alles drunter und drüber, und die Kleinen spielen verrückt. Könntest du nicht Alexander bis Ende der Woche zu dir nehmen. Bitte! Ich kann nicht alle Kinder zu Mama schicken.«

Ralph Fahro willigte mit tonloser Stimme ein. In seinem Beruf war er abergläubisch und befürchtete Unglück, wenn er einen festen Arbeitstermin verschob. Es dauerte seine Zeit, bis er begriff, daß Jaquelines Bitte keine Last, sondern ein einmaliger Glücksfall war! Wer mit einem Kind unterwegs war, wirkte nicht verdächtig, und eben deshalb wollte er den sechsjährigen Alexander mitnehmen zum Kaufhausbesuch! Plötzlich kam ihm sogar die Idee, wie er mit Alexanders Hilfe das Unternehmen absolut perfekt gestalten konnte.

Bevor er am nächsten Tag zu Jaqueline fuhr, um Alexander abzuholen, besuchte Ralph Fahro das Warenhaus. Nicht nur, um ein letztes Mal den Tatort abzuchecken, sondern auch, um einen großen braunen Plüschteddy zu kaufen. Das Rückenfell schnitt er ein und knüpfte durch die Ränder der Öffnung einen Wollfaden. An ihm brauchte er bloß zu ziehen, um den kleinen Schlitz zu öffnen oder zu schließen.

»Du bist spät dran«, begrüßte ihn Jaqueline und schniefte durch ihre rotgeriebene Nase.

»Wo ist der Junge? Ich bin in Eile.«

Für Alexander war es eine große Sache, beim Onkel nächtigen zu dürfen. Freudestrahlend sprang er in den Wagen. Dort schenkte ihm Ralph Fahro den Teddy. Alexander betrachtete ihn staunend. »Für sowas bin ich eigentlich schon zu alt, Ralph.«

»Sogar Erwachsene haben Teddys«, meinte Ralph Fahro und schlug den Weg in die City ein. »Wir fahren jetzt erstmal zum Kaufhaus, eine Besorgung machen.« Er fand einen Parkplatz hundert Meter vom Eingang entfernt. Alexander lehnte sich im Sessel zurück. »Ich warte hier auf dich«, meinte er lapidar.

»Äh, nein, du kannst dir die Spielzeugabteilung angucken. Außerdem trage ich die Verantwortung für dich.«

»Wenn's sein muß«, stöhnte Alexander und schlug die Tür auf.

»Vergiß deinen Teddy nicht.«

Alexander wurde ärgerlich: »Jetzt soll ich auch noch das Ding mit mir herumschleppen! Warum kann der nicht im Wagen bleiben.«

»Weil man keine Wertgegenstände im Auto zurückläßt. Schon mal was von Diebstahl gehört?«

Endlich betraten sie gemeinsam mit dem Teddy die Spielzeugabteilung. »Hör zu Alexander, ich mache jetzt meine Besorgung, und du kannst inzwischen nach Herzenslust das Spielzeug ausprobieren. Ich nehme dir sogar den Teddy ab. Gleich hole ich dich wieder ab.«

Dieser Vorschlag gefiel Alexander. »Okay«, sagte er, den Blick bereits auf einen fernlenkbaren Formel-1-Rennwagen geheftet. Ralph Fahro eilte die Rolltreppe hinunter und verschwand in der Toilette neben der Damenkonfektion. Es war genau 13 Uhr 17. Bis 14 Uhr machten die Angestellten der Goldschmiede Mittagspause. Er schloß sich in einer Kabine ein und bearbeitete die Spanplatte hinter dem Becken. Sie ließ sich einfacher lösen als gedacht – ganz miese Konstruktion. Schon tat sich ein Spalt auf, durch den er sich und den Teddy zwängen konnte. Nun stand er in einer Toilettenkabine der Goldschmiede. Und zehn Sekunden später inmitten der Werkstatt. Auf der großen Arbeitsplatte lagen Ringe und lose Edelsteine einsam herum. Über das leichtsinnige und gedankenlose Verhalten vieler Menschen, die zugleich jede erdenkliche Versicherung abschlossen, wunderte sich Fahro nach langer Berufserfahrung nicht mehr. Die wertvollsten Stücke bettete er in den Füllstoff des Teddys ein und knüpfte den Faden fest. Eine Tür knarrte. Ralph Fahro wendete nicht den Kopf. Er wußte, daß in diesem Moment ein Mensch mit entsetzten Augen auf ihn blickte. Fahro stürzte zurück in den Waschraum und verschloß die Tür der Kabine hinter sich. Er schlüpfte durch das Loch und erreichte – am ganzen Leibe zitternd und den Teddy fest gepackt – die Damenkonfektion.

In der Spielzeugabteilung vergnügten sich Dutzende Knirpse in Alexanders Alter, Größe und mit seiner Haarfarbe. Doch von seinem Neffen keine Spur. Ralph Fahro fluchte und krallte seine Hand immer tiefer in den Teddy. Die Polizei würde den Durchschlupf rasch entdecken und dann jeden Kunden im Warenhaus kontrollieren. Der Angestellte des Juweliergeschäfts hatte vielleicht sein Gesicht gesehen. Er mußte weg! »Bitte, Alexander, bitte zeige dich«, flehte er innerlich, während er mit Argusaugen durch die Abteilung jagte. Zum Glück war ihm die Idee mit dem Teddy eingefallen. Vielleicht würde sie ihm den Kopf retten. Ein

Stoßseufzer entfuhr ihm, als er Alexander vor einer Kollektion Gameboys knien sah. »Komm, Alexander, wir sind spät dran.«

»Aber nein, ich ...«

»Du kommst jetzt bitte augenblicklich!« sagte Ralph Fahro in einem Tonfall, den Alexander bei seinem Onkel nicht kannte. »Nimm deinen Teddy.« Der Junge gehorchte, und endlich waren sie auf dem Weg zum Ausgang. Fahros Puls beruhigte sich. Er holte tief Luft. Schon waren die Menschen und Autos auf der Straße zu sehen. Ralph Fahro hörte ein schrillendes Geräusch, um das er sich nicht kümmern wollte. Er stand mit Alexander bereits auf dem Bürgersteig, als sie von zwei Männern in ordentlichen Anzügen umdrängt wurden. »Wir müssen Sie bitten, wieder hineinzukommen. Sie haben den Alarm ausgelöst.«

»Aber ... ich habe doch gar nichts mitgenommen.«

»Der Teddy, Ralph, der Teddy«, kreischte Alexander. »Ich habe vergessen, den Teddy zurückzulegen!«

Ein Wachmann nahm den Teddy und blickte Fahro streng in die Augen. »Sie sollten besser darauf aufpassen, was Ihr Sohn im Vorbeigehen an sich nimmt.«

»Ich verstehe das nicht, ich verstehe das nicht.« Ralph Fahro schüttelte immer wieder verwirrt den Kopf. »Ich bezahle den Teddy, jetzt sofort.«

»Dann müssen Sie mit zur Kasse kommen.«

Alexander zog an Fahros Hosenbein und rief verzweifelt: »Ich will den Teddy nicht, es war ein Versehen, laß uns gehen.«

Ralph Fahro sah mehrere Polizeiwagen auf der Straße. »Es tut mir leid«, sagte er. »Nichts für ungut.« Er drückte dem Wachmann den Teddy in die Hand, nahm Alexanders Arm und zog ihn hinter sich her zum Wagen. Im Schrittempo mußte er an den Polizeiwagen vorbeifahren, die neben dem Geschäftshaus parkten. Endlich kam die Kreuzung. Fahro bog ab.

»Alexander, würdest du bitte eine Erklärung abgeben!«

Alexanders Kopf war gesenkt. Tränen tropften auf seine Jacke. Plötzlich lüftete er sie und legte einen Gameboy auf die Ablage. »Kostet 150 Mark. Dafür wäre ich ins Heim gekommen.«

»Du hast den Gameboy geklaut und die Wachleute mit dem Teddy abgelenkt. Das ist ... das ist ja ungeheuerlich!«

»Bitte, erzähle es nicht Mutti.«

Ralph Fahro wußte nicht, was er tun sollte. Sicher würde er sich nicht bemühen, den Teddy zurückzubekommen. Das konnte, nach allem, was geschehen war, nur Unglück bringen. Seine Gedanken formulierten wie von selbst einen Vortrag über Recht und Ehrlichkeit. Den würde er, das war klar, seinem Neffen zu Hause halten müssen.

Philipp Alsen

Die Fünf-Minuten-Geschichte

Der Krimischreiber betrachtete die Tastatur seiner Schreibmaschine. Nein – er wollte nicht mit einem romantischen Effekt beginnen, der wirklichkeitsfremd war. Selbstverständlich saß er vor einem Computer. Seine alte Schreibmaschine hielt er in Ehren und benutzte sie manchmal, um Formulare auszufüllen. Aber selbst das erlaubte ihr Zustand nur unter Schwierigkeiten. Schon die Vermutung, daß es in einigen Jahren weder Schreibmaschinen noch Ersatzteile mehr zu kaufen gab, erforderte, daß er vor einem Computer saß. Er betrachtete also die Tasten, oder vielmehr die Buchstaben darauf – Q und U und L und Ä und Z –, und sah die Möglichkeit, daß sich aus ihnen ein zusammenhängender Text, ein Krimi, ergeben könnte. Nötig war nur, in einer günstigen, guten, durchdachten Abfolge auf die Tasten zu hauen.

Das gelang dem Krimischreiber auch, besser oder schlechter, seit ungefähr 25 Jahren. 25 Jahre! Er lehnte sich behaglich zurück, weil ihm die Erinnerung viel mehr Vergnügen bereitete als die Grübeleien über ein zukünftiges Werk. Viele seiner Täter, die ein überlegener Kommissar zur Strecke gebracht hatte, mußten ihre Strafe längst abgesessen haben. Nicht wenige waren straflos davongekommen, aber alle führten sie jetzt ein Leben, das sicher langweiliger als ihre Zeit auf ein paar Kurzkrimiseiten war. Die Miene des Krimischreibers verdüsterte sich. Das Wohlgefühl an den eigenen Kunstprodukten, so lehrte die Erfahrung, war ein

Betäubungsmittel für die Inspiration. Dem Krimischreiber fiel aber nicht nur nichts ein, er verspürte auch wenig Lust dazu, sich etwas einfallen zu lassen. Der kritische Punkt war erreicht, an dem er weder arbeiten noch in die Zerstreuung flüchten wollte. Prompt tauchte ein Selbstzweifel auf, der ihn während seiner Karriere schon häufig attackierte: Wie kann ein Krimischreiber Verbrechen planen, die Motive und die Angst der Täter schildern, wenn er nicht ein einziges Mal selber mit dem Gesetz in Konflikt kam. In ihm steckte keinerlei kriminelle Leidenschaft. Wenn ihm an der Kasse zuviel Geld herausgegeben wurde, gab er es zurück. Er besaß weder Schwarzgeldkonten noch unangemeldete Rundfunkgeräte. Nun, das war auch für Mörder nichts Ungewöhnliches. Brave, gutbürgerliche Menschen mordeten aus heiterem Himmel, nur weil ihnen ihre Frau oder deren Liebhaber nicht paßte. Seine Frau war aber treu und einer der schönsten Lichtblicke in seinem Dasein. Der Krimischreiber war ihr dankbar, daß sie nicht ihn schon längst zum Teufel geschickt hatte. Im guten Glauben an sein Talent verzichtete sie als junge Frau auf eine eigene Karriere, um ihn zu bekochen, Störungen von ihm fern zu halten und seine geschäftlichen Angelegenheiten für ihn zu erledigen. Und für all das bot der Krimischreiber seiner Frau ein nicht gerade luxuriöses Leben mit der einzigen Alterssicherheit einer Lebensversicherung, die in zehn Jahren ausgezahlt wurde. Nicht mal Kinder gab es, um ihr Herz zu erfreuen – nur einen grantigen Knacker, der beim Abendessen über Mordpläne sprach, den ganzen Tag in alten Klamotten herumlief und aufpassen mußte, daß seine Komplimente nicht wie eine Stilblüte aus einer seiner Geschichten wirkten.

Nun denn, er war also irgendwie ein mieser Hund, seine Dankbarkeit um so größer, sein Gewissen um so schlechter. Eine parallele geistige Ebene zog aus dieser Einsicht Fäden für eine neue Geschichte: Mord aus Dankbarkeit. Das gab es zwar schon, aber im Augenblick durfte er nicht wählerisch sein. Kurz bevor er aber den billigen Ausweg einschlagen konnte, ergab sich ein ganz anderer, ein gewissermaßen persönlicher Plot. Die Idee, einen Mord an seiner Frau zu planen, erregte den Krimischreiber heftiger als die abgegriffenen Vorstellungen, durch einen Handtaschenraub oder einen Ladendiebstahl Erfahrungen für sein Schreiben zu sammeln. Überhaupt begriff er jetzt erst das Wesentliche! Wie konnte er kriminell werden, indem er einfach nachmachte, was echte Kriminelle tun? Eine Tat mußte her, die kein bloßes Spiel war, die ihn wahrlich zum amoralischen Außenseiter machte, die Spannung und Angst vor Entdeckung verhieß. Es ging nicht darum, ob sie Staatsanwälte oder Leser aufregen konnte. Es zählte nur, wie sich auf seinem eigenen, bescheidenen Niveau Erregungszustände provozieren ließen, die denen von Massenmördern glichen.

Der Tee bot sich an. Als nachmittägliches Ritual pflegten der Krimischreiber und seine Frau Tee zu trinken. Sie wechselten zwischen drei, vier Sorten, tranken aber beide aus derselben Kanne. Earl Grey mochten beide nicht, weil sie fanden, daß diese Blätter heißem Wasser nichts weiter als eine pharmazeutische Note verliehen.

Der Krimischreiber verließ seinen Arbeitsplatz und begab sich in den Supermarkt, um Earl Grey zu kaufen. Seine Frau, die nach seiner Rückkehr fragte, wo er gewesen sei, staunte über seine wahrheitsgemäße Antwort. »Mich interessiert einfach, ob mir das Zeug vielleicht doch schmeckt«, fügte er hinzu. »Dich sicherlich nicht.« Als sie, befremdet, den Kopf schüttelte, sagte er: »Gut. Wir trinken in der nächsten Zeit eben aus zwei Kannen.«

Der Krimischreiber spürte etwas wie Kohlensäure in seinem Blut. Unmöglich, heute noch eine Zeile zu schreiben. Er probierte sämtliche Computerspiele aus, die ihm wohlmeinende Freunde auf die Festplatte installiert hatten. Nach jeder Niederlage gegen den Schachcomputer sagte eine Tenorstimme blasiert »Try it next time«, und sie ließ sich aus unerfindlichen Gründen nicht vom Lautstärkeregler verhindern.

Punkt 16 Uhr 30 stand der Krimischreiber am Herd. Das Teekochen war eine seiner wenigen regelmäßigen Aufgaben im Haushalt. Die Assam-Mischung kam in die China-Kanne, der Earl Grey in eine angeschrammte rote, in der sie normalerweise Früchtetee für die Kinder von Verwandten kochten. Nach drei Minuten dampfte ihm das doppelte Aroma entgegen, und nun erschrak der Krimischreiber darüber, wie gut seine Vorstellungskraft funktionierte. In der roten Kanne war pures Gift, geeignet, seine Frau bei täglicher Einnahme schleichend umzubringen. Ein gutes Viertel der Assam-Mischung schüttete er in den Ausguß. Als der tödliche Strahl aus der roten Kanne die Menge wieder auffüllte, sah er förmlich seine Ehrbarkeit dahinfließen. Ihm gelang es nicht, sich ununterbrochen wie ein echter Mörder zu fühlen, aber auf einfache Suggestionen wollte er sich ja auch gar nicht verlassen. Verwerflich war, daß er einen Mord an seiner Frau durchspielte, um sich künstlerisch anzutörnen. Was würde sie sagen, wenn sie wüßte, daß seine Phantasie sie derart mißbrauchte? Also, er an ihrer Stelle wäre angewidert und bitter enttäuscht, und deshalb durfte sie auch nach Ende des Experiments nichts von seinem Treiben erfahren.

Der Krimischreiber bemerkte erleichtert, daß seine Frau keine Miene verzog, als sie den ersten Schluck zu sich nahm. Er hatte sich ja wahrlich bemüht, regeltreu zu verfahren. Ein viertel Earl Grey im Assam war ebenso wie bitteres Gift dazu angetan, das Mißtrauen des Opfers zu wecken und den Täter schwitzen zu lassen. Selbstverständlich trank er keinen Earl Grey aus der roten Kanne. Das Gift hatte er weggeschüttet, die Kanne ausgewaschen und mit dem restlichen Wasser auch für sich selbst Assam aufgebrüht. So sorgte er geschickt für ein weiteres Risiko in seinem

Plan: Daß seine Frau auch mal ein Schlückchen Earl Grey aus seiner Kanne probieren wollte. In diesem Fall gab es nur die Rettung, die Kanne wie ohne Absicht umzustoßen. Sollte der Krimischreiber aber nicht verhindern können, daß seine Frau aus der roten Kanne trank und seine Lüge entdeckte, wollte er seinen Plan für gescheitert erklären. Seine Frau fragte aber nur mitleidig: »Na, kriegst du das Zeug herunter?«

In den nächsten drei Tagen machte der Krimischreiber eine interessante Entdeckung. Die Teeprozedur kostete Nervenkraft und Konzentration. Er war so sehr damit beschäftigt, wie ein Verbrecher zu denken, daß er sich gar nicht mehr wie einer vorkam. Das war für ihn ein untrügliches Zeichen, daß er sein Ziel erreicht hatte.

Schließlich erschienen Kriminelle nur durch die Brille von braven Bürgern und Schriftstellern als etwas Besonderes. Sie selbst interessierten sich nicht für ihren Status, sondern nur für ihr Geschäft.

Der Krimischreiber entschied, sein Experiment am folgenden Tag zu beenden. Länger tat seiner Seelenlandschaft bestimmt nicht gut. Wenn er mal einen Blick in sie hineinwagte, bemerkte er, daß sie in einem dünnen, etwas unheimlichen Nebel lag. Auch durfte er seine Arbeit, die ihm jetzt sehr fremd erschien, nicht weiter vernachlässigen. Freudig erregt dachte er an seine schriftstellerische Zukunft: Den Komplex, eigentlich keine Ahnung davon zu haben, worüber er schrieb, war er nun los! Er war gespannt, wie er seine Erfahrungen verarbeiten und für seine Schreiberei nutzen würde.

Die Teekannen standen mit gefüllten Sieben schon bereit, als an diesem Nachmittag das Telefon klingelte und der Krimischreiber abnehmen mußte, weil seine Frau noch einkaufte. Ein Krankenhaus meldete sich. Ein Wagen hatte sie auf der Straße angefahren. Ihre Verletzungen waren zum Glück nur leicht. Der Krimischreiber fuhr sofort zur Klinik.

Die Ärzte erlaubten ihm nur einen kurzen Besuch, weil seine Frau außer Prellungen und Schürfwunden einen Schock erlitten hatte. Er redete beruhigend auf sie ein; sie lächelte und sagte nicht viel. Ermattet schritt der Krimischreiber durch die Gänge zum Ausgang zurück.

»Herr Sperl?«

»Ja, bitte?«

»Ich bin Kommissar Ferber von der Mordkommission. Ich muß Ihnen mitteilen, daß wir gegen Sie ermitteln.«

Der Krimischreiber beobachtete die Hand des Kommissars, die in seiner Jackettasche mit irgendeinem Gegenstand spielte.

»Ich kann mich nicht erinnern, jemanden umgebracht zu haben.«

»Nein, Ihre Frau hat überlebt. Die Mediziner fanden Spuren von Gift in ihrem Körper. Deshalb wurde ihr auf offener Straße schwarz vor Augen.«

»Das ist mir unbegreiflich.«

»Wir mußten uns erlauben, in Ihrer Abwesenheit eine Hausdurchsuchung vorzunehmen. Was für eine Teesorte bevorzugte Ihre Frau?«

»Assam.«

»Tatsächlich? Vergiftet wurde sie aber durch den Earl Grey, den wir bei Ihnen fanden. Die Blätter waren mit einem Pülverchen vermischt.«

»Das kann aber nicht sein, das kann nicht ... Es sei denn ...«

Der Schriftsteller verbat sich, seine Kombination offen auszusprechen.

Die junge Frau betrat das Arbeitszimmer, schlang die Arme um den Krimischreiber, und beim Anblick ihrer Schönheit verwandelte sich die Erschöpfung, die von der Schreiberei zurückgeblieben war, in Glück und Triumph.

»Du wirst mal einen großen Bestseller schreiben«, sagte sie, »nicht nur diesen 5-Minuten-Kram. Dann wohnen wir in einer Villa mit meinetwegen 5 Kindern.«

Der Krimischreiber nickte. »Klar. Aber das hier ist auch nicht schlecht.« Er deutete auf den Bildschirm. »Glaubst du übrigens, daß es in 25 Jahren noch Schreibmaschinen gibt?«

Carsten Klemann

Essen

Frank Sebastian umklammerte mit beiden Händen die Platte seines Bürotisches und stemmte seinen mächtigen Körper Zentimeter um Zentimeter in die Höhe. Seine Lippen waren zusammengepreßt, die Stirnadern schwollen an. Ein erleichterter Seufzer erklang, als seine 140 Kilo auf den Füßen standen.

Sebastian ließ sich ungern beim Aufstehen zuschauen, und deshalb verließ er das Büro für Bauzeichnungen am Abend oder wie jetzt zur Mittagspause stets als letzter. Nachdem er sein Jackett vom Haken neben der Tür genommen und übergezogen hatte – es stammte wie alle seine Kleidungsstücke aus einem Spezialgeschäft für Übergrößen –, trat er auf den Gang hinaus. Beim Gedanken an die beiden saftigen Steaks, die er in Kürze vertilgen wollte, zeigten seine Lippen ein kleines Lächeln.

Nach zwei Schritten hielt er inne. Seine rechte Hand, die er wie immer tief in der Jackettasche vergraben hatte, spürte eine feuchte, klebrige Masse. Angewidert zog Frank Sebastian den fetten Hamburger heraus und warf ihn wütend auf die Auslegware des Firmenflurs. »Dieser Unmensch«, flüsterte er.

Schallendes Gelächter ertönte vom Ende des Ganges. Dort stand Kollege Westermann in seinem affigen, gelbgestreiften Tweedanzug und blickte sich triumphierend zu den zwei Sekretärinnen um, die hinter ihm Aufstellung bezogen hatten. »Guten Appetit!« gröhlte er.

Die Sekretärinnen wandten sich beschämt ab. Frank Sebastian schwankte mit drohenden Fäusten den Gang hinunter. »Du! Du! ...« Seine Beine knickten ein, und er suchte an einem Aktenschrank Halt. Er hörte, wie Westermanns Gelächter auf dem Weg über die Flurtreppen allmählich verebbte.

Alle Welt erfüllte Frank Sebastian den Wunsch, in Ruhe gelassen zu werden. Nur Peer Westermann war kein Scherz zu billig, keine Beleidigung zu gemein, um ihm die wenigen Freuden zu vermiesen, die er im Leben besaß. Er erntete Lacherfolge, wenn er Sebastians Bewegungen beim Arbeiten, beim Gehen und Essen imitierte. Und anders als die anderen Kollegen gestand er Sebastian auch keinen Mitleidsbonus zu. Gnadenlos beschimpfte er ihn für seine träge und oft fehlerhafte Arbeitsweise.

Das saftige Schweinefleisch und der Kartoffelberg, die sich Frank Sebastian in seinem Stammlokal auftischen ließ, schmeckten wie Pappe. Gabel und Messer zitterten in seinen Händen. Erst als er zum Dessert eine doppelte Portion Schokoladentorte mit Sahne verputzte, konnte er freier atmen.

Bereits seit dem Grundschulalter halfen ihm Süßes und Fettiges, die Demütigungen des Alltags zu verkraften. Essen war seine Droge, sein Hobby und seine Leidenschaft. Es war eine der wenigen Tätigkeiten, zu denen er sich nicht zwingen mußte. Seine Abende verbrachte Frank Sebastian gemeinsam mit einem Dutzend Chipstüten vor dem Fernseher oder beim Lösen von Kreuzworträtseln. Weil er zu faul zum Kochen war, ließ er sich vom Pizza-Service Mahlzeiten bringen, die eine vierköpfige Familie vollkommen zufriedengestellt hätten. Im Herbst war Frank Sebastian 46 Jahre alt geworden, und es interessierte ihn schon lange nicht mehr, was Glück bedeutete. Arbeiten empfand er als Zumutung, Einkäufe und Fußwege über 200 Meter als körperliche Tortur. Wenn er endlich zu Hause im Sessel saß, wollte er nur noch ausspannen, vergessen und essen.

Doch oft kamen ihm urplötzlich Peer Westermanns Gemeinheiten in den Sinn. Dann schlug sein Herz wie eine Dampfturbine, und sein Magen rumorte.

Frank Sebastian entschied, auf ein drittes Tortenstück zu verzichten. In einer Viertelstunde mußte er wieder an seinem Schreibtisch sitzen. Wenn er doch einfach fortbliebe! Nie mehr zurückkehrte an den unheiligen Ort! Resigniert trat Frank Sebastian auf die Straße und dachte an die unbarmherzige Logik der Dinge: Ohne Arbeit kein Geld, ohne Geld kein Essen.

Die Glastüren der Firmeneingangshalle wichen automatisch vor Frank Sebastian zurück. Flehentlich hielt er nach dem Blick des Pförtners Simon Beierdorf Ausschau. Mit ihm wechselte er manchmal ein paar freundliche Worte. Die Männer munterten sich gegenseitig auf und schimpften über den Rest der Welt.

Beierdorf blickte von seinem Tresen auf und winkte Frank Sebastian aufgeregt zu sich heran.

»Sehen Sie den Herrn?« Beierdorf deutete auf ein Besuchersofa. »Er will Sie unbedingt sprechen. Es muß sich um eine sehr wichtige Angelegenheit handeln!«

Frank Sebastian schaute ängstlich zu dem Mann, der einen Aktenkoffer auf den Knien trug und ihn konzentriert musterte. Plötzlich erhob er sich und steuerte auf den Pförtnertresen zu.

»Sind Sie Frank Sebastian?« Sebastian nickte wortlos.

Der Fremde wirkte erleichtert. »Nun, es passierte uns zum ersten Mal, daß ein Lottospieler die Adresse seines Arbeitsplatzes auf dem Schein angibt.«

Frank Sebastian lief rot an. »Ich muß sehr zerstreut gewesen sein«, versuchte er sich zu entschuldigen. »Ich hoffe, es gab dadurch keine ...«

»Ist schon in Ordnung«, lächelte der Herr. »Hauptsache, wir haben Sie finden können. Sie haben den Jackpot im Lotto geknackt. 12 Millionen gehören Ihnen.«

Das Sanatorium Friedensreich war beherbergt in einem Schloß aus dem 17. Jahrhundert und umgeben von einer Parklandschaft, die selbst aus dem obersten Stockwerk des Hauses nicht zu überschauen war. Der kurzgeschorene Rasen verlief in sanften Tälern und Hügelchen, säumte kleine Wälder und war mit Hollywoodschaukeln und Ledersesseln auf Rädern bestückt. Auf dem Gelände gab es mehrere Springbrunnen, einen großen See, sowie ein Frei- und ein Hallenbad. Frank Sebastian saß in einem Rollstuhl und ließ sich von einer Betreuerin zu seinem Lieblingsplatz schieben: Direkt am Wasser, im Schatten einer 300 Jahre alten Linde. Hier löste er seit drei Wochen seine Kreuzworträtsel.

Selbstverständlich hatte er sofort seinen Job gekündigt, nachdem ihm sein sagenhafter Lottogewinn bekanntgegeben worden war. Nun lebte er im nobelsten Sanatorium des Landes. Ohne Arbeit, ohne Anstrengungen, aber umgeben von dienstbaren Geistern, die ihm freundlich lächelnd jeden Wunsch erfüllten. Die hauseigenen Ärzte maßen ab und zu seinen Blutdruck und machten auch mal einen Diätvorschlag. Dabei wirkten sie wie Kellner, die zaghaft auf eine Tagesspezialität hinweisen. Frank Sebastian lehnte dankend ab. Vom Morgen bis zum Abend ließ er sich gigantische Portionen auftischen: Wurst und Käse, Braten, Kartoffeln, Kuchen und Schokolade nach Herzenslust.

Eines Nachmittags fragte ihn eine Betreuerin, ob er einen gewissen Simon Beierdorf empfangen wolle. Frank Sebastian gewährte dem Pförtner Audienz unterm Lindenbaum. Beierdorfs grauer Anzug, seine ungesunde Gesichtsfarbe und pomadisierten Haare beschworen sofort die triste Atmosphäre des Firmenalltags herauf. Umso schöner erschien Frank Sebastian sein Schlaraffenland. »Sie müssen mich häufiger besuchen«, sagte er fröhlich.

»Ich will Ihnen ehrlich sagen, warum ich gekommen bin. Ich habe 200 000 Mark Schulden. Ich kann meine Miete nicht mehr bezahlen. Der Gerichtsvollzieher will kommen. Mein Gehalt soll gepfändet werden.«

»Und Sie dachten, der dicke Millionär kann vielleicht mit einem Pappenstil aus seinem Vermögen helfen.« Beierdorf nickte.

Frank Sebastian blickte auf den See hinaus. »Was macht Peer Westermann?« fragte er plötzlich.

»Oh, dem geht es gut. Er ist zum Abteilungsleiter befördert worden.«

»Ah so.« Frank Sebastian ließ sein Doppelkinn auf seine Brust sacken und grübelte. »Sie bekommen soviel Geld, wie Sie wollen«, sagte er dann. »Aber Sie müssen es sich ehrlich verdienen. Wissen Sie, was mein größter Traum ist? Ich will, daß Peer Westermann für mich schuften muß. Von morgens bis abends, zu meinen Füßen. Ich finde, der Posten eines Gärtners ist genau richtig für ihn. Sorgen Sie dafür, daß sich Westermann im Sanatorium Friedensreich anstellen läßt.«

»Aber, aber – wie soll ich das denn fertigbringen?«

»Überlegen Sie gut. Acht Millionen liegen noch auf meinem Konto, die bisher völlig unnütz waren. Das Sanatorium hat von mir eine einmalige Summe bekommen, um mich bis zum Lebensende zu versorgen. Bringen Sie Westermann in Mißkredit! Sorgen Sie dafür, daß er seinen Job verliert, keinen neuen findet und schließlich froh ist über jedes Angebot. Oder erpressen Sie ihn meinetwegen, heuern Sie Kriminelle an. Mit einer Vollmacht über mein Konto haben Sie leichtes Spiel. Was übrigbleibt, dürfen Sie behalten.«

»Aber ich könnte Sie betrügen«, antwortete Beierdorf kleinlaut.

Frank Sebastian lächelte zufrieden. »Ich weiß, daß Sie das gar nicht fertigbringen.«

»Könnte man nicht einfach …«

»Stopp!« sagte Frank Sebastian. »Ich bin hier zu Erholung. Es ist Ihre Aufgabe, sich über schmutzige Tricks den Kopf zu zerbrechen.«

»Es ist die reinste Freude, ihm zuzusehen«, schwärmte die alte Gräfin, die neben Frank Sebastian auf der Sonnenterrasse lag. Er war nach dem Frühstück wieder eingeschlafen und hob unwillig den Kopf. »Was denn, wem denn?«

»Unserem neuen Gärtner! Schauen Sie, wie flink er die Hecken stutzt. Ich freue mich immer, wenn ich im Sanatorium auch mal einen wohlgestalteten, muskulösen Körper sehe. Man sollte ihm erlauben, sein T-Shirt auszuziehen.« Frank Sebastian sehnte sich in den Schlaf zurück.

»Wie ich hörte«, fuhr die Gräfin fort, »haben Sie ihn vermittelt?«

Frank Sebastian richtete seinen mächtigen Oberkörper in Rekordzeit auf. Verblüfft sah er Peer Westermann im blauen Arbeitsoverall schuften. Tatsächlich hatte Sebastian die Sanatoriumsleitung angewiesen, Peer Westermann ohne Umschweife einzustellen, wenn er sich melden sollte. Doch es war nicht damit zu rechnen gewesen, daß Simon Beierdorf bereits nach drei Wochen seine Aufgabe erfüllte.

Stundenlang beobachtete Frank Sebastian seinen ehemaligen Kollegen aus sicherer Entfernung. Verärgert stellte er fest, daß er dabei keine Genugtuung empfand. Bald glaubte er den Grund zu kennen: Nur wenn sich die Männer in die Augen blickten, waren sein Triumph und Peer Westermanns Demütigung perfekt.

Am Abend ließ sich Frank Sebastian kreuz und quer durch die Grünanlagen schieben. Und auf einmal kam ihm Peer Westermann mit einer laubgefüllten Schubkarre entgegen. Westermann lächelte freundlich, machte eine kleine Verbeugung und sagte »Guten Tag« – ohne einen Unterton. Frank Sebastian war fassungslos. In der Nacht konnte er nicht schlafen, weil ihn Peer

Westermanns zufriedenes, beinahe überlegen wirkendes Gesicht verfolgte.

Von diesem Tag an brachte Frank Sebastian sein Dasein keine Freude mehr. Er sah seinen Todfeind mit dem weiblichen Personal scherzen und flirten, fröhlich pfeifend seine Arbeit verrichten und mußte seine penetrant höflichen Grußformeln ertragen. Peer Westermann ignorierte einfach ihre Bekanntschaft! In Wahrheit machte er sich über ihn lustig, glaubte Frank Sebastian.

Eines Mittags – nachdem er eine grauenhaft schmeckende Schlachtplatte verschlungen hatte – betätigte er sein Handfunkgerät, um sich bei der Sanatoriumsleitung über zu kleine Fleischportionen zu beschweren. Alle Bewohner trugen ein Gerät, um dem Personal jederzeit ihre Wünsche auftragen zu können. Durch einen falschen Knopfdruck geriet er in ein laufendes Gespräch: »Wo steckst du Peer?« fragte die Stimme einer Betreuerin. »Wir wollten ausgehen.«

»Ich komme! Bin beim Rastplatz unseres Elefantenbabys. Der Fettklops hat wieder seine Chipstüten liegenlassen. Laß uns mal Rhizinusöl in seinen Futtertrog mischen.«

Peer Westermanns schallendes Gelächter tat Frank Sebastian in den Ohren weh. Er warf das Funkgerät zu Boden. Sein Magen fühlte sich an, als sei er mit brodelnder Lava aufgepumpt. Sein Kopf erstrahlte dunkelrot, und dann flüsterte er: »Dieser Unmensch.«

Frank Sebastian raste in seinem Rollstuhl zur Terrasse und blickte hinunter in die Parkanlage. Einen Gartenschlauch geschultert, erklomm Peer Westermann die Böschung. Mit den Füßen gab Frank Sebastian seinem Gefährt einen kräftigen Ruck. Anfangs rollte es behäbig. Dann bewirkte Frank Sebastians Kilomasse eine gewaltige Beschleunigung. Peer Westermann bemerkte zu spät, was da auf ihn zukam. Er wurde nach dem Zusammenprall mehrere Meter durch die Luft geschleudert.

Die Sanatoriumsleitung vermied Aufsehen um den »tödlichen Unfall infolge höherer Gewalt«. Die polizeilichen Ermittler kamen rasch zu einem befriedigenden Untersuchungsergebnis: Peer Westermann wollte den außer Kontrolle geratenen Rollstuhl abfangen und wurde dabei unglücklich getroffen.

Frank Sebastian lag mit vergipsten Armen und Kopfverband in der kleinen Klinik des Sanatoriums. An den Nachmittagen besuchte ihn ein Psychiater, der einen schweren Schuldkomplex bei ihm festgestellt hatte. Tatsächlich litt Frank Sebastian unter einem ganz anderen Seelenproblem: Er durfte seine Freude über den Lauf der Dinge nicht offen zeigen.

Nach zwei Wochen nahm er seine Mahlzeiten wieder im Speisesaal ein. Eines Mittags setzte sich eine unbekannte junge Frau an seinen Tisch.

»Ich bin die neue Haupteignerin des Sanatoriums«, sagte sie. »Mein Vater, der hier als Gärtner arbeitete, hinterließ mir ein Vermögen.« Frank Sebastian nahm verblüfft die Gabel aus dem Mund, doch er kam nicht zu Wort. »Er arbeitete hier für eine Prämie von knapp acht Millionen Mark, die er in zehn Jahren abarbeiten sollte. Im Vertrag, den ich bei ihm fand, wurde verfügt, daß die gesamte Summe bei seinem Tod sofort an seine Erbin geht.«

Sebastians Bauch erzitterte. Der Pförtner hatte seine Aufgabe grauenhaft einfach gelöst.

»Ich werde dem Haus seinen Ruf als hervorragende Kurklinik zurückgeben. Sie werden ab jetzt medizinisch betreut: Diät, kalte Güsse, Waldläufe. Außerdem werden Sie im Garten sinnvollen Tätigkeiten nachgehen.«

»Sie können mich nicht zu Ihrem Gefangenen machen!«

»Nein? Wenn ich dem Staatsanwalt erzähle, was zwischen Ihnen und meinem Vater war, stehen Ihre Chancen fifty-fifty. Hingegen ist sicher, daß Diät immer noch besser schmeckt als Wasser und Brot im Zuchthaus.«

Die Dame ging, und eine Betreuerin brachte Frank Sebastians Mahlzeit. Schaudernd betrachtete er den Teller: Sojasprossen, Blattsalat und Möhren. Was sollte er bloß tun? überlegte Sebastian. Dann griff er nach der Gabel. Ihm fiel ja doch nichts Besseres ein als essen.

Kim Rose

Hansi Weller fährt allein nach Haus

Hansi Weller verbeugte sich tief, während zugleich sein Publikum von den Sitzen sprang und begeistert applaudierte. Blumensträuße, Teddybären und Liebesbriefe flogen auf die Bühne. Vier Zugaben hatte der Schlagersänger geben müssen. Er winkte seinen Fans ein letztes Mal zu und verschwand mit strahlendem Lächeln hinter den Kulissen.

Mit einigen Gläsern Champagner feierten der Star und seine Helfer den Triumph. Dann ließ Weller sich abschminken und tauschte seinen Smoking gegen Jeans und Pullover. »Ich will vor Mitternacht zu Hause sein«, meinte er zu seinem Manager. »Sonst wird meine Frau unruhig.«

Der Manager begleitete seinen Schützling in die Tiefgarage der Konzerthalle. Wellers Limousine stand zwar bereit, doch der Chauffeur war verschwunden. Nach einigen Minuten konnte Wellers Manager das Rätsel lösen. »Dem Fahrer geht es nicht gut. Magengrippe – vornehm ausgedrückt. Ich werde einen Ersatzmann für dich besorgen.«

»Nein, ich will jetzt los. Ich fahre auch gern mal selbst.«

»Du hast viel zu viel getrunken.«

»Ach, was. Wir telefonieren, okay?«

Hansi Weller nahm hinter dem Lenkrad Platz und fuhr nach Hause.

Der Aufführungsort lag nur 30 Kilometer von Wellers Landhaus entfernt. Deshalb hatte sich Wellers Ehefrau Katharina entschlossen, ihn nicht zu begleiten, sondern den Geburtstag einer Freundin zu besuchen. Gewöhnlich wachte sie über jeden seiner Schritte und ließ ihn vor allem nachts nie allein. Katharina war eine hervorragende Beraterin, ob es nun um die Wahl der richtigen Krawatte oder eine Vertragsunterschrift ging. Und sie war gnadenlos eifersüchtig. Sie warnte ihn unablässig vor den Folgen eines »Fehltritts« mit einer seiner zahlreichen weiblichen Bewunderer. Der Schlagerstar nahm die Drohungen sehr ernst. Katharina war eine leidenschaftliche Frau, Geld und Ruhm spielten für sie nur eine Nebenrolle. Hansi Weller himmelte seine Frau an und wäre nie auf die Idee gekommen, sie zu betrügen.

Die Landstraße führte schnurgerade durch die Dunkelheit. Hansi Weller spürte an seinen schweren Augen die Anstrengungen des Tages. Er betätigte den Knopf der Musikanlage – seine Lieblingsoper von Wagner erklang. Hansi Weller sang die Tenorstimme mit und drückte kräftiger auf das Gaspedal.

Zwischen dem Augenblick, als Hansi Weller die entsetzten Augen des Fußgängers im Scheinwerferkegel sah, und dem dumpfen Aufprall verging weniger als eine Sekunde. Der Sänger bremste scharf und sprang aus dem Wagen. Sein Opfer war von der Kühlerhaube in den Straßengraben geschleudert worden. Zitternd beugte sich Hansi Weller über den Körper des reglosen alten Mannes. Er trug die Kluft eines Landwirtes. Aus einer Kopfwunde rann Blut. Hansi Weller fühlte seinen Puls und stieß einen heiseren Schrei aus. Der Mann war tot.

Wie von Furien besessen erklomm Hansi Weller die Böschung, sprang in den Wagen und gab Gas. Im Rückspiegel waren in der Ferne zwei Scheinwerfer zu sehen. Doch der Fahrer brauste an der Unglücksstelle vorbei. Hansi Weller rieb Gesicht und Nacken mit einem Taschentuch ab. In seinen Adern floß reichlich Alkohol. Wenn die Polizei ihn erwischte, war es aus mit der Karriere.

Sein Erfolg in der Schlagerbranche beruhte nicht zuletzt auf seinem Saubermann-Image: keine Affären, rechtschaffen und ehrlich. Und wenn der Mann doch noch am Leben war? Hansi Weller nahm den Hörer seines Autotelefons und informierte mit verstellter Stimme den Notdienst. An der nächsten Kreuzung bog er rechts ab.

»Hallo, Herr Weller. Ich bin Ihr größter Fan!«

Mit weit aufgerissenen Augen starrte der Schlagerstar in den Rückspiegel. Auf der Rückbank saß eine junge, etwas pummelige Frau und strahlte ihn an.

»Ich war die ganze Zeit bei Ihnen. Eigentlich wollte ich nach dem Konzert nur ein Autogramm. Aber als der Chauffeur aus dem Wagen stieg, habe ich mich schnell hier versteckt. Es war meine große Chance!«

Hansi Weller brachte kein Wort heraus.

»Ihnen ist eine schlimme Sache passiert. Ich habe alles beobachtet. Aber natürlich mußten Sie Fahrerflucht begehen. Es darf bloß nie ein Mensch erfahren. Wir müssen für immer zusammenhalten.«

Weller schaltete sofort: Das Mädchen gehörte zu einer besonderen Sorte von Fans, die ihn am liebsten ausgestopft in ihr Wohnzimmer stellen würden. Er versuchte, ruhig zu bleiben.

»Wie ist dein Name?«

»Patricia. Du mußt dich von deiner Frau scheiden lassen. Wenn wir erst verlobt sind, werde ich vergessen, was ich heute sah.«

Mit unbewegter Miene schaute der Sänger auf die Straße. Innerhalb weniger Minuten waren Dinge geschehen, die sein Leben für immer ruinieren konnten. Patricias Gesicht im Rückspiegel wirkte zufrieden und selbstsicher. Sie hatte zwar einen Spleen, aber sie war keine Frau, die hohle Phrasen drosch. Plötzlich kam Hansi Weller die Einsicht, daß er sein Problem heute noch lösen mußte.

»Patricia, wir müssen alles genau durchsprechen. Ich kenne einen Ort, an dem wir ungestört sind.«

Hansi Weller bog von der Straße in einen Feldweg ein. Er kannte die Wald-und-Wiesen-Gegend von Ausflügen, die er mit seiner Frau ab und zu unternahm.

»Siehst du die Scheune, Patricia? Dort machen wir es uns bequem. Es ist so ein wundervoller Sommerabend.«

Patricia hob verblüfft den Kopf. Dann verklärte sich ihr Blick. »Oh, ja! Es wird wundervoll.«

Hansi Weller parkte den Wagen und öffnete Patricia galant die Tür. Er legte seinen Arm um ihre Hüften und führte sie den schmalen Pfad entlang zur Scheune. Die Pforte stand offen. »Das ist aber dunkel hier«, seufzte Patricia.

Hansi Weller schaltete seine Taschenlampe ein. »Laß uns auf den Kisten Platz nehmen«, sagte er und ließ Patricia vorangehen. Sein Blick fiel auf einen Haufen verrosteter Arbeitsgeräte.

»Mein größter Traum hat sich erfüllt«, sagte Patricia und verdrehte verzückt den Kopf nach ihm. Hansi Weller umklammerte bereits fest den Stiel einer Eisenschaufel. Er legte seine ganze Kraft in den Schlag. Patricia brach mit zertrümmertem Schädel zusammen.

Sorgsam wischte Hansi Weller seine Fingerabdrücke von der Mordwaffe ab. Dann ging er zum Wagen und fuhr auf direktem Weg zu seinem Landhaus. Er wußte, wie abscheulich seine Taten waren. Nie im Leben hätte er sich das zugetraut. Trotzdem spürte er kein schlechtes Gewissen, sondern das Gefühl, vernünftig gehandelt zu haben.

Die Ankunft zu Hause war enttäuschend: Katharina war von der Party noch nicht wieder zurückgekehrt. Hansi Weller legte sich ins Ehebett und schlief augenblicklich ein.

Als er am späten Vormittag erwachte, waren die Laken neben ihm immer noch leer und unbenutzt. Stirnrunzelnd zog Hansi Weller Morgenmantel und Pantoffeln über und stieg die Treppe zur Diele herab. Hier fand er Katharina. Sie saß neben zwei gepackten Koffern. Sie musterte Hansi Weller mit kaltem Blick. »Das Taxi kommt gleich. Du kannst deine kleine Freundin getrost hier einquartieren. Ich ziehe aus.«

»Wovon sprichst du?!«

»Ich habe immer geahnt, daß du nicht treu sein kannst. Deshalb ließ ich dich auch gestern von einem Privatdetektiv überwachen. Noch gestern abend hat er seine Fotos entwickelt und mir übergeben. Schöne Bilder ... wie sie in deinen Wagen klettert und wie ihr dann umschlungen im Heuschober verschwindet.« Katharina schüttelte verächtlich den Kopf. »Keine Sorge, diese Beweise reichten ihm. Bei eurer Liebesnacht hat er euch allein gelassen.«

»Aber das siehst du völlig falsch. Ich habe ...« Hansi Weller blieben die Worte im Halse stecken.

»Was du getan hast, können jetzt andere beurteilen. Vielleicht war es gemein von mir, daß ich in meiner Wut Abzüge der Fotos an unsere Freunde, deine Fan-Clubs und Zeitungen geschickt habe. Aber warum sollen sie eigentlich nicht wissen, warum ich mich von dir trenne?«

Die Türglocke schellte. »Adieu«, sagte Katharina und öffnete. Doch die beiden Männer auf der Vortreppe wirkten nicht wie Taxifahrer. Sie zeigten ihre Polizeimarken.

»Ein Bauer fand am frühen Morgen die Leiche einer Frau in seinem Heuschober. Herr Weller, Sie stehen unter dringendem Tatverdacht. Bitte folgen Sie uns.«

Carsten Klemann

Mein Leben als Stein

Das Feuerzeug in meiner Hand wird schnell heiß. Ich lasse es deshalb immer nur für ein paar Sekunden brennen. Trotzdem ist die Flamme deutlich kleiner geworden. Bald gibt es hier unten nur noch Dunkelheit, mein Atmen und meine Gedanken. Ich habe Zeit, über meine Fehler nachzugrübeln, will aber nicht überheblich sein und sagen: Alles hätte ganz anders ablaufen können.

Ich stelle mir vor, wie in diesem Augenblick die Brandung an der Steilküste tost und wie darüber die Möwen kreischen. Ich bin oft an der Steilküste spazierengegangen. Am Wochenende zusammen mit Marita und auch während vieler Mittagspausen. Vom Hotel, wo ich arbeitete, waren es ja nur ein paar Minuten zu Fuß. Ich behaupte aber nicht, daß sich mein Unterbewußtsein von der Gegend magisch angezogen fühlte. Die Meeresbrisen gaben mir neue Energie, und der Ausblick war herrlich. Zwei ganz banale Gründe, aus denen auch die Touristen von nah und fern just an diesen Ort kommen.

Als ich IHN zum ersten Mal am Rande des Abhangs sah, spürte ich sofort seine Macht und handelte automatisch. Ich hob ihn auf, drehte und wendete ihn, sah aber nur einen normalen, graubraunen Stein mit grünen Äderchen. Mit meiner Hand konnte ich ihn halb umgreifen; seine Form war oval und recht glatt.

Ich nahm ihn mit ins Büro und beförderte ihn am Abend in

meiner Aktentasche nach Hause. Marita holte einen überbackenen Seehecht aus dem Ofen, wir tranken Muscadet dazu und schwatzten über die Tagesereignisse. Die ganze Zeit hoffte ich auf eines: daß sie sich bald mit einem Buch zurückziehen würde oder ein Telefonat führen müßte, damit ich endlich mit meinem Stein allein sein konnte. Ausgerechnet an diesem Tag hing sie an meinen Lippen und stellte mir Fragen, die sie sonst kaum interessierten. Vielleicht ahnte sie intuitiv die Gefahr. Und damals hätte sie auch um meinetwillen alles getan, um die folgenden Ereignisse zu verhindern.

Schließlich ergriff ich die Initiative. Mit der Begründung, ich wolle im Keller noch mal nach den feuchten Stellen sehen, die kürzlich übermalt wurden, löste ich die Tafel auf. Natürlich trug ich meine Aktentasche in der Hand, als ich die Treppe hinabstieg.

Die Schönheit meines Steins weiß ich jetzt erst richtig zu schätzen. Im Licht des Feuerzeugs schimmern die Kristalle wie kleine Diamanten. Die grüne Maserung erscheint wie ein Flußgebiet im Dschungel. Bisher betrachtete ich seine Oberfläche nur flüchtig. Schließlich kommt seine Kraft von innen. Seit jenem ersten Abend zog ich mich in jeder freien Minute mit ihm zurück und wurde von meinen Erlebnissen überwältigt. Ich wuchs buchstäblich über mich hinaus, als ich erfuhr, daß nicht läppische 38 Jahre, sondern mehrere Jahrhunderte hinter mir liegen.

An esoterische Vorstellungen wie Seelenwanderung habe ich früher nie geglaubt. Es ist auch nach wie vor so, daß für mich weniger die Phantasie als eindeutige Erfahrungen zählen. Meinen Erinnerungen, die mir der Stein zurückgab, kann ich vertrauen. Ich weiß nicht, ob jeder Mensch vor seiner Geburt ein Stein, eine Pflanze, ein Tier oder gar ein anderer Mensch war. Ich weiß auch nicht, was nach dem Tod passiert. Ich interessiere mich nur für mich selbst und den Stein, der ich einmal war. Ich denke, es kommt selten vor, daß ein Mensch seine frühere Existenzform sehen und berühren kann. Wenn er ein anderes Lebewesen war, ist es ganz unmöglich. Als ich auf den Stein traf, muß eine Art göttlicher Funken gesprüht sein: Seine tote Materie, die ich jahrhundertelang war, und mein Bewußtsein, das ich heute habe, verschmolzen miteinander. Der Stein ist die Geschichte, und ich bin die Erinnerung.

Wenn ich meinen Stein mit beiden Händen umfaßte und konzentriert auf ihn blickte, spürte ich augenblicklich eine reiche Welt aus längst vergangenen Menschen, Landschaften und Gebäuden in meinem Kopf. Die Assoziationen führten mich auf ein braches Stück Land, auf dem Landarbeiter schufteten und einander unverständliche Worte zuriefen. Ich wurde gepackt und auf einen Karren geworfen, abtransportiert und bis vor die Tore einer Stadt gebracht. Die Menschen trugen Gewänder, die ich eine halbe Ewigkeit später als Museumsbesucher staunend betrachten sollte. Doch als Stein war ich bald Teil der mächtigen Stadtmauer.

Weil Marita keine Ahnung von meinen Erlebnissen hatte, verwirrten sie meine Gemütszustände sehr. Auch wenn der Fernseher lief oder Verwandte kamen, konnte ich mich schwer von den vergangenen Geschichten trennen. Mal waren sie komisch, mal tragisch, sie handelten von Menschen, die zu ihrer Zeit große Macht oder kaum ein Stück Brot besaßen. Marita wollte wissen, woran ich denke, warum ich böse, versonnen oder sonstwie guckte. »Weil ich ein Stein bin«, sagte ich einmal. Sie schüttelte voller Überdruß den Kopf.

Nur wenn uns Maritas Vater besuchte, riß ich mich zusammen und konzentrierte mich auf das Gespräch. Marita bewunderte ihn. Im Vergleich mit ihm erschien ich ihr sicher recht durchschnittlich. Oft kritisierte sie meine Entscheidungen mit den

Worten: »Vati hätte das anders gemacht.« Sie besprach auch viele Dinge, die eigentlich nur uns angingen, lieber mit ihm als mit mir. Am schlimmsten traf mich aber der spöttische Blick, den sie mir oft zuwarf, wenn ich in seiner Gegenwart das Wort ergriff. Ich liebte Marita sehr. Aber daß sie ihren Vater mehr schätzte als mich, war eine Schmach. Im übrigen fand ich ihren Vater nicht besonders toll. Er war durch Immobilienspekulationen reich geworden und lebte jetzt von vielen diffusen Einnahmen. Ein Glücksritter. Ich gebe zu, daß ich schon immer scharf auf sein Geld war. Im Hotel hatte ich es bis zum stellvertretenden Direktor gebracht, aber ich wollte kein lebenslanger Angestellter sein. Nur weil mich nicht irgendein Zufall über Nacht zum Millionär gemacht hatte, konnte ich meine Ideen nicht verwirklichen, die tausendmal besser als alles waren, was im Schädel von Maritas Vater herumspukte.

Zum Glück bewies mir meine Vorgeschichte, wie schnell sich die Zeiten ändern können. Einige Jahrzehnte saß ich in der Stadtmauer fest, weil sie dem Ansturm feindlicher Heerscharen trotzte. Dann barst sie unter wuchtigen Geschossen auseinander, und ich sah die Behausungen der Menschen, die ich schützen sollte, niederbrennen. Wohl wegen meiner gleichmäßigen Form griffen auch die siegreichen Krieger nach mir. Auf einem Pferdegespann fuhr ich inmitten eines Steinhaufens quer durchs Land und wurde schließlich selbst als Wurfgeschoß eingesetzt. Ich nahm Teil an der Eroberung einer Metropole, in deren Mitte ein gigantischer Königspalast stand. Nachdem die Kriegsschäden beseitigt waren, verbrachte ich allerdings lange Zeit auf einem großen Trümmerberg.

Meine ruhmreiche Vergangenheit bestärkte mich in meinen beruflichen Ambitionen. Ich erzählte einigen Investoren von meinen Plänen: An der Küste gab es eine mehrere Kilometer lange, unbebaute Strandzone. Sie gehörte Maritas Vater. Er verpachtete sie an die umliegenden Hotels, die glücklich waren, ihren Gästen beinahe grenzenlos Sand und Wasser bieten zu können. Ich wollte auf dem freien Stück eine Hotel- und Appartementanlage der Sonderklasse errichten. Keinen der üblichen Touristenschuppen, sondern ein luxuriöses Domizil für den Jetset.

In den Verhandlungen glänzte ich durch phantastische Überzeugungskraft. So hatte ich mich noch nie erlebt. Die Geschäftsleute horchten fasziniert auf jedes meiner Worte und mochten kaum abwarten, ihr Geld auszugeben. In mir wuchs die Gewißheit, daß ich nun auf meine Weise ein kühnes Projekt verwirklichen sollte, das einst gescheitert war. Die Erinnerungen an meine Steinzeit verblassen zwar, nachdem ich vom Schutthaufen der Königsstadt auf einen Viermaster verladen wurde. Aber soviel weiß ich: Ich sollte als Baumaterial an eine ferne Küste segeln, wo man einen bedeutsamen Handelshafen errichten wollte. Warum der Plan fehlschlug, kann ich nur vermuten. Vielleicht blieb das Baumaterial ungenutzt an seinem Bestimmungsort liegen, weil das Geld ausging, zuviele Schiffe versenkt wurden oder einem neuen Herrscher die Idee nicht gefiel. Ich zittere am ganzen Körper, wenn ich mir vorstelle, daß mein Stein seit jener Zeit oberhalb meines Traumstrandes lag.

Das einzige Problem war Maritas Vater. Ich wünschte, daß er uns das Gebiet überschrieb oder zumindest die Nutzung einräumte. Für den Alten ein Pappenstiel. Als Konstruktionschef und Generalmanager hätte ich ihn bald fürstlich entschädigen können.

Ich lud Marita und den Geldsack in ein fürstliches Restaurant zum Dinner ein. Als das Schneckensoufflé abgeräumt war und die Teller für den Elchbraten noch auf sich warten ließen, brachte ich mein bescheidenes Anliegen auf den Tisch. Das grölende Gelächter von Vati dem Großen hallt mir jetzt noch in den Ohren. Dann setzte er eine angeberisch ernste Miene auf und meinte, er werde nach schonenden Worten suchen, weil ich ja sein Schwiegersohn sei. Daß ich ihm seinen Besitz unterm Hintern wegziehen wolle, fände er aber ziemlich unverfroren. Noch schlimmer sei, daß ich auf Maritas Erbe spekuliere, ihrer einzigen Sicherheit im Leben, da ich ihr ja nichts Vergleichbares bieten könne. Schließlich stellte Maritas Vater klar, daß das Projekt unter meiner Regie nur in einem Fiasko enden könne.

Meine Enttäuschung hielt sich in Grenzen, mein Haß auf Maritas Vater natürlich nicht. Ich vertraute nach wie vor auf die Kraft und die Eingebungen meines Steins. Um mich zu beraten, begab ich mich mit ihm eines Mittags zu dem Ort, wo ich ihn gefunden hatte. Es war ein regnerischer Tag. Plötzlich fiel mir der weit und breit einzige Mensch auf. Maritas Vater schritt den Strand ab. Prüfte er, ob er meine Idee selbst in die Tat umsetzen sollte? Er blickte eine Weile aufs Meer und lief dann geradewegs auf die Steilküste zu. In meiner Nähe verlief ein Pfad, der auf die Straße führte. Ich verbarg mich und wartete. Der Stein in meiner Hand schien zu glühen. Ich sah die großen Taten der Vergangenheit, die tollkühnen Siege, die gegen Feigheit und Schwäche errungen wurden. Ich sprang auf, den Stein in meiner Hand, und sah Maritas Vater auf dem Geröll kraxeln. Ich warf meinen Stein, ohne zu zielen, doch er traf ihn direkt am Kopf.

Ich verharrte regungslos in meinem Versteck. Spaziergänger entdeckten die Leiche. Später kamen die Polizei und Marita. Ich konnte sogar beobachten, wie ein Polizist bedeutungsvoll auf meinen Stein wies. Der Tote wurde weggebracht. Würde Marita meine Pläne unterstützen? Doch, ich glaubte sie überreden zu können. Als die Dunkelheit hereinbrach und der Strand wieder menschenleer war, nahm ich meinen Stein und fuhr nach Hause.

Marita war nicht da. Ich legte den Stein auf den Tisch in der

Diele und betrachtete ihn eine Weile andächtig. Steinschlag hatte es an der Küste schon öfter gegeben, sogar mit Verletzten. Ich lächelte und begab mich auf die Suche nach einem Bier.

Aus der Küche hörte ich, daß die Wohnungstür geöffnet wurde. Ich eilte zurück. Marita stand in der Diele und blickte auf den Stein. Dann sah sie mich an, nahm zugleich meinen Stein und schmetterte ihn gegen meine Brust. Ich verlor das Gleichgewicht und stürzte unglücklich.

Als ich aus der Bewußtlosigkeit erwachte, dauerte es lange, bis ich erkannte, wo ich war. Marita hatte es fertiggebracht, mich in die alte Kohlenkammer des Kellers zu schleppen. Meine rechte Hand war mit einem Vorhängeschloß an eine Stahlleiste gekettet. Ich ärgerte mich über meine Fahrlässigkeit. Vielleicht war Marita mein Stein schon vor geraumer Zeit aufgefallen. Marita sah ihn am Strand bei ihrem Vater, und heute abend wieder im Haus. Wie sollte sie zweifeln, daß der Stein meine Mordwaffe war?

Wenn ich jetzt das Feuerzeug einschalte, sehe ich kaum mehr als die Umrisse meines Steins. Wie schade, daß ich ihn nicht noch einmal umfassen kann! Marita hatte schon immer eine Vorliebe für Symbole. Sie hat meinen Stein in den Luftschacht geklemmt und dessen Ränder mit Plastiktüten verstopft. Auch durch die schwere Tür dringt kein Hauch Sauerstoff. Sie will, daß mich mein Stein bis zum letzten Atemzug daran erinnert, was ich getan habe. Keine Ahnung, was mir bevorsteht. Die Vorstellung, als Stein wiedergeboren zu werden, gefällt mir ehrlich gesagt nicht besonders.

Wolf Brümmel

Helena aus der Hölle

»Ein Telefonat für dich, Will!«

»Die Sendung ist schon zu Ende!«

»Sie sagt, es sei lebenswichtig!«

»Wer ist sie?«

»Nun geh schon ran!« Silvia zog an ihrer Zigarette und beobachtete durch die Rauchschwaden, wie Will hinter den Studiofenstern erbleichte.

»Hier ist Helena. Guten Morgen, lieber Will!« Will wurde wie von einer unsichtbaren Hand in seinen Sessel gedrückt.

»Helena? Kenne ich nicht!«

»O doch, jedenfalls hast du mich einige Monate lang ziemlich gut gekannt.«

Will überlegte fieberhaft. Den Hörer einfach aufknallen hat bei Helena keinen Zweck. Sie ist hartnäckig, läßt sich niemals abschütteln. Er seufzte einmal tief und sagte dann fast tonlos: »Ach Helena. Muß das sein? Ich habe dich längst ...«

»Vergessen, ich weiß«, unterbrach sie ihn, und ihre Stimme hatte einen scharfen Klang. »Du hast immer vergessen zu halten, was du mir versprochen hast. Zum Beispiel wolltest du mich heiraten.«

»Helena, ich bitte dich, lassen wir das. Wieso tauchst du plötzlich auf?«

»Ganz einfach: Ich will dich sehen. Das heißt: Ich muß dich sehen!«

»Großer Gott, du bist in München?« Will drückte die Finger an seine Schläfen und schloß kurz die Augen. Er bemerkte, mit Entsetzen, daß Helena immer noch Macht auf ihn ausübte, daß er von ihr abhing. »Ich habe keine Zeit. Wirklich!«

»Lüge mich nicht an. Du hast deine Sendung von sechs Uhr früh bis neun. Danach hast du frei. Ich weiß alles, Will, ich habe mich nicht geändert.«

»Es ist mir egal, was du weißt. Ich habe längst eine neue Freundin, bin sozusagen in festen Händen, warum sollte ich dich wiedersehen? Helena, fang nicht wieder von vorne an, aus ist aus.«

»Du bist im Moment solo, zier dich also nicht wie ein kleiner Junge. Ich will dich nur noch einmal sehen. Eine Laune nur, eine kleine Auffrischung der Erinnerung, weiter nichts. Ich erwarte dich am Artur-Kutscher-Platz Nr. 1. Um 12 Uhr, sei bitte pünktlich. Übrigens, mein Name steht nicht an der Tür, dafür die Nr. 24. Also bis gleich.« Schon hatte sie aufgelegt. Will hob beide Hände und ließ sie hilflos herabfallen. Zum Teufel mit Helena, dachte er. 12 Monate voller Liebe und Leidenschaft, aber auch voller Kränkungen und Kräche. Helena entwickelte ein übersteigertes Geltungsbedürfnis und eine ausgeprägte Eifersucht. Schließlich ließ sie Will durch einen Detektiv beschatten. Als er dahinter kam, ließ Will die geplante Hochzeit platzen und Helena einfach sitzen und verschwand Hals über Kopf über Nacht aus Berlin. Das war vor gut einem Jahr. Ein wenig plagte ihn jetzt das schlechte Gewissen. Nun gut, tue ich ihr eben den Gefallen und besuche sie kurz, und dann bin ich sie für immer los, dachte er. Silvia gab ihm durch das Studiofenster ein Zeichen. Es wurde Zeit, daß er wieder ins Mikrofon sprach. Will beendete dann seine Sendung mit einer Feierlichkeit in seiner Stimme, die seine Hörer von ihm bisher nicht gewohnt waren. »Das war wie jeden Morgen: Wach auf mit Will. Bleiben Sie gesund und passen Sie auf sich auf. Nach der Werbung melden wir uns wieder.«

Mit angehaltenem Atem bemerkte er, daß die Eingangstür zum Appartement Nr. 24 nur angelehnt war. Mit einem schnellen Klick öffnete er die Tür ein Stück und schob seinen Kopf mit der Baseballmütze in den Flur. Dann betrat er zögernd den angrenzenden Raum, in dem ein runder Eßtisch mit vier dazugehörigen abgeschabten Stühlen stand. An der Wand lehnte ein fast leerer Geschirrschrank und daneben ein Regal mit Porzellanfiguren. Im hinteren Zimmer thronte ein altmodischer Ohrensessel, in dem Helena aufrecht und mit eiskalten Augen hockte. Sie schob sich eine dunkelblonde Locke aus dem weißgeschminkten Gesicht und betrachtete Will haßerfüllt von Kopf bis Fuß.

»Du hast dich überhaupt nicht verändert, wie ich feststellen muß. Im Gegenteil, du wirst immer jünger, während ich ...« Helena brach ihren Satz ab und hielt sich die Hände vors Gesicht. Was für eine schlechte Schauspielerin, dachte Will. Aber vergiß nicht, sie hat es faustdick hinter den Ohren. Er ging auf sie zu und sagte: »Hallo, Helena, da bin ich. Viel Zeit habe ich nicht.«

»Und ob du Zeit hast, mein Lieber. Du wirst dir so viel Zeit nehmen wie bisher noch nie in deinem kurzen Leben.«

Silvia vom Radio »Fröhliche Antenne« wurde nervös. In einer halben Stunde mußte Will seine Morgensendung moderieren. Bisher war er immer pünktlich, wenn auch häufig total unvorbereitet, so daß er improvisieren mußte. Aber zur kurzen Morgenbesprechung um 5 Uhr 30 war er stets erschienen. »Ruf ihn zu Hause an. Vielleicht hat er verschlafen«, schnauzte der Sendeleiter.

»Habe ich längst«, antwortete Silvia.

»Und?«

»Was und? Er war natürlich nicht da. Sicher kommt er gleich.«

»Also, den schmeiß ich raus, auf der Stelle.«

»Aber erst nach der Sendung, was?« Silvia verkniff sich ein Lachen.

»Seine Quoten sind sowieso hundsmiserabel. Kein Schwein will ihn mehr hören.«

»Also, das stimmt nun wirklich nicht«, protestierte Silvia. »Soviel Anrufe wie Will bekommt keiner seiner Kollegen während der Sendung.« Aber der Sendeleiter hörte sie vor Empörung überhaupt nicht mehr. Um 6 Uhr setzte er sich dann persönlich vor das Mikrofon, in der Hoffnung, daß Will ins Studio stürmte, um die Sendung sofort zu übernehmen. Aber Will erschien nicht. Auch nicht am nächsten Morgen.

»Da stimmt etwas nicht«, stellte Silvia fest. Sie mochte Will von Herzen gern und war sich sicher, daß er ihre behutsamen Liebeszeichen irgendwann einmal erwidern würde. Nun witterte sie ihre große Stunde, wenn sie sich um Will kümmern würde. Als er, ohne ein Lebenszeichen von sich zu geben, auch am nächsten Morgen nicht erschien, informierte Silvia die Polizei. Der Sendeleiter schrie sie an: »Sind Sie total verblödet? Was für eine schlechte Presse wir bekommen, daran denken Sie wohl nicht, was?«

»Was heißt hier schlechte Presse? Will ist verschwunden, und niemals würde er freiwillig sein geliebtes Mikrofon abgeben.«

»Ach, was wollen Sie damit sagen?«

»Damit will ich sagen, daß mit Will etwas Furchtbares passiert sein muß!«

Der Sendeleiter tippte sich an die Stirn und hörte sich die jungen Sprecher an, die sich inzwischen für Wills Job beworben hatten.

Kommissar John Sport strich sich mit federleichter Hand über seinen braunen Haarschopf, den er jeden Morgen sorgfältig mit einem sündhaft teuren Haarwasser massierte. Der Fall Will Karmann interessierte ihn überhaupt nicht, er interessierte sich für den Radiosender, für die »Fröhliche Antenne«. Schon immer wollte er einmal hinter die Studioscheiben spähen.

»Hören Sie mir eigentlich zu, Herr Kommissar?« Silvia wurde unruhig.

»Natürlich tue ich das. Also hier hat er immer gesessen. Toll, und die CDs hat er auch selbst aufgelegt?«

»Nicht immer, die meiste Musik haben wir hier im Computer gespeichert. Nur die CD-Neuerscheinungen des Tages, die schmiß er persönlich in seine Sendung. Aber wie Sie wissen, kann er das nicht mehr machen, weil er nicht mehr da ist. Und Sie sollten sich darum kümmern, daß er wieder auftaucht, ist das klar?«

Stirnrunzelnd betrachtete der Kommissar das kleine Energiebündel von einer jungen Frau, das mit hektischen Flecken im Gesicht auf ihn einredete.

»Kommen Sie«, befahl sie ihm. »Hier auf dem Band sind die Drohungen, die Will in den letzten Wochen erhalten hat. Auch Morddrohungen. Hören Sie da mal rein.«

»Donnerwetter«, entfuhr es dem Kommissar, »wollen Sie nicht bei uns arbeiten?«

»Warum nicht, erst müssen Sie Will finden.«

»Die Vermißtenmeldung ist längst durchgefaxt. Mit Foto, personellen Angaben usw. Mehr können wir nicht tun. Toll hier bei Ihnen«, nickte er anerkennend.

»Toll, wenn Sie ihn finden«, verabschiedete Silvia den Kommissar.

Am Abend entdeckte sie Wills Auto in der Nähe seiner Wohnung. Sie beschwatzte den freundlichen Hausmeister, ihr Wills Wohnung zu zeigen, und fand alle seine Papiere, Ausweis, Führerschein, alles was Will sonst mit sich führte. Auffallend war das für den Raum viel zu große Himmelbett. Silvia dachte kurz, daß sie sich bald mit Will in den weichen Kissen kuscheln würde. Aber dazu mußte Will erst einmal da sein.

»Das ist schon eigenartig«, antwortete Kommissar John Sport am Telefon. »Ich komme mal schnell vorbei.«

»Endlich hat der blöde Kerl angebissen«, meinte Silvia und trank mit dem Hausmeister ein Bier. John Sport untersuchte gründlich Wills Wohnung, er hatte auch Fachleute aus der Abteilung Spurensicherung mitgebracht. »Kennen Sie die Frauen?« Kommissar Sport deutete auf drei verschiedene Fotos, die er in der Nachttischschublade gefunden hatte.

»Ja, das ist meine Kollegin Anja. Die beiden waren bis vor kurzem befreundet, trennten sich dann vor Wochen. Die andere Frau kenne ich nicht.« Sie drehte das Foto um und las die Widmung: »Für meinen Will, der mir ein Leben lang gehört. In Liebe, Deine Helena«. Das dritte Foto zeigte Silvia. »Meine Güte«, keuchte sie, knallrot geworden. »Ich wußte gar nicht, daß er ein Foto von mir hat.«

Kommissar Sport amüsierte sich. »Dann werden wir uns wohl um die beiden hübschen Damen kümmern, vielleicht wissen sie mehr von Will als Sie.«

Silvia verdrehte die Augen zum Himmel, als sie den Kommissar sagen hörte. »Ich denke, Sie müssen mir auch noch ein bißchen von Ihrem Leben präsentieren.«

»Was Sie nicht sagen. Präsentieren Sie mir mal lieber den Will, okay?«

»Herr Kommissar, sehen Sie, was ich soeben gefunden habe«, meinte plötzlich einer seiner Mitarbeiter. Lange und laut pfiff John Sport durch seine blitzblanken weißen Zähne. »Sieh mal an. Heroin. Und zwar reichlich. Damit konnte er ja eine ganze Kompanie erfreuen.«

»Quatsch«, konterte Silvia. »Will hat höchstens zum Selbstgebrauch so ein Zeug gehabt, hat nur daran geschnüffelt.«

Im Kommissariat saß Peter Langstein, ein bekannter Musiker, vor John Sport. Er gab sich betont gelangweilt, obgleich er seine Nervosität trotz aller Anstrengungen nicht verbergen konnte. »Im Tagebuch von Ihrem Freund Will stehen minutiös seine Heroin-Einnahmen und -Ausgaben, und immer taucht dabei Ihr Name auf. Ehrlich gesagt, er mußte sich todsicher fühlen, daß es niemals in fremde Hände gerät, denn die Aussagen seiner Eintragungen bringen einige Leute für die nächste Zeit hinter Gitter.«

»Was sagt das schon, was er da notiert hat? Nichts. Jedenfalls was mich angeht.«

»Da wäre ich mir nicht so sicher«, sagte Inspektor Jens Rosen, der gerade das Zimmer seines Chefs betreten hatte.

»Sehen Sie, was wir in Ihrer Wohnung gefunden haben!« Peter Langstein sprang sekundenschnell auf seine Füße. »Was?« schrie er plötzlich so wild, daß Jens Rosen zusammenzuckte.

»Sie waren in meiner Wohnung? Ja, haben Sie denn …«

»Haben wir«, unterbrach ihn Rosen. »Einen Hausdurchsuchungsbefehl, das meinten Sie doch, nicht wahr?« Langstein sackte auf seinen abgeschabten Stuhl und stammelte: »Ich brauche einen Schnaps und meinen Anwalt.«

»Letzteren können Sie anrufen. Aber sagen Sie uns bitte vorher, wo ist Will Karmann?«

»Keine Ahnung!«

»Das glauben wir Ihnen nicht.«

»Dann lassen Sie es bleiben!«

»Gut, wenn Sie in diesem Ton weitersprechen wollen, bitte sehr.« Kommissar John Sport richtete sich seelisch auf eine lange Nacht ein. Endlich hatte er einen Verdächtigen.

Silvia hatte ihre Beine auf den Sessel hochgezogen und überlegte. Den neuen Moderator fand sie ehrlich gesagt zum Kotzen, und die wenigen Anrufe, die er bekam, stellte sie erst gar nicht durch. Ihre Gedanken waren bei Will. Wo steckt der Kerl?

Silvia kratzte ihre zarte glatte Haut, die um ihre stahlblauen Augen erste, kaum sichtbare Fältchen bildete. Ihre Haarfarbe war weder blond noch brünett, und mitten auf der Nase bündelten sich Sommersprossen. Hübsch war sie nicht, das wußte sie. Aber dafür war sie schlagfertig und im Denken und Handeln immer ein bißchen schneller als ihre hübschen Kolleginnen im Sender. Sie ging zu dem leer gewordenen Studioplatz, an dem sich Will immer so hinlümmelte und seine langen Beine über die Boxen hängen ließ. Silvia kramte und durchwühlte alle Zettel, die überall unordentlich herumlagen. Die Putzfrau hatte die strikte Anweisung, nichts mitzunehmen, da Wills Kritzeleien die Grundlage für seine witzigen und beliebten Moderationen bildeten. Silvia wühlte und fand plötzlich eine Adresse. Artur-Kutscher-Platz 1 stand da zu lesen und dann unübersehbar: Helena aus der Hölle. Dahinter eingekreist die Zahl 24.

Kommissar John Sport kam schnell dahinter und einem Geheimnis auf die Spur. Hinter der Adresse verbarg sich eine Einzimmerwohnung, exakt vor einem Monat gemietet auf den Namen von Will Karmann. Allerdings von einer Frau, wie die Verwaltung berichtete. Seinen Namen hatte er nicht an der Tür, dafür die Nummer 24. Als der Kommissar die Wohnung öffnen ließ, fand er Will Karmann splitternackt auf dem Bett liegend. Er war seit vier Tagen tot.

»Selbstmord«, stellte der Arzt fest. »Vollgestopft mit Drogen, das haut den stärksten Kerl von den Füßen. Alles deutet darauf hin, daß er sich eine Überdosis verpaßt hat. Allerdings, sehen Sie mal her, Kommissar, er hat überhaupt keine Einstiche im Körper.«

»Nehmen Sie ihn mit ins Gerichtsmedizinische Institut. Ich komme nach.«

»Da stimmt etwas nicht«, antwortete Silvia äußerst erregt, als Kommissar Sport sie über die letzten Stunden unterrichtete.

»Das haben Sie schon öfter gesagt«, war seine Antwort.

»Und ich bleibe dabei. Wieso hat Will eine zweite Wohnung angemietet?«

»Mädchen, das ist doch wohl klar. Er brauchte das Appartement für sein lukratives Nebengeschäft, das Dealen.«

»Sie spinnen total.«

»Dann sagen Sie mir eine andere Lösung?«

Silvia schwieg, sie mußte erst einmal den Tod von Will Karmann verdauen.

»Haben Sie die Presse von Wills Tod unterrichtet?«

»Nein, Silvia, habe ich noch nicht«, antwortete der Kommissar. »Übrigens, es war kein Selbstmord. Will wurde mit Drogen vollgepumpt und dann mit einem Kissen erstickt, oder aber er ist an seinem eigenen Erbrochenem draufgegangen.«

»Hört sich gut an, wie Sie das so cool sagen.« Und dann machte Silvia dem Kommissar einen Vorschlag. Sie brauchte eine geschlagene ganze Stunde, bis sie ihn überredet und von ihrem Plan überzeugt hatte.

Am nächsten Morgen Punkt sechs Uhr klang es wie früher von der »Fröhlichen Antenne«: Guten Morgen, Hallöchen, da bin ich wieder und empfehle Ihnen: Werde wach mit Will! Na, raus aus dem Bett, rein mit dem Orangensaft, runter unter die Dusche, und hier ist dazu der Hit des Tages.« Silvia war bleich vor Aufregung, der Sendeleiter vor Angst, was nun alles auf ihn zukommen würde, knallrot, nur der Kommissar war die Ruhe in Person. Er rauchte eine Zigarette nach der anderen und freute sich über das Brennen des Rauches in Hals und Lunge.

»Also, Silvia, wenn das schiefgeht, dann haben Sie das letzte Mal Ihren Kopf in diese Studiotür gesteckt«, knurrte der Sendeleiter. Das Band mit Wills Stimme, eine Aufnahme, die Silvia heimlich aufgenommen hatte und die nie gesendet worden war, lief nun schon eine halbe Stunde. Es kamen unzählige Anrufe, die alle ausdrückten, wie schön es sei, daß Will wieder auf Sendung ist.

»Geben Sie mir Will«, befahl dann eine weibliche Stimme am Telefon.

»Aber Will ist gerade auf Sendung«, antwortete Silvia.

»Das höre ich. Geben Sie ihn mir trotzdem.«

»Aber wenn ich Ihnen doch sage …«

»Hören Sie mir einmal genau zu, Fräulein. Ich sage nie gerne etwas zweimal. Geben Sie mir Will, und zwar jetzt und sofort. Sagen Sie ihm, Helena ist am Apparat!«

»Helena?« fragte Silvia.

»Helena«, wiederholte die Stimme.

»Ja, ich weiß nicht so recht.«

»Nun machen Sie schon!«

»Hinhalten«, flüsterte der Kommissar.

»Gut, Helena. Habe ich richtig verstanden? Helena war Ihr Name, nicht? Also, bleiben Sie dran, ich stelle durch. Aber es kann noch ein bißchen dauern, eine Sekunde nur.« Silvia fing an zu zittern. Sie hatte sich doch überschätzt. Lange würden ihre Nerven das nicht aushalten.

»Es reicht, wir haben die Anschrift der Anruferin«, zischte der Kommissar und gab seinem Inspektor Jens Rosen das Zeichen zum eiligen Aufbruch.

»Hoffentlich bringt uns Helena einen Schritt weiter, sonst haben wir uns von Silvia glatt an der Nase herumführen lassen«, meinte John Sport und fühlte sich gar nicht wohl in seiner Haut.

Helena Meier empfing sie in einem zitronengelben Bademantel und nachdenklich geschürzten Lippen. Sie war eine schöne stattliche Frau mit einem ausgeprägten, energischen Kinn. Die Mundwinkel hingen ein wenig resignierend herab, und die schmale Oberlippe paßte nicht so recht zu den ebenmäßigen herrischen Gesichtszügen, die deutlich verrieten, daß Helena stets das Sagen hatte.

»Was wollen Sie so früh am Morgen? Auch die Polizei sollte sich an Anstandsregeln halten. Also machen Sie es kurz!«

»Dürfen wir trotzdem hereinkommen?«

Helena zuckte mit den Achseln. Kommissar Sport überragte sie mit seinen einsfünfundneunzig nur um wenige Zentimeter.

»Sie kennen Will Karmann?«

»Sicher, wir waren fast ein Jahr lang befreundet.«

»Sie waren?«

»Auch die besten Freunde gehen manchmal auseinander.«

»Wann haben Sie ihn zuletzt gesehen?«

»Als wir uns trennten, vor Monaten.«

»Und danach nie wieder?«

»Das sagte ich Ihnen soeben.«

»Hatten Sie Kontakt zu ihm?«

»Nein, warum sollte ich?«

»Ich meine telefonischen Kontakt?«

»Worauf wollen Sie hinaus?«

»Sie haben Will Karmann in der Radiostation angerufen.«

»Ist das verboten? Es ist eine Sendung, in der Hörerwünsche erfüllt werden. Also muß man anrufen.«

»Und was wollten Sie von Will?«

»Vielleicht sollte er mir mein Lieblingslied spielen.«

»Heute haben Sie wieder angerufen.«

»Ja, und er wollte mich nicht sprechen. Verstehen Sie das?«

»Will Karmann konnte nicht mit Ihnen sprechen, weil er tot ist.«

Jetzt zuckte es doch in dem bisher reglosen Gesicht von Helena Meier. »Was soll das Theater?« stieß sie hervor.

»Uns fehlt nur noch der letzte Akt«, meinte Kommissar John Sport. »Uns fehlt der Mörder. Vielleicht können Sie uns helfen, ihn zu finden.«

»Bestimmt nicht. Und jetzt habe ich lange genug geredet, jetzt muß ich mich endlich ankleiden.«

»Das dürfen Sie, aber ich muß Sie bitten, mit mir zu kommen. Nur zu einer Gegenüberstellung.«

»Muß ich das?«

»Ich fürchte ja!«

Kommissar Sport setzte sich neben Helena Meier, als Inspektor Jens Rosen sie zu der Hausverwaltung des Artur-Kutscher-Platzes führte.

»Ja«, meinte die Angestellte und schob ihre Brille von der Nase vor die Augen. »Ich erinnere mich genau, das ist die Dame, die das Appartement Nr. 24 gemietet hat, und zwar, einen Augenblick bitte«, eifrig wühlte sie in ihren Akten. »Hier ist es, und zwar unter dem Namen von Will Karmann.«

»Wollen Sie den Mietvertrag nicht gleich kündigen?« wollte Kommissar Sport von Helena wissen, doch sie schwieg.

»Sie müssen uns allerlei erklären, Frau Meier.« Und der Kommissar, ein As in der Befragung von Verdächtigen, hatte es in diesem Fall verdammt schwer, bis er Helena Meier so in Widersprüche verwickelt hatte, daß sie endlich zugeben mußte, Will Karmann getötet zu haben. Ihr Geständnis machte sie jedoch erst nach zehnstündigem Verhör, um es am nächsten Morgen sofort zu widerrufen. Doch auf dem Kissen, mit dem sie Will Karmann, als er im tiefsten Drogenrausch war, in den sie ihn gebracht hatte, erstickte, fanden sich trotz sorgfältigem Verwischen ihre Fingerabdrücke.

»Mein Gott, Herr Kommissar, Sie haben ja keine Ahnung, was Will mir angetan hat. Kurz vor der Hochzeit hat er mich sitzen lassen. Mich zum Gespött meiner Familie und meiner Freundinnen gemacht. Wissen Sie, wie weh das tut? Will sollte Schmerzen erleiden, wie ich. Leider ist er dabei gestorben.«

»Leider sind Sie zu weit gegangen in Ihrem Zorn, Ihrer Rache!«

»Finden Sie? Ich nicht. Ich finde, Will hat nichts anderes verdient!«

Und Helena Meier blieb bei ihrer Aussage und wiederholte vor Gericht, daß sie ihre Tat in keiner Weise bereue. Mit einer gewissen Würde nahm sie dann auch ihr Urteil entgegen.

Leonard Koop

Fehlersuche

Die Tür zwischen Chefzimmer und Sekretariat stand meistens offen. Steffen Rahn fand es praktisch, seiner Vorzimmerdame Anweisungen jederzeit zurufen zu können. Noch mehr gefiel ihm aber, beim Studium von Akten und Bilanzen ab und zu einen verstohlenen Blick auf sie zu werfen. Katrin Neumeier trug gern ausgefallene Mode, die ihr wunderbar stand. Und wenn sie Steffen Rahn auf eine Weise zulächelte, die er als unglaublich betörend empfand, phantasierte er darüber, wie sie unter ihrer Verpackung aussah. Obwohl er 56 war und sie 23, hoffte er, es bald mit eigenen Augen feststellen zu dürfen.

Heute schaute er besonders oft zu Katrin hinüber. Der Computer auf seinem Schreibtisch spielte vollkommen verrückt. Sobald Rahn den aktuellen Stand gewisser Wertpapiergeschäfte abrufen wollte, erschien ein wirrer Zahlensalat. Im Augenblick benötigte er die Informationen zwar nicht. Doch weil er sich für einen Computer-Experten hielt, hatte er den Ehrgeiz, den Fehler zu beheben. Als Trost gegen seine zermürbenden Mißerfolge half nur Katrin.

»Hallo, Baby!« … Steffen Rahn spürte einen Anflug von Tobsucht, als er die Worte hörte. Sie kamen aus dem Mund von Patrick Vogel. Der junge Angestellte arbeitete erst wenige Monate bei der Anlage- und Vermögensverwaltung. Sein größter Erfolg in dieser Zeit war, Katrin mehrmals in der Woche abholen zu dürfen. Er gab ihr einen Kuß auf die Wange.

»Kann ich gehen, Chef?«

Steffen Rahn nickte und bemühte sich, freundlich zu lächeln. Was konnte Katrin dafür, daß ihr niemand Besseres als dieser aalglatte Gigolo den Hof machte? Es war höchste Zeit, zur Tat zu schreiten! Er griff entschlossen zum Telefonhörer und wählte die Nummer seines Eigenheims.

»Hallo Schatz«, sprach er in die Muschel, nachdem seine Frau sich gemeldet hatte. »Es wird leider nichts mit unserem Wochenendtrip nach Sylt. Wichtige Konferenz in London. Ja, tut mir auch für die Kinder leid. Nächste Woche bestimmt, da soll das Wetter sowieso besser werden.«

Katrin willigte begeistert ein, Steffen Rahn nach London zu begleiten. Am Samstag trafen sie sich mit Geschäftspartnern und besuchten später einen Pub. Dort kam zum ersten Mal Flirtstimmung auf. Beinahe hätte Rahn Katrins Hand genommen. Doch sein Instinkt sagte ihm: lieber noch warten.

Den Abend vor der Abreise verbrachten sie im Nacht-Club des Hotels. Nach dem ersten Longdrink fragte Katrin: »Wollen wir tanzen?« Steffen Rahn hob überrascht die Augenbrauen. Es war ein Schmusesong.

Zum ersten Mal erlebte er die Berührung ihres Körpers, der sich eng an seinen schmiegte. Plötzlich war Rahn alles, bis auf eines, egal: »Wollen wir oben einen Drink nehmen?« fragte er. Katrins weiches Haar strich über seine Wange, als sie nickte.

Rahns Kollegen staunten, als er in der folgenden Woche wieder seine übliche Arbeit verrichtete. Meist trug er ein Lächeln auf den Lippen, selbst langatmige Erklärungen hörte er geduldig an, und irgend jemand ertappte ihn beim Pfeifen eines Liedchens.

Es hatte bereits zwei Wiederholungen der phantastischen Londoner Nacht gegeben. Auch für heute abend war verabredet, direkt vom Büro in Katrins Wohnung zu fahren. Sie hatte dafür gesorgt, daß der schmalbrüstige Patrick Vogel sich nicht mehr als Chauffeur andiente. Schelmisch lächelte sie ihn an. Steffen Rahn zwinkerte zurück und betätigte versehentlich ein paar Tasten seines Computers. Fassungslos schaute er auf den Bildschirm. Irgendwie war es ihm gelungen, den Stand der Wertpapiergeschäfte abzurufen, den der Computer so hartnäckig verweigert hatte. Vor vielen Posten blinkte ein Minuszeichen – für Verkauf. Das war unmöglich. Nur Steffen Rahn hatte Zugriff auf das Depot, und er hatte sicher nichts verkauft. Bevor er der Sache auf den Grund gehen konnte, brach das Programm wieder zusammen. Da steckte eben der Wurm drin, versuchte er sich zu beruhigen. Aber morgen mußte er einen Spezialisten kommen lassen.

Auf der Fahrt zu Katrins Wohnung war Rahn wegen des Computers nicht in bester Stimmung. Und ihm fiel eine weitere Sorge ein. »Sag mal, was war eigentlich mit dir und Patrick Vogel? Siehst du ihn überhaupt nicht mehr?«

»Er ist nett, und wir haben uns ein wenig angefreundet.«

Die Antwort machte Rahn wütend. Schweigend bewegte er das Lenkrad seines Wagens und suchte nach Worten.

»Er fühlt sich auf seinem Posten unterfordert«, kam ihm Katrin zuvor. »Kannst du nicht mal was für ihn tun? Er besitzt großartige Talente, denke ich.«

Im Rückspiegel starrte Steffen Rahn auf die dicken Tränensäcke unter seinen Augen. Er trat auf die Bremse und stoppte am Straßenrand. »Bitte steig aus.«

Katrin blickte ihn entsetzt an. Dann sprang sie, ohne eine Frage zu stellen, aus dem Wagen. Steffen Rahn verfolgte, wie sie sich auf der einsamen, waldgesäumten Vorortstraße voranbewegte. Sein Herz schmerzte vor lauter Wut und Empörung. Wie hatte er glauben können, daß sich ein junges Ding in einen alten Knacker wie ihn verliebte? Weil sie raffiniert und durchtrieben war. Eine Affäre mit dem Chef konnte natürlich nicht schaden, damit ihr bewunderter Jüngling nicht weiter ein unterbezahltes Dasein fristete. Immer noch hörte Steffen Rahn Katrins Schritte auf dem Asphalt. Er drückte den Fuß aufs Gaspedal.

Ein wohlklingender Gong ertönte in der Diele des Einfamilienhauses. Gertrud Rahn eilte zur Tür und öffnete einem Mann mit nüchterner, aber nicht unfreundlicher Miene. »Mein Name ist Kommissar Hartmann.«

»Uns wurde gesagt, daß Sie kommen. Mein Mann ist im Wohnzimmer.«

»Es tut mir leid, am Wochenende stören zu müssen. Aber viele Morde werden nur aufgeklärt, weil man keine Zeit versäumt.«

Steffen Rahn begrüßte den Kommissar und fragte nach dem Stand der Ermittlungen.

»Fest steht, daß Katrin Neumeier vorgestern abend in einem Wald erstochen wurde. Der Mörder nahm den Inhalt ihrer Handtasche mit. Außerdem fanden wir in einem nahen Weiher Handschuhe mit Blutspuren von Frau Neumeier. Fingerabdrücke hat das Wasser natürlich abgewaschen. Sie haben Frau Neumeier täglich gesehen und können uns vielleicht weiterhelfen.«

»Aber Sie haben meinen Mann doch schon gestern vernommen«, warf Gertrud Rahn ein.

»Ich muß leider offen sprechen«, sagte der Kommissar. »In Ihrer Firma munkelt man, Sie seien mit Frau Neumeier enger befreundet gewesen. Es wäre nicht das erste Mal, daß ein Familienvater seine junge Geliebte umbringt, weil sie ihm sagt: Entweder du läßt dich scheiden, oder ich berichte alles deiner Frau. Ich beschuldige Sie nicht, aber Sie sollten mir die Wahrheit sagen.«

»Unser Verhältnis war rein beruflicher Natur. Wir hatten nichts miteinander.«

»Das sind doch die üblichen Intrigen von neidischen Kollegen!« sagte Gertrud Rahn empört. »Mir wäre eine Affäre sofort aufgefallen.«

Am Montag arbeitete Steffen Rahn wie gewöhnlich. Katrins Nachfolgerin sollte am nächsten Morgen ihre Arbeit aufnehmen. Auf den Firmenfluren fühlte er sich von mißtrauischen Blicken verfolgt. Erst spätabends, als alle fort waren, verließ er sein Büro. Doch er konnte nicht an Katrins Schreibtisch vorbeigehen. Rahn schaltete die Lampen aus und nahm Platz. Dann starrte er regungslos auf die Lichter der Stadt.

Plötzlich hörte er Schritte. Eine Gestalt huschte im Dunkel vorbei und verschwand in seinem Zimmer. Rahns Computer wurde eingeschaltet, Finger glitten über die Tastatur. Rahn erhob sich lautlos.

Hochkonzentriert starrte Patrick Vogel auf den Bildschirm des Computers. Er bemerkte nicht, daß Steffen Rahn näher kam und schließlich über seine Schulter blickte.

»Wie ich sehe, haben Sie das Depot beinahe leergeräumt«, sagte Rahn ruhig. »Immerhin, eine Meisterleistung.«

Patrick Vogel warf schockiert den Kopf zurück. Schnell beruhigten sich seine Gesichtszüge wieder. »Sie haben recht«, sagte er. »Gegen diesen Erfolg ist geradezu lächerlich, was ich bei anderen Firmen erwirtschaftet habe. Ich lenke die Gelder über viele Konten, die längst wieder aufgelöst sind, wenn man den Schaden bemerkt. Erwischt hat man mich nie.«

»Sie rechnen mit der Dummheit der Leute. Irgendwie haben Sie den Computer dazu gebracht, mir einen technischen Defekt weiszumachen. Doch jetzt schützt Sie kein Trick mehr vor dem Gefängnis.«

Patrick Vogel verschränkte die Arme bequem hinter seinem Kopf und lächelte selbstbewußt. »Wenn ich sitze, sitzen auch Sie.

Ich kann der Polizei Katrins Terminkalender zuspielen. Darin steht, daß sie sich am Donnerstag ab 19 Uhr nur Ihnen widmen wollte. Zufällig wurde sie kurz danach ermordet.«

»Woher haben Sie den Kalender?!«

»Aus Katrins Handtasche. Das süße Mädel erwischte mich leider eines Abends, als ich an Ihrem Computer saß. Ich fand irgendeine Ausrede und machte ihr schöne Augen. Doch plötzlich wollte sie nichts mehr von mir wissen. Am Donnerstag sah ich, daß sie in Ihr Auto stieg. Ich fuhr hinterher.«

»Sie haben Katrin ermordet.«

»Liebende erzählen sich alles. Früher oder später hätte Katrin mich verpfiffen. Ich war sehr verdutzt, als sie plötzlich aus Ihrem Wagen sprang. Aber die Gelegenheit war einmalig. Dunkle Nacht, keine Menschenseele ...«

Das schrillende Telefon verhinderte, daß Steffen Rahn gewalttätig wurde. Wie in Trance griff er nach dem Hörer: »Rahn ... Ja ... verstehe ... Ja, ich warte hier auf Sie.« Rahn hängte auf und sagte: »Man hat die Mordwaffe im Schilf des Weihers gefunden. Jetzt will die Polizei meine Fingerabdrücke. Doch ich werde dem Kommissar berichten, wessen Hände in Wirklichkeit untersucht werden müssen.«

Patrick Vogel brach in schallendes Gelächter aus. »Okay, ich habe das Messer nicht weit genug geworfen. Aber es wird weder Sie entlasten noch mich belasten. Ich habe Handschuhe benutzt.«

Steffen Rahn atmete tief durch. »Ich drückte mich falsch aus, als ich von Fingerabdrücken sprach. Ihrem exakten Verstand entging, daß viele Handschuhe am unteren Rand eine Einkerbung besitzen. Auf dem Messer wurde der kleine, dreieckige Abdruck eines Handballens gefunden. Der wird Sie einwandfrei als Mörder identifizieren.«

Steffen Rahn blickte nicht auf, als Patrick Vogel eilig das Büro verließ.

Victor Sperl

Auf die Vorspeise kommt es an

Bevor Sigmund Weber das Rasthaus an der Autobahn verließ, wechselte er im Waschraum sein Hemd, band eine Krawatte um und kämmte sorgfältig seine wallende Fönfrisur. Nur wenige Kilometer trennten ihn noch vom Feinschmeckerrestaurant »Trüffelkate«, wo er seinen harten Job erledigen mußte.

Für den Rest des Weges nahm Weber die Landstraße. Immer wieder griff er zur Mineralwasserflasche, spülte sorgsam seinen Gaumen aus. Ach, wie leid war ihm seine Arbeit oft, auch jetzt spürte er, wie sich beim Gedanken ans Kommende sein Magen verkrampfte. Kellner mit ernsten Mienen würden um ihn herumhuschen und eine Atmosphäre verbreiten, die besser zu einem Operationssaal paßte. Auf der Speisekarte durfte er zwischen Gerichten wählen, die Namen trugen wie: »Serenade von gedämpften Kleinoden aus Lachs und Gemüsedekor.« Umgeben von betuchten Gästen, die sich vor allem vor den Kellnern wichtig machen wollten, bekäme er Portionen aufgetischt, die kein Kätzchen sättigen konnten. Gab es jemanden, der sich vor dem Besuch eines Feinschmeckerlokals nicht woanders den Bauch vollschlug? Er hatte es einmal versucht und das beständige Knurren seines Magens nicht bändigen können.

Die »Trüffelkate« war nicht zu übersehen. Ein herausgeputztes Fachwerkhaus mit einem englischen Garten und einem Zäunchen aus Lichterketten davor. Als Weber das Foyer betrat und mit resoluter Miene die Verbeugung des Oberkellners quittierte, hellte Jagdlust seine Stimmung auf. Er besaß ein einziges Talent, das aber für sein Einkommen sorgte und ihn sehr mächtig machte: seinen außerordentlichen Geschmackssinn. Als Restauranttester eines der angesehensten Feinschmeckerjournale entschied er mit darüber, welche Lokale im nächsten Jahr »in« oder »out« waren. Das entschädigte für manches.

Es lief gut an. Der Kellner geleitete ihn nicht zu einem Katzentisch für Singles, sondern zu einem ansprechenden Platz neben einem stillgelegten Kamin. Weber war schon einige Male hier gewesen und hatte dem Restaurant stets gute Noten gegeben – vielleicht würden diesmal die allerbesten herausspringen.

Er entschied sich rasch für das billigste Menü und einen preiswerten Rotwein. Außerdem ließ er sich vom Kellner das Fachchinesisch auf der Karte erklären, obwohl er natürlich voll im Bilde war. Niemand durfte ahnen, daß er ein Detektiv in Sachen Sinnesfreuden war.

Der Besitzer der »Trüffelkate«, Rolf-Dieter Weißhaupt, hieß jeden seiner Gäste stets persönlich willkommen. Manche sofort, andere erst vor dem Dessert, damit sein Auftritt eine individuelle Note bekam. Plötzlich fiel sein Blick auf Sigmund Weber. »Ich hoffe, Sie werden zufriedengestellt«, sagte er zu ihm. Weber schaute auf und antwortete: »Das hoffe ich auch.«

Weißhaupt zuckte zusammen und verabschiedete sich rasch mit dünner Stimme. Sekunden später nahm er seinen Oberkellner beiseite. »Wir haben einen Restauranttester hier! Ich sehe es ihm an der Nasenspitze ab. Wir müssen jetzt besser als gut sein, tausendprozentig!«

Gebratene Scampis bekam Sigmund Weber als Vorspeise serviert. Das mittelmäßige Olivenöl, mit dem sie normalerweise zubereitet wurden, hatte Weißhaupt durch eine erlesene Sorte ersetzt, von der er nur ein Fläschchen besaß. Unruhig lief er in der Küche auf und ab, hielt die Spannung schließlich nicht mehr aus. Er eilte in den Gästeraum, um auf der Miene seines Gastes ein Urteil abzulesen. Würde er zufrieden lächeln oder die Stirn in strenge Falten gelegt haben?

Weißhaupt starrte mit großen Augen auf Sigmund Weber, und sogleich schoß ihm das Blut in den Kopf. Das Gesicht des Restauranttesters war bleich und verzerrt. Den Teller hatte er beiseite geschoben. Weißhaupt gab sich einen Ruck und trat auf ihn zu. »Ist etwas nicht in ...«

»Zahlen.«

Unfähig zu antworten, verschwand Weißhaupt in der Küche. Der Oberkellner folgte ihm: »Was ist los, Chef?«

»Die Scampis waren schlecht! Der Restauranttester zeigt alle Symptome einer schweren Magenverstimmung. Wissen Sie, was das bedeutet?« Weißhaupts Stimme war nur noch ein Hauch. »Er wird uns total niedermachen. Dann bleiben die Gäste aus. Dann können wir einpacken!«

Weißhaupt ging zurück an Webers Tisch. »Sie müssen nichts bezahlen, ich hoffe, daß Sie ...« Sigmund Weber erhob sich ächzend und sagte: »Auf Wiedersehen.«

Rolf-Dieter Weißhaupt beobachtete, wie der Restauranttester im Foyer verschwand. Er eilte ihm nach, griff nach den Ärmeln des Mantels, den Weber gerade überzog.

»Warten Sie«, sagte Weißhaupt, »vielleicht tut Ihnen mein Cognac gut – allererste Wahl ...«

»Nein danke.« Weber drückte die Türklinke herunter. Da schnellte Weißhaupts Faust in seine Magengrube. Sigmund Weber brach benommen zusammen.

Weißhaupt öffnete die Tür, die vom Foyer in den Weinkeller führte. Er packte den leblosen Körper und schleifte ihn die Treppen hinab. Unten, zwischen den Regalen voller Flaschen, kam Weber wieder zu sich.

»Hier erholen Sie sich erstmal«, sagte der Wirt. »Und bedenken, was ich Ihnen sage: Ich habe Freunde, die keine Skrupel kennen. Die werden Sie überall finden. Wenn Ihnen Ihr Leben lieb ist, vergessen Sie, was Sie heute aßen. Nein, Sie geben dafür die Bestnote!« Der Wirt stieg die Treppe hinauf und verschloß von außen die Kellertür.

Sigmund Weber fühlte sich grauenvoll. Schüttelfrost und Magenkrämpfe wüteten in seinem Körper. Er kämpfte gegen das Bedürfnis, die Augen zu schließen, wegzusinken. Denn dann, fürchtete er, würde sich sein Leben still und leise verabschieden.

Auf allen vieren kroch er die Kellertreppe hinauf, erreichte schweratmend die hölzerne Tür. Den Rücken am Mauerwerk hochschiebend, kam er auf die Beine. Er stellte sich vor, eine Kanonenkugel zu sein. Dann gab er seinem Körper einen höllischen Ruck, prallte mit gnadenloser Wucht gegen die Tür. Sie flog aus den Angeln.

Im Foyer sprangen Rolf-Dieter Weißhaupt und ein paar Gäste, die er gerade verabschiedete, zur Seite. »Ich werde hier gefangengehalten«, stammelte Weber mit letzter Kraft, »helfen Sie mir!« Dann verlor er das Bewußtsein.

Ein Gast beugte sich über ihn. »Der Mann hat doch vorhin hier gegessen ...«, sagte er. »Das sieht nach einer Vergiftung aus!«

Er alarmierte über sein Handy die Polizei, lief dann in den Gästeraum. »Essen Sie nichts mehr!« rief er den Sitzenden zu. »Die Speisen sind vielleicht infiziert!«

Rolf-Dieter Weißhaupt schlug verzweifelt die Hände vors Gesicht.

Am übernächsten Tag hatte sich Sigmund Weber vom Infekt leidlich erholt und bekam in der Klinik Besuch von der Polizei.

»Die ›Trüffelkate‹ ist versiegelt«, berichtete ihm ein Kommissar. »Weißhaupt sitzt wegen Freiheitsberaubung und Körperverletzung in Untersuchungshaft. Seine Lizenz ist er los, sein Ruf auf ewig ruiniert. Nur eines konnten wir nicht feststellen: daß seine Produkte unhygienisch oder infiziert sind.«

»Gut, daß Sie darauf zu sprechen kommen!« sagte Weber. »Ich habe mir meine Beschwerden nicht bei Weißhaupt geholt! Sie gingen los, bevor ich die Scampis anrührte. Die Frikadellen von der Autobahnraststätte, an der ich mich vorher stärkte, müssen verseucht gewesen sein! Das Menü in der ›Trüffelkate‹ hätte sicher wie immer vorzüglich gemundet ...«

Carsten Klemann

Ein Taxi, das nie ankommt

Das Taxi stand an einer Geschäftsstraße, die jetzt, um 2 Uhr früh, ruhig und fast menschenleer war. Der Kopf des Fahrers hing überm Lenkrad. Ab und zu murmelte er im Schlaf zusammenhanglose Sätze.

Ein Mann im Trenchcoat lugte von außen durch das Seitenfenster. Einige Sekunden verharrte er unschlüssig. Dann pochte er sanft gegen die Scheibe.

Der Taxifahrer schlug die Augen auf, rieb mit der Hand über seine Stirn und seinen verschwitzten Haarschopf. Er betrachtete den Mann auf der Straße mit kleinen, stumpfen Augen und kurbelte das Fenster herunter.

»Entschuldigen Sie bitte«, sagte der Mann. »Ich wollte wissen, ob Sie frei sind.«

Der Taxifahrer machte eine knappe Handbewegung. Der Gast nahm auf der Rückbank Platz.

»Ich möchte zum Martinsplatz.«

Der Fahrer startete den Motor, fuhr aber nicht an, sondern starrte in die Nacht. Er hatte ein rundes, fleischiges Gesicht, und sein untersetzter Körper erweckte den Eindruck, in vielen Jahrzehnten mit dem Platz hinter dem Steuerrad zusammengewachsen zu sein. Er legte die Stirn in Falten und stopfte sein Hemd, das über der Hose hing, mit dem Daumen zurück unter den Bund. Der Wagen stand immer noch.

»Martinsplatz«, wiederholte der Fahrgast.

Das Taxi bewegte sich. Der Gast, ein Mann Mitte Vierzig mit gepflegtem Haarschnitt und einer altmodischen Brille, lehnte sich zurück und horchte auf die leise Musik im Radio. Als der Wagen vor einer roten Ampel stoppte, nahm er einen Terminplaner aus der Tasche und studierte ihn im Schein der Straßenlaternen. Der Taxifahrer schaltete die Innenbeleuchtung ein.

»Oh, vielen Dank«, sagte der Passagier. »Das ist aber nicht nötig.«

Das Licht brannte weiter, während der Wagen mit surrendem Motor vor der Ampel wartete. Eine Weile beschäftigte sich der Gast mit seinem Büchlein, dann blickte er prüfend nach vorne. Der Wagen stand nach wie vor still, während die Ampel nun von grün auf gelb sprang. Der Taxifahrer studierte einen Stadtplan.

»Der Martinsplatz liegt nahe der Reuterallee«, sagte der Gast freundlich.

Der Taxifahrer legte den Stadtplan weg und schaltete die Beleuchtung aus. Beim nächsten Grün fuhr er weiter.

Als Nachrichten im Radio kamen, stellte er es lauter. Eine Meldung besagte: Schon wieder war ein psychisch gestörter Straftäter aus den städtischen Anstalten geflohen, der zweite innerhalb weniger Monate. Zum ersten Mal zeigten die Augen des Fahrers eine innere Regung. Im Rückspiegel suchten sie das Gesicht des Gastes und studierten es mit unverhohlenem Mißtrauen. Dem Mann auf der Rückbank entging dies nicht. Er schmunzelte und zwinkerte dem Spiegelbild des Fahrers zu. Der zuckte zurück und schaute wieder auf die Fahrbahn.

Sie brausten jetzt über eine große Ausfallstraße. Während der Fahrgast bisher in entspannter, würdevoller Haltung dasaß, rutschte er nun unruhig auf seinem Polster herum. Rätselnd schaute er aus dem Fenster. »Sie fahren ja um die ganze Stadt herum!«

Der Taxifahrer antwortete mit einem knurrenden Laut und gab mehr Gas.

Irgendwann bog er in eine kleine Wohnstraße ab. Es waren nur 30 km/h erlaubt, das Taxi fuhr aber noch langsamer. Der Fahrer beugte sich über den Beifahrersitz und versuchte, die Straßennamen zu entziffern.

Der Gast verfolgte das Geschehen angespannt, aber gefaßt. »Sie müssen einfach geradeaus fahren«, sagte er. »Dann müßten wir auf den Stadtring kommen.«

Der Taxifahrer drehte ganz kurz den Kopf nach hinten. Dabei musterte er seinen Insassen auf eine beleidigte und feindselige Weise.

Das Taxi erreichte den Kaiserring. Der Gast beugte sich zum Fahrer und sagte: »Wenn Sie jetzt links fahren, sind wir zumindest schon mal in der richtigen Richtung. Wir müssen auf die Reuterallee gelangen.«

Der Fahrer hieb heftig auf sein Lenkrad ein. »Verdammt! Sie sollen mir nicht sagen, wie ich fahren soll!« Der Mann atmete schwer und keuchend, und es dauerte lange, bis er sich wieder beruhigt hatte.

Der Gast zog sich in die hinterste Ecke der Rückbank zurück und blickte mit eisiger Miene aus dem Fenster.

»Reuterallee, endlich«, murmelte er nach 20 Minuten, streckte die Beine aus und schloß die Knöpfe seines Mantels. Nach weiteren zehn Minuten bekam sein Gesicht einen fassungslosen, beinahe verzweifelten Ausdruck. »Wir sind ja gleich wieder in der Innenstadt! Sie sind in die falsche Richtung gefahren!«

Das Taxi raste weiter in schnurgerader Linie voran. Plötzlich bremste der Fahrer ab, machte eine scharfe Kurve und sauste quer über die Allee auf die andere Fahrbahn. Während der Gegenverkehr hupte, schlug er den Weg ein, aus dem sie gekommen waren.

»Schluß!« rief der Fahrgast. »Ich will sofort aussteigen.«

Das Taxi hielt am Straßenrand. Der Fahrer schaute auf den Taxameter: »Macht genau 58 Mark und 60 Pfennige.«

»Sie sind wohl übergeschnappt?! Glauben Sie, Sie bekommen Geld für diese Höllenfahrt? Ich werde mich bei Ihrem Chef beschweren.«

Der Gast stieg aus dem Wagen. Er kam nur wenige Schritte weit, denn der Fahrer eilte ihm nach und zerrte ihn zurück zum Wagen. »Ich will mein Geld.«

»Sie sind ja wahnsinnig.« Der Gast stieß den Fahrer zurück und versuchte, sich loszureißen. Da traf ihn ein heftiger Schlag gegen die Schläfe, der ihn betäubte. Während der Fahrer den leblosen Körper packte und auf die Rückbank hievte, eilte ein Passant heran. »Was machen Sie da?«

Der Fahrer beachtete ihn nicht. Er schloß die Wagentür, setzte sich wieder hinter das Steuer und fuhr davon.

Bei den Hafenanlagen parkte das Taxi. Der Fahrer durchsuchte die Taschen seines immer noch bewußtlosen Passagiers. Doch er fand nichts außer einigen Münzen und einer Kreditkarte.

»Dir werde ich Beine machen«, sagte der Taxifahrer und holte ein Abschleppseil aus dem Kofferraum. Ein Ende band er um die Stoßstange des Taxis, das andere um die Fußgelenke des Gastes. Er setzte sich nieder und nahm das Seil fest zwischen seine Fäuste. Dann schob er den leblosen Körper mit beiden Füßen über die steile Kaimauer.

Der Gast hing mit dem Kopf voran über dem Fluß, als er erwachte. Er stieß einen entsetzten Schrei aus. Der Taxifahrer ließ das Seil durch seine Hände gleiten, bis der Kopf seines Gastes ins Wasser tauchte. Dann zog er ihn wieder heraus. »Werden Sie den Fahrpreis bezahlen?«

Der Gast antwortete nicht. Abermals ließ der Fahrer Seil nach, sodaß sein Opfer nun bis zu den Hüften im Wasser verschwand. Danach hatte er nicht die Kraft, es wieder an die Oberfläche zu bringen. Er setzte sich in den Wagen und fuhr ein paar Meter vorwärts. Dann lief er wieder zum Kai und zog den Mann an den Beinen ans Ufer. Eine Weile saß er erschöpft da. Dann wurde eine Pistole gegen seinen Hals gedrückt. »Polizei! Auf den Boden!« Mehrere Männer packten ihn und legten ihm Handschellen an.

Zwei Stunden saß der Taxifahrer in einer Gefängniszelle. Dann brachte man ihn zu einem Kommissar.

»Es tut mir sehr leid!« sagte der Beamte. »Aber wir konnten die Lage nicht sofort erfassen. Sie sind ein Held! Stellen Sie sich vor, sechs Menschen hat Ihr Fahrgast auf seinem Gewissen. Seit seinem Ausbruch aus der geschlossenen Anstalt schon wieder zwei. Er ist nachts auf die Straße gegangen und hat einfach irgendwelche Fremden erschossen. Da gehörte etwas dazu, sein Gesicht von den Fahndungsfotos zu erkennen, obwohl er es völlig verändert hat. Der Mann ist intelligent, hatte sich schon wieder ein neues Leben aufgebaut. Daß Sie ihn zur Strecke brachten, ist schon ein starkes Stück. Soll ein Beamter Sie nach Hause bringen?«

Der Taxifahrer schüttelte den Kopf. Er stand auf, und der Kommissar reichte ihm die Hand und sagte: »Machen Sie es gut, mein Guter!«

Der Kommissar geleitete den Taxifahrer hinaus und lehnte sich dann behaglich in seinem Schreibtischstuhl zurück. Den Amokläufer geschnappt! Die Beförderung war nahe.

Das Telefon läutete. Ein Kollege meldete sich und sagte:

»Ein unglaublicher Doppelschlag ist dir gelungen! Wir haben uns die Fotos und Fingerabdrücke genau angesehen. Dieser Taxifahrer, das ist der andere Irre, der erst gestern aus der Psychiatrie entkam. Zwanzig Jahre kutschierte er brav seine Gäste, dann fiel er sie plötzlich an. Den Psychiatern sagte er immer wieder nur: Ich will Taxi fahren. Gleich nach seiner Flucht hat er eins gestohlen.«

Der Kommissar knallte den Hörer auf die Gabel und rannte auf den leeren Gang hinaus.

Wolf Brümmel

Schweigen oder Sterben

Am Morgen wurde ein Toter in den heruntergekommenen Fachwerkhäusern der Altstadt gefunden. Ein Stadtstreicher war das Opfer. Auf den ersten Blick war die Altstadt mit ihren alten Häusern idyllisch. Auf den zweiten Blick verkommen und verfallen. Nur die Stadtstreicher, die obdachlosen Frauen und Männer, lagerten vor und hinter den eingetretenen Türen. Hier konnten sie in Ruhe unter leeren Fensterhöhlen ihren Rausch ausschlafen.

Doch mit dem kümmerlichen Frieden war es nun auf einmal vorbei. Einer von ihnen wurde im Schlaf brutal erschlagen, der Kopf mit einem harten Gegenstand zertrümmert. Er war schon einige Tage tot, bevor seine Kameraden es überhaupt bemerkten.

Für Kommissar Holger Kantmann stand fest, daß einer der Stadtstreicher der Täter war. Sicher ging es um eine Zigarette, einen letzten Schluck aus der Flasche oder um einige lausige Mark. Und keiner von ihnen sagte auch nur ein Wort. Die lauernden leeren Gesichter verrieten nichts. Nur Angst und grenzenloses Mißtrauen.

Doch da sagte Hans, der jüngste unter den Stadtstreichern: »Herr Kommissar, von niemandem werden Sie etwas erfahren. Hier gibt es nur eins: Schweigen oder Sterben!« Resigniert stieg Kommissar Kantmann über die Beine der Obdachlosen und Berge von verbeulten Dosen und zerdrückten Pappbechern. Sein breitwangiges Gesicht drückte unverhohlenen Ekel aus.

Am nächsten Morgen wurde ein weiterer Toter unter den Ruinen der Altstadt entdeckt.

»Natürlich wieder ein Stadtstreicher«, ärgerte sich Kommissar Kantmann. Wenn er etwas zu sagen hätte, dann wären die alten Häuser längst abgerissen worden. Aber er hatte nichts zu sagen, er hatte nur zwei Morde in diesem Elendsnest aufzuklären.

Natürlich erfuhr er nichts, als er durch die Altstadt streifte. Er spürte aber, daß sich Panik unter den Obdachlosen ausgebreitet hatte. Sie packten ihre dürftigen Habseligkeiten in Plastiktüten und verschwanden. In den nächsten Wochen kehrte Ruhe in der Altstadt ein, und die Stadtstreicher kamen zurück.

Mißmutig saß Kommissar Kantmann in der Polizeikantine.

»Na, hast du deinen Altstadtmörder?« fragte ihn ein Kollege vom Drogendezernat.

»Nein. Hast du denn deine Dealer? Natürlich auch nicht«, bekam er brummig von Kantmann zur Antwort.

»Ich verstehe das nicht«, meinte der Kollege, ohne die schlechte Laune von Kantmann zu registrieren. »In letzter Zeit haben sich die Burschen ein neues Verteilernetz ausgedacht. Und ich komme einfach nicht dahinter, wie das funktioniert.«

»Ja, so hat jeder von uns seine Probleme«, antwortete Kantmann. Was interessierten ihn die Dealer der Stadt? Er brauchte endlich den Mörder aus dem Elendsviertel, denn inzwischen hatte sich die Anzahl der umgebrachten Obdachlosen auf drei erhöht.

Kantmann schickte seinen besten Mann Markus Olsen in die Altstadt, als Stadtstreicher getarnt. Markus' Gesicht war wulstig, seine Aufklärungsquote gut und sein Ruf schlecht. Er war der richtige Mann für diesen gefährlichen Posten. Nach einer Woche wußte Markus Olsen, daß jede Nacht ein Mann über die Abfälle in die

Häuser stieg, um billigen Wein und Zigaretten unter den Stadtstreichern zu verteilen. Beliebt war er trotzdem nicht, und seine Spenden wurden nie mit Begeisterung aufgenommen. Einige Stadtstreicher schliefen gleich weiter in ihrem Alkoholrausch, andere dagegen erhoben sich sehr schwerfällig und schlichen torkelnd davon. Erst nach Stunden kehrten sie sichtlich hundemüde auf ihr hartes Lager zurück.

Markus Olsen begann, sich heimlich für den nächtlichen Besucher zu interessieren. Ihm war aufgefallen, daß er den jüngeren unter den Obdachlosen so unauffällig wie möglich kleine Päckchen zusteckte. Und die Männer, die diese zusätzliche Zuwendung erhielten, verschwanden dann auch sofort in der Dunkelheit.

Dann wurde ein Stadtstreicher mitten im Stadtpark ermordet. Auf bestialische Weise mußte der Mörder auf den Schädel des schlafenden Opfers eingeschlagen haben.

Liebespaare, die in der Nähe waren, gaben zu Protokoll, daß sie zuerst die fürchterlichen Schläge und dann die gellenden Hilfeschreie des Mannes hörten. Die Unruhe wuchs wieder in der Altstadt, doch niemand sprach auch nur ein Wort über den Toten, der doch einer von ihnen war.

Die Männer wissen etwas, sagen aber nichts, dachte Markus Olsen. Und daß er hinter dieses Geheimnis kommen mußte.

In der folgenden Nacht hörte er, wie der nächtliche Besucher dem jungen obdachlosen Hans zuflüsterte:

»Da hat wieder einer geredet. Und er wurde zum Schweigen gebracht. Also, wann kapiert ihr das endlich? Außerdem brauche ich anstelle des Toten einen neuen Mann.« Hans' schwarze Augen brannten in seinem bärtigen, ausdruckslosen Gesicht. Er zeigte wortlos auf Markus Olsen. Der Mann ging zu ihm.

»Komm mit«, befahl er, und als Markus Olsen weiterhin den Schlafenden spielte, bekam er einen schmerzhaften Fußtritt in die Lende. Erschrocken sprang er auf seine langen Beine. »Komm mit«, hörte er noch einmal. Markus Olsen erhielt einige Päckchen, die er in der Bahnhofsgegend abzugeben hatte.

»Man wird auf dich zukommen, klar? Und wenn du einen Fehler machst, geht es dir an den Kragen. Merke dir, es gibt nur eins, Schweigen oder Sterben!«

Mit dieser Drohung im Nacken schlurfte Markus zum Bahnhof. Und es passierte alles so, wie der Besucher es beschrieben hatte. Es war perfekt organisiert.

»Da haben wir doch die Lösung des Geheimnisses, die armen wehrlosen Obdachlosen werden als Drogenkuriere mißbraucht. Und wer nicht mehr mitmachen will oder gar plaudert, der wird einfach brutal umgebracht«, schrie Holger Kantmann, und dann fluchte er fürchterlich.

»Dieser nächtliche Besucher wird ab sofort beschattet und verfolgt. Er muß uns zu seinem Auftraggeber führen«, sagte der Kollege des Drogendezernats aufgeregt.

»Gut, aber dann gehört er uns. Für mich ist er nämlich der Mörder der Stadtstreicher«, betonte Kommissar Kantmann.

Einige Nächte später wurde der als Stadtstreicher getarnte Markus Olsen in einem der abbruchreifen Häuser der Altstadt durch ein lautes Geräusch aufgeschreckt. Er war gerade eingenickt. Sofort stürzte er sich auf die dunkle Person, die mit einem Baseballschläger wie wild auf ein am Boden liegendes Häufchen Elend einschlug. Im Nu hatte ihn Markus Olsen mit einem gekonnten Genickschlag überwältigt. Der Stadtstreicher war noch einmal mit dem Leben davongekommen. Die unmittelbar in der Nähe liegenden Obdachlosen rührten sich nicht. Niemand nahm von dem verhinderten Mord Notiz.

Olsen führte den Fremden ab. Es war der nächtliche Besucher.

Für Markus Olsen war die Arbeit getan. Nun war Kommissar Holger Kantmann an der Reihe, und er erledigte mit unverhohlener Begeisterung seinen Job. Seine Methode, ein Geständnis aus dem nächtlichen Besucher und Mordverdächtigen zu locken, hatte Erfolg. Kantmann bekam seinen Obdachlosenmörder.

Nur der Kollege des Drogendezernats war grimmig und unzufrieden. An den Kopf der Bande war er nicht geraten. Und unter den Stadtstreichern in der schmierigen Altstadt kehrte vorerst wieder Ruhe ein.

Carsten Klemann

Ein Tropfen für die Ewigkeit

Bestürzt legte Friedrich Helm den Telefonhörer auf die Gabel. Eben hatte er erfahren, daß ein ehemaliger Kollege gestorben war. Somit stand die dritte Beerdigung in vier Monaten bevor. Im Februar starb Helms Cousin Claus an einer Embolie. Im März erlag Onkel Konrad einem Herzinfarkt.

Helm zerdrückte seine Zigarette und blickte aus dem Fenster seiner Notarskanzlei auf den frühlingshaften Park. Da er 54 Jahre alt war, konnte er sich ungefähr ausrechnen, wie oft er noch den Wechsel der Jahreszeiten miterleben durfte. Wenn ihn nicht auch eine heimtückische Krankheit noch vor dem Ruhestand dahinraffen würde. Helm war Witwer, und von seiner Familie lebten nur noch er und Tante Margot.

Er betrachtete den halbleeren Kaffeebecher auf seinem Schreibtisch, bereits der vierte heute. Ja lief er nicht seit Jahren mit offenen Augen in sein Unglück? Waren ihm nicht die Gefahren einer ungesunden Lebensweise wohlbekannt?

Entschlossen sprang er vom Stuhl und ging hinüber ins Vorzimmer. »Wir machen heute früher Schluß«, sagte er zu seiner Sekretärin. »Doch bitte entfernen Sie sämtliche Aschenbecher aus meinem Büro, bevor Sie gehen. Ich habe das Rauchen aufgegeben, das sollten Sie auch tun.« Die Augenlider der Sekretärin klapperten nervös.

An diesem Tag betrat Friedrich Helm zum ersten Mal in seinem

Leben einen Bio-Laden. Eine nette Verkäuferin klärte ihn darüber auf, welche zahllosen Gifte in den angebotenen Gemüsesorten, Körnerprodukten und Säften nicht enthalten seien. Blaß und schuldbewußt gestand er sich die schreckliche Wahrheit ein: Seine achtlose Ernährungsweise hatte aus seinem Körper eine Sondermülldeponie gemacht.

In den folgenden Wochen landeten massenhaft Gesetzesbücher, die in den Regalen seines Eigenheims verstaubten, im Keller, um Gesundheitsratgebern Platz zu machen. Vorbei waren die Zeiten der üppigen Gelage am Frühstückstisch mit zwei Eiern, durchwachsenem Speck oder fingerdicker Marmelade auf dem Brot. Mittags schlang er keine Brötchen mehr in sich hinein, und das Aroma seiner ehemals geliebten Weißwürste verblaßte in seiner Erinnerung. Nachdem er sich intensiv mit Naturheilkunde beschäftigt hatte, pflügte er sein Blumenbeet um und pflanzte Kräuter. Er vermischte sie zu Präparaten, die allen erdenklichen Leiden vorbeugen und zu einem langen Leben verhelfen sollten.

Die Nachricht vom Tod seiner Tante Margot war ein schlimmer Schock. Sie hatte einen Gehirnschlag erlitten. Bei der Beerdigung trat ein junger Mann auf Friedrich Helm zu und sagte: »Ich freue mich, dich wiederzusehen, Fritz. Obwohl der Anlaß leider traurig ist.«

»Wer sind Sie?«

»Ich bin Stefan Helm. Der Sohn deines verstorbenen Cousins Leo.«

Jetzt kam Friedrich Helm die Erinnerung: Vor Monaten erzählte ihm Konrad, ein junger Verwandter sei aufgetaucht und käme sie oft besuchen. Helm hatte sein Gesicht auch flüchtig bei den Beerdigungen von Cousin Claus und Onkel Konrad registriert. Er war damals in zu düsterer Stimmung, um sich für den jungen Mann zu interessieren. Es gab also doch noch einen lebenden Verwandten! »Deine Eltern wanderten einst mit dir nach

Amerika aus«, fiel ihm ein. »Aber sie starben schon vor vielen Jahren.«

»Ich wuchs bei Freunden auf. Am Ende meines Studiums ging ich zurück nach Deutschland. Leider gab es nur noch wenige Verwandte. Aber wie schön, daß wir uns gefunden haben«, sagte Stefan strahlend.

»Du mußt mich morgen besuchen, Junge! Ich brenne darauf, mich mit einem echten Helm nach Herzenslust zu unterhalten.«

Stefan stand am nächsten Abend mit einem Geschenk vor der Tür. Mit schlimmen Befürchtungen entfernte Friedrich Helm das Papier. Es war eine Flasche Wein. Helm wog die Flasche in der Hand und wollte seine Abneigung gegen Süßes, Fettiges und Alkoholisches gestehen. Doch da kam ihm die Erleuchtung: Die Flasche enthielt Rotwein. Forschungen besagten, daß ein tägliches Gläschen davon Gefäßerkrankungen vorbeugen könne. Und bekannt war schließlich auch, daß viele Heilkräuter nur in Alkohollösung einen Effekt erzielten. Wenn er das nicht wahrhaben wollte, würde er seiner Gesundheit keinen Gefallen tun. »Warte einen Augenblick«, bat er Stefan. »Irgendwo im Haus muß ein Korkenzieher sein.«

»Aber für mich bitte kein Glas«, wehrte Stefan ab. »Ich muß noch Auto fahren.«

Friedrich Helm fand Stefans Vorsicht lobenswert und probierte allein. »Ein köstlicher Wein«, urteilte er. Deutlich glaubte er zu spüren, wie die heilsamen Wirkstoffe der Trauben durch seine Adern zirkulierten und seinen Körper wohltuend entspannten.

Später vermischte Friedrich Helm den restlichen Wein und diverse Heilkräuter zu kleinen Portionen. Am Montag kaufte er in einem Fachgeschäft mehrere Sorten Rotwein. Verglichen mit Stefans Sorte waren die Kostproben enttäuschend. Helm entschied, vorerst nur aus Stefans Wein Elixiere gegen Krankheit und für ein langes Leben zu brauen. Stefan brachte bei jedem Besuch ein oder gar zwei Flaschen mit, die für seine Zwecke ausreichten. Friedrich Helm wagte aber nicht, seinem Verwandten zu erzählen, was er mit den edlen Tropfen anstellte.

Überraschend kam ein Schreiben vom Nachlaßgericht. Friedrich Helm studierte es fassungslos. Als nächster Verwandter von Onkel Claus und Tante Margot sollte er ihr Vermögen erben. Ihm war bekannt, daß sie reich waren. Aber nicht, daß sie Lebensversicherungen und Aktien im Wert von zwei Millionen Mark besaßen. Hinzu kam ihr großes Haus. Verstört fragte er sich, was er mit soviel Geld anfangen sollte.

Am nächsten Morgen erschien seine Sekretärin nicht zur Arbeit. Erst kurz vor der Mittagspause rief sie an – aus dem Krankenhaus. Die Ärzte hatten eine mysteriöse Virusinfektion bei ihr festgestellt. Sie litt unter Seitenschmerzen und Hitzeschüben. »Das habe ich mir wohl beim Kenia-Urlaub zugezogen«, sagte sie tapfer.

Helm schloß sofort seine Kanzlei. Daheim komponierte er eine Kräutertinktur, die das Immunsystem seiner Sekretärin stärken sollte. Natürlich gehörte auch Stefans Rotwein zum Rezept. Er selbst nahm nur noch Mittel zu sich, die den Rebensaft enthielten.

Als er die virologische Abteilung des Krankenhauses betreten wollte, stellte sich ihm eine Krankenschwester in den Weg. »Sie dürfen hier nicht rein.«

»Dann bitte ich Sie, Frau Sontheim diese Tasche zu überreichen. Ich habe Lesestoff für sie zusammengestellt.«

Das stimmte. Doch unter den Büchern und Zeitschriften lag ein Fläschchen mit dem Elixier. In einem Begleitschreiben empfahl Helm seiner Sekretärin, täglich einen Eßlöffel einzunehmen.

Als er in seinem Wagen nach Hause fuhr, kam ihm ein erregender Gedanke. Mit dem Erbe ließe sich vielleicht ein richtiges

Forschungsinstitut finanzieren. Er könnte in Zukunft zum Wohle der Menschheit neue Heilmittel entwickeln! Eine viel bedeutendere Aufgabe, als immer nur an die eigene Gesundheit zu denken.

Auf einer schnurgeraden Straße spürte er plötzlich ein Ziehen in der Brust. Sein Blick wurde unscharf, und die Straße schien sich plötzlich wellenförmig zu bewegen. Nur mit Mühe gelang es ihm, den Wagen auf dem Seitenstreifen zum Stehen zu bringen. Dort sank er tot zusammen.

Auf einem kleinen Kirchhof hatte sich Friedrich Helm schon vor Jahren ein Grab reservieren lassen. Weil er ein beliebter Mensch gewesen war, hörte eine ansehnliche Gemeinde der Trauerrede des Pastors zu. Doch nur ein Helm war dabei – Stefan.

Er zog in Friedrich Helms Haus. Der Testamentsvollstrecker sagte ihm, daß er zweifellos das letzte lebende Mitglied der Familie sei. Das Erbe würde bald auf ihn übergehen. Der Mann legte Stefan tröstend die Hand auf die Schulter. »Passen Sie auf Ihren Blutdruck auf. Wenn vier Verwandte in kurzer Zeit an Infarkten sterben, sind wahrscheinlich die Gene schuld.«

Stefan lag oft bis zum Mittag im Bett. Er wußte nicht, was er anfangen sollte, außer auf die Millionen zu warten. Aus purer Langeweile stöberte er in Friedrich Helms Medizinschränken. Die eigenartigen Beschriftungen auf den Präparaten faszinierten ihn: »Hält die bösen Einflüsse fern«, »Schenkt Bärenkräfte«, »Macht das Leben lang.« Der Reichtum war Stefan sicher, es fehlte nur noch, daß er gesund blieb und topfit und steinalt würde. Eines Morgens öffnete er ein Fläschchen und nippte vorsichtig. Am nächsten Tag kippte er ein weiteres in einem Zug herunter. Bald trank er morgens ein Elixier für die Kraft, mittags eines für ein langes Leben, abends eines für die Harmonie mit dem Kosmos. Bald spürte er neuen Tatendrang und kaufte ein Segelboot.

Eins mit den Winden sein, frei übers Wasser flitzen, das paßte gut zu seinem neuen, schrankenlosen Leben, fand er. An einem wolkenlosen Tag und bei ruhiger See entdeckten Fischer sein herrenloses Boot. Stefans Leiche wurde erst am nächsten Morgen an Land gespült.

Wochen später beobachtete der Pastor auf dem kleinen Kirchhof eine junge Frau. Suchend schaute sie sich zwischen den Grabsteinen um.

»Kann ich Ihnen helfen?« fragte der Pastor.

»Ich suche das Grab von Friedrich Helm.«

»Sind Sie etwa eine Verwandte von ihm?«

»Nein, ich war seine Sekretärin. Weil ich monatelang im Krankenhaus lag, kann ich erst jetzt sein Grab besuchen. Ich mochte Friedrich Helm sehr gern. Und ich kann wohl sagen, daß er mir das Leben rettete.«

»Ach ja?« fragte der Pastor mit erwartungsvollem Augenaufschlag.

»Ich litt unter einer Virusinfektion. Die Ärzte wußten keinen Rat. Kurz vor seinem Tod braute Friedrich Helm eine Medizin für mich, die ich lange Zeit ignorierte. Erst als es mir immer schlechter ging, nahm ich davon. In wenigen Tagen ging die Infektion zurück. Untersuchungen brachten jedoch ans Licht, daß in der Medizin außer Heilkräutern ein gefährliches, in Alkohol gelöstes Gift enthalten war. Schleichend verschließt es wichtige Blutgefäße. Zum Glück setzte ich die Medizin rechtzeitig ab. Friedrich Helm kann nicht geahnt haben, daß er mit einem lebensgefährlichen Stoff hantierte. Ich vermute, er nahm ihn selbst in dem Glauben ein, seine Gesundheit zu fördern. Das brachte ihn um.«

Der Pastor war sprachlos. Er starrte sekundenlang den Grabstein an. Dann fiel ihm doch noch etwas ein: »Möge Friedrich Helms Seele friedlich in der Unsterblichkeit ruhen.«

Hans Jasper

Ein Mörder schaut sich in die Augen

Der alte Mann verließ das Gasthaus und hauchte in die Nacht. Die Minusgrade verfestigten seinen Atem zu einer grauen Wolke, die sich mit dem Dunst über der Straße vermischte. Er marschierte eilig voran, um seinen ungemütlichen Heimweg hinter sich zu bringen. Seine Stiefel klackten laut auf dem Pflaster der Dorfstraße, bis er den Feldweg zur alten Eisenbahnbrücke einschlug. Weil sich die Schritte, die ihn verfolgten, in einem anderen Rhythmus bewegten, bemerkte er sie. Der alte Mann drehte sich um.

»Sie?« fragte er.

»Wie Sie sehen«, sagte ein elegant gekleideter, stattlicher Mann, dem eine dunkle Lockenpracht auf dem Kopf wuchs. »Wir haben denselben Weg.«

Schweigend liefen die beiden Schulter an Schulter und betraten die Brücke. Sie galt als baufällig. Doch die Anwohner nutzten sie als kürzeste Verbindung zwischen dem westlichen und östlichen Flußufer. Schnarrende, vibrierende Geräusche unter den Füßen der Männer begleiteten nun die Worte des Schwarzgelockten:

»Wollen Sie nicht noch einmal nachdenken?« fragte er. »Ich habe Ihnen ein vorzügliches Angebot gemacht. Sie hätten für den Rest Ihrer Tage ausgesorgt.«

»Ich behalte mein Land«, sagte der alte Mann.

Der Schwarzgelockte stöhnte. »Mein Betrieb braucht mehr Platz«, sagte er. »Nur Ihr Grundstück kommt in Frage.«

Der alte Mann erkannte erleichtert die vereinzelten Lichter von Bauernhäusern auf dem jenseitigen Ufer. Die Hälfte des Weges war geschafft.

»Hören Sie mich?!« fragte der Schwarzgelockte. Der alte Mann ging schweigend und gleichmäßig weiter. Sein Begleiter eilte plötzlich an ihm vorbei, blieb nach einigen Metern stehen und stellte sich ihm in den Weg.

»Sehen Sie das?!« fragte er. Der alte Mann blickte verstört auf ein Stück des Brückengeländers. Der andere schob es wie eine Tür zur Seite und sagte:

»Diese Brücke ist gemeingefährlich. Nichts sitzt mehr in seiner Verankerung. Na kommen Sie schon!« Er packte den alten Mann am Arm, zerrte ihn mit kräftigem Ruck zur Öffnung und stieß ihn in die Tiefe. Ohne einen Laut auszustoßen, stürzte der alte Mann in das eiskalte Wasser des Stromes, worin sein Körper in wenigen Sekunden verschwand.

»Du mußt unbedingt herunterkommen, Jürgen!« Monica Ehlers' Stimme gellte aus dem Keller ins Wohnzimmer des Einfamilien-Hauses. »Ich habe was entdeckt.«

»Nicht jetzt!« rief ihr Mann, der die Steuererklärung machte, ungehalten zurück.

»Nun komm schon! Es ist wahnsinnig wichtig.«

Jürgen Ehlers warf fluchend den Taschenrechner hin und stieg die Treppe hinab. Seine Frau wollte den Keller für den Sperrmüll entrümpeln. Ehlers sah, daß sie einen Schrank zur Hälfte auseinandergebaut hatte.

»Hilf mir mal«, sagte sie. »In der Rückwand steckt ein Gemälde. Aber ich kriege es nicht frei.«

Gemeinsam faßten sie nach dem Rahmen und brachten nach einigem Geschiebe ein verstaubtes Ölbild ans Licht. Es war das Portrait eines Mannes mit üppigem, schwarzen Lockenhaar.

»Das ist ja dein Bruder Lothar«, sagte Jürgen Ehlers.

»Quatsch«, antwortete seine Frau. »Das Bild ist mindestens siebzig Jahre alt.« Jürgen Ehlers nickte gelehrig, denn Monica hatte Kunstgeschichte studiert.

»Das ist unser Urgroßvater Ottokar. Lothar hat große Ähnlichkeit mit ihm. Es ist schon verblüffend, wenn man sich alte Fotos ansieht. Die Locken stimmen bis aufs Haar. Du, warte mal!« Während sie vorsichtig den Staub vom Gemälde fächelte, konzentrierte sie ihren Blick auf den rechten unteren Rand. Es folgte ein Schrei des Entzückens.

»Ich fasse es nicht! Das ist ja unglaublich. Wir halten einen echten Hofmüller in Händen.«

»Hofmüller?«

»Da, schau doch, seine Signatur. Hofmüller hat in den zwanziger Jahren hier im Ort gelebt und gearbeitet. Berühmt wurde er erst nach seinem Tod. Das Bild ist viel Geld wert.«

Aus Jürgen Ehlers Gesicht wich die Müdigkeit: »Was du nicht sagst!«

»Es gibt im Ort ein kleines Regionalarchiv. Dort sammelt man Zeugnisse über die Geschichte unserer Gegend, vor allem aber alles, was mit Hofmüller zu tun hat. Wir gehen hin und verschaffen uns Gewißheit.«

Der Leiter des Archivs, Professor Schwenn, warf nur einen kurzen, scharfen Blick auf das Bild, bevor er sagte: »Das ist eindeutig ein echter Hofmüller. Ich gratuliere Ihnen.«

»Wissen Sie, wieviel ...«, weiter kam Jürgen Ehlers nicht, weil ihm seine Frau einen Stoß in die Seite versetzte.

Der Professor hob das Bild in die Höhe, hielt es gegen das Licht und meinte:

»Bei einer Auktion könnte das Kunstwerk durchaus um die 100 000 Mark einbringen. Was haben wir denn da? Sehen Sie mal.

Hinter der Farbe schimmert etwas durch. Schrift. Jemand hat auf die Rückseite der Leinwand geschrieben.« Vorsichtig entfernte der Professor die Holzplatte an der Rückseite des Rahmens. Dann las er vor:

»Wie auf diesem Bild sah das Gesicht des Mörders aus, den ich bei seiner Tat beobachtete. Es ist Ihr Gesicht. Geben Sie mir einen Beutel Diamanten. Dann werden Sie nie wieder von mir hören.« Der Professor legte das Bild mit verdüsterter Miene auf den Schreibtisch.

»Das ist Hofmüllers Handschrift«, erklärte er.

»Und das Gesicht auf dem Bild gehört meinem Urgroßvater«, sagte Monica Ehlers, während sie das Portrait furchtsam anstarrte. Der Professor setzte sich an seinen Schreibtisch und beugte sich tief über seine aufgestützten Ellenbogen.

»Im März 1925 verließ Hofmüller ganz plötzlich unseren Ort«, erklärte er. »Bis dahin war er bettelarm. Aber kurze Zeit später kaufte er sich ein Haus. Und Ihr Urgroßvater, Frau Ehlers ... Er war ein bedeutender Mann in unserer Region. Er gründete den ersten großen Betrieb. Alte Schriftstücke dokumentieren, daß er sich mit einem Schäfer um ein Stück Land stritt. Plötzlich verschwand dieser Mann spurlos, wie vom Erdboden verschluckt. Auch das geschah Anfang 1925. Die meisten glaubten, der Mann sei im Strom ertrunken. Einige munkelten von einem Verbrechen.«

»Hofmüller war Zeuge der Tat und hat meinen Urgroßvater erpreßt ...«

»So sieht es aus. Und Ihr Urgroßvater behielt sein Portrait mit dem Erpresserschreiben.«

Den Rest des Abends versuchte Jürgen Ehlers seine Frau zu beruhigen. Bleich saß sie in einer Ecke des Sofas, grübelte mit gekrauster Stirn, bis sie erneut ihr Entsetzen herausschrie: »Er hat seine ganze Existenz auf einem Mord aufgebaut! Unser verehrter, geliebter Ottokar, den wir vor unseren Kindern immer in den höchsten Tönen priesen. Für alles, was ich von ihm erbte, mußte ein Mensch mit dem Leben bezahlen.«

Das Gemälde hatten sie bei Professor Schwenn gelassen, der es genau untersuchen und ihnen dann zurückgeben wollte. Vor dem Augenblick graute Monica Ehlers. Sie wußte nicht, was sie mit dem Bild anfangen sollte, und hätte es am liebsten verbrannt. Am nächsten Morgen rief sie ihren Bruder Lothar an. Ihm gehörte ein großer Baumarkt an der Ausfallstraße, die am Fluß entlangführte. Eine Sekretärin sagte, Lothar sei in einer wichtigen Besprechung. Nun wählte Monica Ehlers die Nummer von Professor Schwenn:

»Ich muß unbedingt mit meinem Bruder über das Bild sprechen«, sagte sie. »Er muß es sehen! Ich schicke einen Boten zu Ihnen, der es Lothar bringt, in Ordnung?«

Der Professor verpackte das Bild transportsicher, schrieb seinen Absender und übergab es wenig später dem Boten.

Lothar Burmann stand mit zwei Architekten und seinem Planungschef an einem Zaun, der seinen Baumarkt von einer großen Weide abtrennte.

»Ich möchte das neue Verkaufsgebäude rechts haben«, sagte er, »und die Parkplätze links. Wie Sie wissen, meine Herren, wurde die Leiche des bisherigen Besitzers erst vorgestern aus dem Wasser gefischt. Die Verwandten müssen das furchtbare Unglück erst einmal verkraften. Doch sie signalisierten mir, daß einem Verkauf des Grundstücks an mich nun nichts mehr im Wege steht. Beginnen Sie also gleich mit den Planungen, damit wir keine Zeit verlieren.«

Als Lothar Burmann in sein Büro zurückkehrte, übergab ihm die Sekretärin die Botensendung. Er öffnete das Paket und betrachtete das Gemälde stumm von allen Seiten. Dann steckte er es in seine Aktentasche und sagte zu seiner Sekretärin:

»Verschieben Sie alle heutigen Termine. Ich habe etwas Wichtiges zu erledigen.«

Über sein Autotelefon rief Lothar Burmann in der Bergstraße 10 an. Professor Schwenn meldete sich. Lothar Burmann fragte: »Haben Sie mir das Bild geschickt?«

»Ja, ich ...«

»Wir treffen uns heute nacht, zehn Uhr, auf der alten Brücke.« Burmann legte auf. Professor Schwenn blieb an seinem Schreibtisch sitzen und mußte lange nachdenken, bevor er zu einem Entschluß kam.

Die alte Eisenbahnbrücke schepperte metallisch unter den Schritten eines einsamen Spaziergängers. Seine Lockenfrisur wurde vom eisigen Winterwind zerzaust. Ab und zu blickte er hinab zum reißenden Strom, der Eisschollen mit sich führte. Jetzt erkannte er im Dunkel eine Gestalt und eilte ihr entgegen. »Sind Sie Professor Schwenn?«

»Ja.«

»Ich habe die Diamanten.« Lothar Burmann zog einen Beutel aus seiner Tasche.

Professor Schwenn fragte: »Warum der Mord?«

»Ich brauchte das Grundstück von diesem Kauz. Ich schaffe viele Arbeitsplätze in dieser Region. Er wollte es nicht anders. Hier, schauen Sie.« Burmann hielt dem Professor den geöffneten Beutel hin. Als Schwenn seinen Kopf beugte, ließ Burmann den Beutel fallen. Mit beiden Händen umschlang er den Hals des Professors, drückte ihm die Luft ab und zerrte ihn zum Brückengeländer. Sofort löste er seinen Griff, als er selbst an beiden Armen gepackt wurde. Polizisten rangen ihn zu Boden und legten ihm Handschellen an.

»Der Apfel fiel nicht weit vom Stamm«, sagte Professor Schwenn, während er seinen Schal wieder zurechtrückte. »Pech für Sie, daß Sie sich im Verbrechen Ihres Urgroßvaters so gut wiedererkannten. Ich hoffe, daß er sich jetzt im Grabe umdreht.«

Carsten Klemann

Lydias Schwarm

Brot, Butter, Käse, Eier ... Lydia tippte die Preise in die Registrierkasse, und erst als sie den Kaffee verrechnen wollte, warf sie einen Blick zum Kunden. Sie hatte plötzlich keinen Schimmer mehr, was der Kaffee kostete. Mit nervösen Fingern drehte und wendete sie die Packung auf der Suche nach dem Preisschild.

»Neun achtzig«, sagte der Kunde mit knappem Schmunzeln.

»Wie bitte?« fragte Lydia, um noch ein paar Sekunden länger in sein Gesicht starren zu dürfen. Ein schmales Gesicht mit feingeschnittenen Lippen, mandelförmigen Augen und kurzem Lockenhaar.

Nun schaute auch er sie genauer an, mit klarem, beherrschtem Blick. Und in seiner Stimme war kein ironischer Unterton, als er den Preis wiederholte.

Lydia erzählte ihren Kolleginnen nicht, daß sie sich heute verliebt hatte. Sie scherzten ganz gerne über die Vorzüge der männlichen Stammkunden des Supermarktes. Den Mann mit den Locken hatte sie noch nie gesehen. Ob er wiederkommen würde? Hoffentlich nicht! Mit Hunderten von Menschen hatte sie täglich an der Kasse Kontakt. Doch diese Bekanntschaften waren flüchtig und zweckbestimmt. Auch dieser Mann war auf Lydia nur zugetreten, weil er seinen Kühlschrank füllen wollte. Einen Kühlschrank, den er sicher mit einer schönen Frau teilte. Wenn er wiederkäme, würde Lydia sinnlos schmachten und leiden.

Lydia war nicht abergläubisch oder mystisch veranlagt. Doch manchmal spürte sie so etwas wie einen sechsten Sinn. Oder Wellen, die in der Luft lagen und einem auf geheimnisvolle Weise die Wahrheit sagen. Ein solches Grummeln überfiel sie zwei Tage später. Und zwar kurz bevor der Mann abermals an ihrer Kasse stand. Konnte es ein Zufall sein, daß er schon wieder bei ihr anstatt bei den Kollegen bezahlte? Sie war sich plötzlich ganz sicher: Dieser Mann hatte nicht nur seine Einkäufe im Sinn.

Schon ein wenig vertraulich nickte er ihr zu. Er hätte nur sagen müssen: »Laß uns auf und davon gehen. Wir fangen ein besseres Leben an.« Lydia wäre aufgesprungen und ihm, ohne eine Frage zu stellen, gefolgt. Doch er sagte bloß mit leiser, dunkler Stimme: »Auf Wiedersehen.«

Auf *Wieder*sehen! Die nächsten Kunden durften sich freuen, von Lydia bedient zu werden. Ein sanftes Rot lag auf ihren Wangen, ihr Lächeln war herzzerreißend. »Auf Wiedersehen« – diese Worte erschienen ihr die schönste Liebeserklärung, die man auf dieser Welt machen konnte.

Als Lydia am Abend Kassensturz machte und kurz hinaus auf die Straße blickte, stellte sie fest, daß ihr Leben märchenhaft geworden war. Der Mann stand an der Straßenecke, im späten Sonnenlicht, neben einem Baum. Sein Blick ging in ihre Richtung. Jetzt würde sich alles fügen. Das Leben war wunderbar.

Nach einigen Minuten ging er zu einem Wagen, stieg ein. Als Lydia den Supermarkt verließ, stand der Wagen immer noch da. Sie schlug wie immer den Weg zur nächsten U-Bahn-Station ein.

Die Kollegen merkten, daß etwas mit Lydia nicht stimmte. »Was ist los?« fragten sie augenzwinkernd am nächsten Tag. Sie lächelte nur und zuckte scheinbar ahnungslos die Achseln. Manchmal glaubte sie, nicht länger abwarten zu können, etwas Entscheidendes tun zu müssen. Doch sie riß sich zusammen, das Spiel mußte langsam und behutsam seinen Lauf nehmen.

Heute betrat der Mann nicht den Supermarkt. Aber gegen Abend sah Lydia ihn auf der Straße. Sein Auto parkte noch näher zum Supermarkt. Durch das heruntergekurbelte Fenster konnte sie in seine Augen sehen.

Als Lydia nach Dienstschluß ihren Kittel ausgezogen und ihre Handtasche umgehängt hatte, trat sie unschlüssig ins Freie. Sie schaute zu dem Wagen hinüber. Dann wandte sie sich schnell ab und ging zur U-Bahn.

Am nächsten Arbeitstag hatte ihr Gesicht Farbe verloren. Ihre Bewegungen waren hektisch und oft saß sie gedankenversunken da. Wieder sah sie den Mann am Abend in seinem parkenden Wagen sitzen. Einmal glaubte Lydia deutlich zu erkennen, daß er ihr einen glühenden, erwartungsvollen Blick zuwarf. Nach dem Kassensturz ging sie in den Waschraum, erfrischte ihr Gesicht, legte neues Makeup auf. Der Mann war kein Macho, kein Abenteurer. Er wollte, daß sie handelte!

Entschlossen eilte sie zu dem Wagen, riß die Tür auf. Der Mann saß nicht mehr drinnen. Schluß mit der Spielerei! Lydia nahm im Wagen Platz. Erst jetzt merkte sie, daß der Motor lief.

Sie schaute in den Rückspiegel. Eine Gestalt rannte die Straße herauf. Lydia erkannte ihren Schwarm an seiner Figur. Über seinem Gesicht trug er eine Strumpfmaske.

Der Mann kam vom Geldtransporter herangelaufen, der wie jeden Abend neben dem Supermarkt parkte, um die Einnahmen abzuholen. Lydia sah die schwere Geldbombe in seinen Armen und die Pistole in seiner Hand. Sie rutschte herüber auf den Fahrersitz, löste die Bremse. Auf und davon, mit viel Geld, das hatte der Mann also die ganze Zeit im Sinn gehabt. Nicht ein einziges Mal hatte er zu Lydia an der Kasse geschaut. Sein Blick war knapp vorbeigegangen zum Parkplatz des Geldtransporters. Er hatte sich für die Ankunftszeiten der Sicherheitsmänner interessiert, für ihr Vorgehen, um sie überrumpeln zu können.

Sein Bild im Rückspiegel wurde schnell größer. Lydia hörte sein Schnaufen. Gleich war er bei ihr. Der Mann kannte ihr Gesicht gar nicht, dachte Lydia. Er hatte hindurchgesehen, vorbeigesehen. Wütend drückte sie auf das Gaspedal. Der Wagen schoß los, und im Spiegel sah Lydia die verblüffte, hilflose Geste des Mannes. Er stolperte über seine eigenen Beine, und als er hinfiel, flog seine Pistole in hohem Bogen über den Asphalt. Schon sprangen die Sicherheitsmänner auf ihn zu. Lydia bremste und flüsterte: »Ich habe doch gleich gesagt, daß er nicht wiederkommen soll.«

Carsten Klemann

Der Führerschein

Es war ein Versehen! Jedem anderen hätte es passieren können. Henning Roske merkte, daß er seit dem Unfall strikt 50 km/h fuhr. Um nicht aufzufallen, gab er mehr Gas. Die Betriebsfeier war feuchtfröhlich gewesen. Er wußte nicht, wie viele Promille Alkohol in seinem Blut schwappten. Deshalb hatte er das Verkehrsschild, mit dem er zusammengekracht war, abgeknickt hinter sich gelassen.

Roske arbeitete im Außendienst für einen Schreibwarenkonzern. Täglich besuchte er Kunden im weiten Umkreis. Ein Führerscheinentzug wäre katastrophal: Die Firma würde einem anderen Mann seine Aufträge übertragen – vielleicht für immer. Die Provision für das Halbjahr fiele sowieso weg.

Allmählich entspannte er sich. Zum Glück waren weder Fahrzeuge noch Fußgänger in der Nähe gewesen, als das Mißgeschick geschah ...

Roskes Frau und die beiden halbwüchsigen Söhne schliefen bereits, als er heimkam. Er legte sich ins Ehebett und erwachte am Samstag morgen ungewöhnlich gut erholt. Am Frühstückstisch gab er ein paar Anekdoten von der Betriebsfeier zum besten. Dann verließ er das Haus, um wie immer samstags in den Lebensmittelmarkt zu fahren.

Als Roske auf seinen Wagen zutrat, der neben einem Lagerhaus parkte, sah er die Bescherung: Der Kotflügel war arg ramponiert.

Vorne fehlte ein Metallteil. Es war ihm unbegreiflich, daß er sein Auto nicht schon gestern untersucht hatte.

Während der Fahrt zum Lebensmittelmarkt quälten ihn die Gedanken. Die Polizei benutzte exakte Ermittlungsmethoden. Sie konnte feststellen, welchen Schaden das Verkehrsschild beim Wagen hinterlassen haben mußte. Lackspuren ließen sich identifizieren. Und dann gab es noch die Metallteile, die am Unfallort liegengeblieben waren. Henning Roske hatte gelesen, daß nach einer Fahrerflucht Werkstätten angewiesen wurden, verdächtige Fahrzeuge sofort der Polizei zu melden. Fahrerflucht! Das war eine Straftat. Der Führerschein würde ihm auf sehr lange Zeit entzogen werden, oder sogar ewig, wenn er den Idiotentest nicht bestand. Kurz vor seinem Ziel bog er ab, in Richtung Mansbeker Forst. Das große Waldgebiet lag unmittelbar an der Stadtgrenze. Gemeinsam mit seiner Familie hatte er es in vielen Jahren kreuz und quer erkundet.

Von der Asphaltpiste, die den Forst durchschnitt, bog er in einen sandigen Waldweg. Nach einigen Minuten lenkte er seinen Wagen zwischen das dichte Blattwerk der Bäume. Roske ließ den Wagen mit offenen Türen stehen und fuhr per Regionalbus nach Hause.

»Stell dir vor«, sagte er zu seiner Frau. »Mein Auto ist geklaut worden.« Er berichtete, daß er den Wagen nach der Betriebsfeier vor dem Lokal gelassen hatte. Wegen des Alkohols sei er mit dem Taxi heimgekommen. Sie erstaunte, daß er ihr das erst jetzt erzählte. »Das ist doch nun gleichgültig! Der Wagen ist weg. Ich gehe sofort zur Polizeiwache.«

Als Täter schwebten Henning Roske die sogenannten »Crash-Kids« vor, die nur zum Vergnügen Autos aufbrechen, eine Spritztour machen und die Gefährte dann irgendwo stehenlassen. Die hatten dann eben auch das Verkehrsschild gerammt … Ein Beamter nahm Roskes Anzeige auf.

»Wenn sich in dem Fall etwas ergibt«, sagte er, »melden wir uns.«

Die Firma stellte Henning Roske einen anderen Wagen zur Verfügung. Das nächste Wochenende verstrich. Von der Polizei hörte er nichts. Roskes Gefühl, sich gut aus der Affäre gezogen zu haben, wich einer nervösen Unruhe. Wieso war der Wagen immer noch nicht entdeckt worden? Er hätte ihn ganz gern zurück. Vor allem aber konnte er die leidige Angelegenheit nicht vergessen, solange der Wagen versteckt blieb. Oder hatte ihn jemand nun tatsächlich gestohlen?

Am Sonntag ertrug Roske die Ungewißheit nicht mehr. Er fuhr zum Mansbeker Forst. Er fand sein Fahrzeug. Doch es stand viel zu tief im Laubwerk, um auf den ersten Blick aufzufallen. Henning Roske schob Äste und Zweige beiseite, um zur Fahrertür zu gelangen. Als er sich herabbeugte, schlang sich ein Arm um seine Kehle. Sein Körper wurde brutal zu Boden gedrückt. Roske sah rußgeschwärzte Gesichter über grünen Uniformen und spürte den Druck von Handschellen hinter seinem Rücken.

Henning Roske schätzte, daß Mitternacht schon vorbei war. Seine Uhr und alle anderen Wertgegenstände hatte man ihm abgenommen. Der kahle Raum, in den man ihn gebracht hatte, besaß kein Fenster. Drei Kriminalbeamte verhörten ihn abwechselnd. Immer wieder legten sie ihm fünf Fotos vor und fragten ihn, ob er sich nun endlich an die Gesichter der Frauen erinnere.

»Ich kenne sie nicht, nein. Ich habe doch schon alles gesagt: Eine Person kommt mir bekannt vor. Ich glaube, ihr Bild war in einem Zeitungsartikel über diesen Frauenmörder abgedruckt.«

Als Henning Roske in ein anderes Zimmer geführt wurde, sah er Morgenlicht auf den Fluren des Polizeipräsidiums. Ein Untersuchungsrichter verlas ein Schriftstück: »Wegen dringenden Mordverdachts in fünf Fällen verfüge ich die Inhaftierung von Herrn Henning Roske, geboren am ...«

Im Untersuchungsgefängnis erhielt Roske Besuch von einem Pflichtverteidiger. Zum ersten Mal wurde er laut: »Mir geschieht schlimmes Unrecht! Ich habe nichts mit diesen Morden zu tun. Niemand sagte mir, was überhaupt gegen mich vorliegt.«

Der Anwalt machte ein verständnisvolles Gesicht. »Meine Informationen sind so: Man fand im Mansbeker Forst einen Wagen, in dem eine Frauenleiche lag. Sie wurde mit Sicherheit von dem Täter umgebracht, der seit Monaten die Stadt in Angst versetzt. Bisher vergrub er seine Opfer. Deshalb glaubte die Polizei, er würde noch einmal zu dem Wagen zurückkehren. Erwischt hat man Sie. Bei dem Fahrzeug, das Sie als angeblich gestohlen gemeldet haben.«

»Aber, warum hätte ich einen Wagen mit einer Frauenleiche als gestohlen melden sollen?«

»Damit kein Verdacht auf Sie fällt, falls der Wagen entdeckt wird.«

Henning Roske erkannte, daß es keinen anderen Ausweg mehr gab: Er mußte sein wirkliches Verbrechen, die Fahrerflucht, zugeben, um sich zu entlasten.

Der Anwalt hörte die Geschichte an und sagte: »Ein verrückterer Versuch, seinen Hals aus der Schlinge zu ziehen, ist mir noch nicht untergekommen. Wer so unglaubwürdig daherredet, macht im Grunde ein Geständnis.«

Henning Roske blieb bei seiner Aussage, obwohl ihn der Anwalt beschwor, sich etwas Besseres einfallen zu lassen. Ein älterer Kriminalbeamter legte ihm eines Abends den Arm auf die Schulter und meinte: »Sie sind krank, Herr Roske, schwerkrank in der Seele. Vielleicht werden Sie in vielen Jahren einmal geheilt sein. Aber nur, wenn Sie sich bekennen.«

»Ich bin kein Frauenmörder! Und wie kommen Sie darauf, daß ich krank bin?«

Seit Wochen mußte er sich psychiatrischen Untersuchungen unterziehen. Die Fragen und Tests der Ärzte erschienen ihm demütigend und sinnlos. Die Besuche seiner Frau hellten seine Stimmung kaum auf. Sie wirkte verschlossen und schaute ihm selten in die Augen.

»Deine Firma war sehr großzügig«, sagte sie bei ihrem letzten Besuch. »Sie hat mir und den Kindern mehrere tausend Mark als Starthilfe überwiesen.«

»Wenn ich entlastet bin, zahle ich alles zurück. Hast du die Kollegen von mir gegrüßt?«

»Henning ... Es sprach sich längst herum, was die Psychiater über dich herausfanden. Du bist nicht der Mensch, den ich zu kennen glaubte. Du besitzt eine abnorme Persönlichkeit.«

»Eine Frechheit, ich verklage diesen ... Du glaubst ihm doch nicht?«

In den Augen seiner Frau standen Tränen. »Ich wünsche dir, daß du mal ein normales Leben führen kannst. Aber du verstehst, daß ich an das Wohl der Kinder denke. Und an meins.

Lebe wohl.«

Die Vorbereitung der Anklageschrift zog sich hin. Henning Roske interessierte nicht mehr, ob der Himmel vor seinem vergitterten Fenster blau oder bewölkt war. Seine Zeit erschien ihm wie ein träge fließendes Rinnsal. Er entwickelte Ideen für eine Firma, die er in Freiheit gründen wollte. Aber schließlich überlegte er nur noch, wie man die Anstaltsküche besser organisieren oder in der Werkstatt Fitneßgeräte bauen könnte.

Als er eines Tages im Jogginganzug auf dem Weg zum Hof war, kam ihm sein Anwalt entgegen. »Ich kann jetzt nicht mit Ihnen sprechen«, sagte Roske. »Ich darf nur einmal am Tag an die frische Luft.«

»Holen Sie Ihre Sachen. Sie sind frei.«

Henning Roske gehorchte automatisch. Er fühlte nichts. Er

packte seine Tasche und bewegte sich durch die Sicherheitsschleusen in Richtung Ausgang.

»Der Frauenmörder wurde überführt«, sagte der Anwalt. »Er hat gestanden. Auch den Mord an der Joggerin, die er in Ihren Wagen legte. Ich werde eine hohe Haftentschädigung für Sie herausschlagen. Halt! Wir müssen noch Ihre Wertsachen abholen.«

In einem Büro übergab ein Beamter Roskes Ehering, Schlüssel, Brieftasche und schließlich ein kleines Lederetui.

»Was ist das?« fragte Henning Roske.

Der Beamte betrachtete ihn verständnislos. »Da ist Ihr Führerschein drinnen. Wissen Sie das nicht mehr?«

»Ich bekomme meinen Führerschein zurück?«

»Aber sicher«, sagte der Anwalt lächelnd. »Auch Ihr Wagen wurde inzwischen von der Polizei freigegeben.«

»Das ist schön.« Für einen kurzen Augenblick erfüllte ein kindliches Strahlen sein Gesicht. Er hob die Hand zum Abschied und sagte: »Also, ich fahre jetzt.«

Kim Rose

Betrüger unter sich

Wie alle Menschen, die auf der Flucht sind, hatte Maxim Rott zwei Ziele: weit wegkommen, und zwar schnell. Sein Geld reichte für das Flugticket einer Airline, die mit schrottreifen Propellermaschinen abhob. »Nostalgie-Tours« nannte sie sich trickreich. Maxim Rott war's egal.

Weil bis zum Abflug noch Stunden vergingen, drückte er sich in der Nähe des Flughafens herum. Wenn er Maschinen gen Himmel steigen sah, dachte er sehnsüchtig an den sonnigen Süden. Bis zum ersten Mal die Frage auftauchte: Was tun, wenn die Flucht geglückt war? Er besaß nicht viel mehr als seinen Koffer, seine Perücke und den falschen Bart. Etwas wenig, um zu überleben.

Das kleine Juweliergeschäft wirkte nicht so, als ob es Millionenschätze beherbergte. Und eigentlich waren Überfälle auch nicht Maxim Rotts Art. Er war Betrüger. Er betrog mit Schecks, Versicherungen, Autos und was es sonst alles noch so gab. Doch nun war er pleite und die Polizei mit Fahndungsfotos hinter ihm her. Also nichts wie rein in den Laden.

Anfängerglück, dachte er, als er die Türglocke zum Scheppern brachte. Das Geschäft war menschenleer. Als der Inhaber endlich mit schlurfenden Schritten aus einem Hinterzimmer trat, hatte Maxim Rott schon einen Pullover aus seinem Koffer gezogen. Den stülpte er um den Kopf des Mannes und nuschelte: »Ruhig bleiben. Dann passiert nichts«.

Der Juwelier gehorchte. Rott knüpfte zwei Wintersocken zusammen und fesselte damit seine Hände. Eine Unterhose mußte als Knebel herhalten.

Maxim Rott brachte den Mann durch eine Hintertür, die zu einer kleinen Wohnung führte. Dort schloß er ihn im Bad ein. Im Verkaufsraum schepperte die Türglocke.

Rott eilte hin und traf auf einen uniformierten Herrn, der ihn prüfend musterte. Seine Ärmelstreifen wiesen ihn als Flugkapitän aus.

»Wo ist denn der Geschäftsführer?« fragte er.

»Auf Geschäftsreise«, antwortete Rott mit der überzeugenden Miene des gelernten Betrügers. »Kann ich Ihnen helfen?«

»Ja ...« Der Kapitän nahm seine Mütze vom Kopf und schaute sich mit unsicherem Blick nach den Auslagen um. »Ich war lange unterwegs, und meine Frau ... Na, Sie wissen schon. Eine hübsche Kleinigkeit soll's sein. Vielleicht ein wenig exotisch, ich komme aus Südamerika.«

»Wir haben bestimmt etwas für Sie!« Während Rott so tat, als habe er ein besonderes Stück im Sinn, überflog er rasch den Inhalt der Vitrinen. Es handelte sich um fadenscheiniges Zeug: Uhren, die keinen Regentropfen heil überstehen würden. Protziger Schmuck, dessen Goldlack sich bestimmt gut mit dem Fingernagel abkratzen ließ. Maxim Rott stockte der Atem, als er auf die Preisschildchen sah. Was der Juwelier für seinen Krimskrams verlangte, war eine Frechheit, um nicht zu sagen Betrug.

»Was halten Sie denn von diesem seltenen Edelstein in Goldfassung?« fragte Rott. »Sieht doch aus, als käme er direkt aus den Anden.«

Der Kapitän schaute und lächelte. »Prima! Auf dieses Geschäft ist einfach immer Verlaß.« Ohne zu zögern, zahlte er 800 Mark in bar. Maxim Rott hatte ihm erklärt, in Abwesenheit seines Chefs leider keine Kreditkarten annehmen zu dürfen.

Der Mann verschwand, und Maxim Rott konnte endlich die Geschäftskasse plündern. Sie war fast leer. Kein Wunder, ärgerte er sich: Der Laden hatte erst vor einer halben Stunde aufgemacht.

Ein Ehepaar stürmte durch die Tür. In breitem Dialekt wünschten beide Eheleute »was Feines für Muttern«. Maxim Rott legte den beiden eine Samtbrosche ans Herz, für die sie vier Hunderter aus ihren Geldbörsen kramten. Hinter ihnen wartete bereits ein Herr mit Nadelstreifenanzug und Aktenköfferchen. Für ihn suchte Rott nach einem Preisschild im vierstelligen Bereich.

Während das Geschäft boomte und sich die Kasse füllte, wurde ihm klar, wie überlegen ihm dieser Juwelier war. Wer sein Geschäft am Flughafen betrat, ließ sich kinderleicht betrügen. Die Reisenden hatten selbst ein schlechtes Gewissen, weil sie nicht früher an ein Präsent für ihre Lieben dachten. Und sie hatten es eilig. Maxim Rott entschied, die Goldader auszubeuten und rief bei der Fluggesellschaft an:

»Ich habe für 15 Uhr einen Flug nach Madrid gebucht. Kann ich auch später fliegen? ›Nostalgie-Tours‹ hat heute nur noch einen Flug nach Rom im Programm, um 21 Uhr? In Ordnung, ich buche um.«

Als er auflegte, stand eine Frau mit Bubikopf vor ihm, die ihn herrisch musterte. »Wo ist mein Mann?!«

Rott gelang es nicht, ein Hüsteln zu vermeiden. »Der ist unterwegs. Er hat mich gebeten, hier solange für ihn einzuspringen.«

»Sind Sie etwa ein Freund von ihm? Haben Sie eine Ahnung, was für ein Mensch er ist?«

»Das will ich nicht behaupten.«

Die Dame lief hektisch im Geschäft umher und warf unwirsche Blicke auf die Auslagen. »Geschmacklos wie sein Charakter. Drei Monate nach unserer Hochzeit ist er auf und davon – nachdem ich seine Schulden bezahlt habe.«

»Zu dumm.«

»Er war mit 50 000 in den Miesen, als wir uns trauen ließen. Die habe ich sofort beglichen, ich dachte doch, er wär der Mann fürs Leben! Er wollte sich nur an mir gesundstoßen, um diesen Laden aufzumachen. Wissen Sie, daß ich keine Chance habe, das Geld zurückzubekommen? Ich hätte ihm ja nicht helfen müssen, hat der Anwalt gesagt. Bald ist Scheidungstermin. Mein Mann glaubt, damit sei für ihn die Sache erledigt. Aber ich werde ihm die Hölle heiß machen, bis er den letzten Pfennig herausgerückt hat!«

»Ich richte es ihm aus.«

»Heute abend, Punkt sechs, bin ich wieder da!« Sie rauschte aus dem Laden. Dieser Juwelier, überlegte Rott, war ja wohl eines der abgefeimtesten Schlitzohren unter der Sonne. Mit seinem Geschäft müßte er locker eine fünfköpfige Familie durchbringen können. Sicher gehörte er nicht zu den Geschäftsleuten, die alle ihre Einkünfte brav auf die Bank bringen und versteuern. Maxim Rott ging hinüber in die kleine Wohnung. Einen Safe gab es nicht. Rott beugte sich unters Bett und zog einen Pappkarton hervor. Der Juwelier glaubte wohl, ein simples Versteck sei ein gutes Versteck. Im Karton lagen mehrere zehntausend Mark.

Rott packte das Geld in seinen Koffer. Dann verdiente er sich im Laden noch eine hübsche Stange Taschengeld. Um kurz vor sechs suchte er das Weite. Aus sicherer Entfernung sah er die Frau des Juweliers ins Geschäft stürmen. Ihm war klar: Sobald sie ihren Mann im Bad entdeckt hatte, würden Polizisten ausschwärmen. Er mußte vorsichtig sein.

Gegen 20 Uhr betrat Maxim Rott mit gesenktem Haupt den Flughafen. Es herrschte ganz normaler Betrieb. Der Schalter von »Nostalgie-Tours« sollte sich in irgendeiner abseitigen Halle befinden. Rott passierte endlose Gänge und erreichte einen fast menschenleeren Saal. Hinter einem Tresen saß eine lächelnde Dame. Auf ihrem wallenden lockigen Haar prangte ein Mützchen mit der Aufschrift »Nostalgie-Tours«. Er übergab ihr sein Ticket und seinen Koffer, bei der Personenkontrolle wäre das viele Geld aufgefallen.

»Bitte gehen Sie zu Flugsteig G 17«, sagte die Dame. »Guten Flug.«

Erleichtert machte sich Maxim Rott auf den Weg. Rom war nahe! Nur dieser verfluchte Flugsteig G 17 war nicht zu finden. Oder hatte die Dame G 117 gemeint? Rott rannte zurück zum Schalter von »Nostalgie-Tours«. Die Frau war fort. Hinter dem Schalter lag sein Koffer – aufgebrochen. Maxim Rott kletterte über den Tresen, wühlte verzweifelt in seinen Sachen.

»He, was machen Sie da?« Ein Flughafenpolizist kam auf ihn zu.

»Das ist mein Koffer! Ich habe ihn hier am Schalter von ›Nostalgie-Tours‹ aufgegeben und nun ...«

»Diese Schalter werden zur Zeit nicht genutzt. ›Nostalgie-Tours‹ fertigt in der übernächsten Halle ab.« Der Polizist kam näher. »Ihre Augen«, sagte er, »die kenne ich doch.«

Maxim Rott brach der Schweiß aus. Ihm fielen die Augen der angeblichen »Nostalgie«-Angestellten ein – und er stellte sich die Frau ohne Perücke und Brille vor. Es waren die Augen der Juweliers-Frau gewesen! Sie hatte ihren Mann befreit, der sofort den Diebstahl seiner Ersparnisse bemerkte. Aber nur sie wußte, wo der Dieb zu finden war: Weil sie gehört hatte, wie Rott seinen Flug umbuchte. Und sie verriet ihr Wissen nicht, um sich ihr Geld zurückzuholen.

Der Polizist hielt jetzt ein Fahndungsbild in der Hand und zückte mit der anderen seine Pistole. »Ich denke, Sie sind der Betrüger, nach dem seit Tagen gesucht wird«, sagte er ruhig. »An den Augen erkennt man einen Menschen immer noch am besten.«

Leonard Koop

Das Meer verwischt alle Spuren

Drei Männer und eine Frau, ausgerüstet mit Regenjacken und Gummistiefeln, liefen hinab zum Strand der Nordseeinsel. Ihre fröhliche Unterhaltung schallte über die Weiden bis zu den Häusern der Einheimischen auf den Warften. Vor ihnen lag das endlose, braungraue Watt. Am Horizont traf es mit einem Himmel zusammen, der nur wenige helle Flecken zeigte. Quer über ein Feld jagte ein Bauer seinen Traktor auf die Gruppe zu. Kurz vor dem Deich fing er sie ab.

»Sie wollen noch aufs Watt?« rief er. »Es wird neblig, und die Flut kommt.«

»Nur für einen kurzen Rundgang«, antwortete lächelnd Dr. Jürgen Schmetz. »Ich werde Frau Geber wie meinen Augapfel hüten.« Dabei legte er scherzhaft seinen Arm um die Schulter seiner hübschen Teilhaberin. Gemeinsam mit dem stets etwas griesgrämig dreinblickenden Gerhard Günter führten sie eine kleine Brillenfirma. Die drei waren von ihrem Geschäftspartner, dem 70jährigen Robert Bernmann, auf die Insel eingeladen worden. Seit Jahren belieferten sie seinen mächtigen Optikkonzern mit exklusiven Brillengestellen.

Robert Bernmann trat auf den Bauern Sönke Hus zu, den er seit vielen Jahren kannte. Die Insel war sein liebster Ort, um zu entspannen oder in Ruhe Verhandlungen zu führen.

»Wir müssen morgen wieder aufs Festland und wollen noch

den Möwen Adieu sagen«, sagte er. »Herr Schmetz und ich sind alte Hasen auf dem Watt. Uns passiert nichts.«

Die Gruppe marschierte weiter. Der Bauer blieb noch eine Weile regungslos auf seinem Traktor sitzen und beobachtete, wie die Gruppe in grauen Schleiern verschwand.

Die Flut stand kurz vor den Deichen, als Sönke Hus und seine Frau schlafen gehen wollten. »Ich ruf aber noch bei Bernmann an, ob sie gut heimgekommen sind. Ich hatte ein komisches Gefühl, als die Gesellschaft so spät noch raus auf's Watt ist.«

In Bernmanns Friesenhaus nahm niemand den Hörer ab. Sönke Hus verständigte den Polizeiposten und eine Wirtschafterin, die einen Zweitschlüssel zum Anwesen besaß. Nachdem sie an der Tür Sturm geklingelt hatten, betraten sie die Räume und hegten schließlich keinen Zweifel mehr, daß die Gesellschaft in dieser Nacht nicht nach Hause gekommen war. »Die Katastrophe ist da«, murmelte der Polizist. »Ich alarmiere die Rettungswacht.« Obwohl die meisten Inselbewohner schon in ihren Betten lagen, wußte bald jeder Bescheid. Die Fischer machten ihre Boote klar, um sich an der Suche nach den Vermißten zu beteiligen. Die ganze Nacht kreuzten die Rettungsmannschaften vor der Insel und sahen doch nur Finsternis, dürre Nebelschwaden und die Lichter der Signalbojen. Auf der Insel brannte bis zum Morgengrauen Licht in den Häusern.

»Im Wasser gibt es kein Überleben«, sagte Sönke Hus zu seiner Frau. »Wie kann das so erfahrenen Leuten passieren?«

Kurz nach Sonnenaufgang traf in der Polizeiwache ein Funkspruch ein, der den Dorfpfarrer dazu veranlaßte, die Kirchenglocke zu läuten: Der Seenotrettungskreuzer »Antje« hatte auf der kleinen Sandbank, die wenige Seemeilen neben der Insel lag, eine Gruppe von Menschen ausgemacht. Einheimische und Urlauber versammelten sich am Fischereihafen, um die Ankunft der Geretteten abzuwarten. Als sich die leuchtendrote »Antje«

dem Hafenbecken näherte, ging ein Raunen durch die Menge. Das Schiff legte an der großen Hafenmole an, und drei blasse, in Decken gehüllte Gestalten erschienen an Deck. Gebannt schauten die Insulaner zu, wie Sanitäter den Opfern an Land halfen.

»Das sind ja bloß Herrn Bernmanns Gäste – wo ist denn bloß Herr Bernmann?« fragte der Dorfpolizist den Kapitän des Rettungskreuzers »Antje«.

»Wir haben nur die drei gefunden.«

Jürgen Schmetz, Anja Geber und Gerhard Günter wurden in die Kurklinik gebracht. Derweil landete ein Polizeihubschrauber auf der Insel, dem Kommissar Sokatz und seine Mitarbeiter entstiegen. Als der Kommissar in die Klinik eilte, schallte ihm eine wohlbekannte Stimme entgegen: »Potzblitz, der Kommissar.«

Sokatz blieb vor einem schmächtigen, ironisch grinsenden Herrn im Rentenalter stehen, der bequem auf einem Sofa im Foyer saß. »Hubert Maxen!« sagte der Kommissar. »Ich vermutete Sie woanders.«

»Als Trickdieb sitzt man ja nun wirklich keine Ewigkeit, Herr Kommissar, höchstens eine kleine. Davon erhole ich mich hier auf Kur, mit Meerwasseranwendungen und allem drum und dran. Und Sie armer Mensch müssen arbeiten, sicher wegen dieser Geschichte im Watt ...«

»Kein Kommentar. Ich hoffe, daß Sie sich wirklich gut entspannen und keinen Finger rühren werden.«

Die drei Geschäftsleute hatten sich von den Strapazen der Nacht leidlich erholt und warteten in einem kleinen Konferenzraum auf den Kommissar.

»Meine Damen, meine Herren, ich muß Ihnen leider mitteilen, daß Robert Bernmann tot aufgefunden wurde.« Sokatz sah in starre Blicke und bewegungslose Mienen. »Er hat es geschafft, sich auf einen Leuchtfeuerturm zu retten. Nicht die Flut brachte ihn um, sondern totale Entkräftung. Herr Bernmann besaß ein schwächliches Herz.«

Jürgen Schmetz verschob unruhig seinen Stuhl und ignorierte den fassungslosen Blick, den Anja Geber ihm zuwarf. Gerhard Günter schneuzte leise in sein Taschentuch. Der Kommissar wartete ab, bis alle Aufmerksamkeit wieder ihm galt, und sagte: »Bitte erzählen Sie mir jetzt, was gestern abend auf dem Watt passiert ist.«

Jürgen Schmetz nahm eine konzentrierte Haltung an, und seine Freunde warteten ab, bis er das Wort ergriff. »Wir waren ins Gespräch vertieft, merkten überhaupt nicht, wie weit wir uns vom Ufer entfernt hatten. Dann ging uns in der trüben Sicht die Orientierung verloren.« Jürgen Schmetz hielt inne. Gerhard Günter übernahm das Wort für ihn. »Herr Schmetz und Herr Bernmann waren verschiedener Ansicht darüber, welcher Weg zur Insel führte. Es herrschte gereizte Stimmung, wir waren in Panik. Also, ich vertraute eher Herrn Schmetz, und so ging es auch Frau Geber. Bernmann wollte unbedingt seinen Weg gehen. Nun, so vergrößerte sich immerhin die Chance, daß jemand die Insel erreichte und Hilfe holen konnte.«

»Sie haben also Herrn Bernmann mißtraut, ihn allein losgehen lassen, obwohl er auf der Insel quasi zu Hause ist?«

»Herr Schmetz kennt die Gegend ja auch, weil er oft zwischen den Inseln segelt«, warf Frau Geber ein. »Wir glaubten, daß er sich mit dem Wasser besser auskennt als Herr Bernmann.«

»Nun gut. Wie ich erfuhr, liefert Ihre Firma Brillengestelle an den Bernmann-Konzern. Gab es Probleme?«

»Keineswegs«, sagte Jürgen Schmetz, »wir verständigten uns auf eine weitere, gedeihliche Zusammenarbeit.«

»Übrigens gefallen mir die Brillen, die Sie tragen«, meinte der Kommissar. »Stammen die aus Ihren Werkstätten? Ich könnte mir auch mal wieder eine neue zulegen.«

»Selbstverständlich tragen wir nur Produkte aus eigener Produktion«, sagte Anja Geber stolz. »Und obwohl Herr Bernmann auch mit vielen anderen Zulieferern Geschäfte machte, hatte er immer eines unserer Gestelle auf der Nase. Wir schenkten sie ihm natürlich.«

Jürgen Schmetz warf seiner Teilhaberin einen vernichtenden Blick zu. »Ich glaube, das gehört jetzt nicht hierher.«

»Durchaus«, sagte der Kommissar. »Immerhin weiß ich jetzt, daß Robert Bernmann auch Brillenträger war. Ich bitte Sie nun, hier sitzen zu bleiben und die Ereignisse des letzten Abends noch einmal für das Protokoll zu schildern.« Der Kommissar verließ hastig das Zimmer und trug dem verdutzten Dorfpolizisten auf, mindestens eine halbe Stunde damit zu verbringen, die Erlebnisse der Geschäftsleute aufzuzeichnen.

Der Dorfpolizist gab sich redlich Mühe, den Auftrag des Kommissars zu erfüllen, ließ sich wichtige Fragen einfallen wie:

»Wurde vor dem Ausflug Alkohol getrunken?« oder »Wie groß war die Sichtweite auf dem Watt?« Nach exakt dreißig Minuten löste er die Runde auf. Jürgen Schmetz, Anja Geber und Gerhard Günter schossen zur Tür hinaus. Über den Gang eilte Kommissar Sokatz herbei, der die Gruppe atemlos aufhielt.

»Ich bitte Sie, wieder ins Büro zu gehen. Es hat sich ein kleines Drama zugetragen.«

Die Gruppe folgte willig der Aufforderung. Der Kommissar legte eine große schwarze Tasche auf den Konferenztisch.

»In der Klinik geht ein Trickdieb um, der sich an Ihren Mänteln in den Krankenzimmern bedient hat.«

»Auf der Insel befindet sich ein Trickdieb!?« Der Inselpolizist legte instinktiv seine Hand auf die Dienstpistole.

»Keine Sorge. Meine Männer haben ihn überwältigt, als er das Zimmer verlassen wollte. Die Sache ist mir furchtbar peinlich. Das Diebesgut befindet sich in dieser Tasche, und ich bitte Sie,

Ihren Besitz wieder an sich zu nehmen.« Der Kommissar legte einen Taschenrechner, drei Zeitplaner, eine Brille, mehrere Kugelschreiber und Füllfederhalter und ein samtenes Taschentuch auf den Tisch. Die Geschäftsleute bedienten sich.

»Die Brille gehört Ihnen, Herr Schmetz? Viel schöner als Ihre andere.«

»Deshalb trage ich sie nicht täglich. Um sie zu schonen.«

»Ich habe sie kurz betrachtet und sah an der Gravur, daß es sich um ein limitiertes Stück aus Ihrem Hause handelt.«

»Ja, die Brille ist eine handgefertigte Rarität.«

»Setzen Sie sie doch bitte mal auf!«

Nur kurz regte sich Protest in Jürgen Schmetz' Gesicht. Er legte die eine Brille ab und schob sich die andere über die Ohren.

»Würden Sie nun bitte kurz auf dem Gang warten?«

Jürgen Schmetz schüttelte verständnislos den Kopf, stand aber auf und schritt in Richtung Ausgang. Der Dorfpolizist verhinderte Schmetz' drohenden Zusammenstoß mit einem Beistelltischchen. Schließlich tastete der Geschäftsmann am Türrahmen nach der Klinke.

»Okay, das reicht. Hier, nehmen Sie wieder Ihre richtige Brille. Herrn Bernmanns Dioptrienzahl ist nicht geschaffen für Sie.«

»Was wollen Sie damit sagen?« entgegnete Schmetz mit schwacher Stimme.

»Daß Sie Herrn Bernmann im Watt einfach die Brille von der Nase gerissen haben. Ohne seine starke Sehhilfe konnte er nie und nimmer den Weg zurückfinden. Das Einzige, was er erkannte, war der Schein eines Leuchtfeuers. Als man ihn fand, lag er ohne Brille auf der Plattform. Das fand ich erstaunlich. Sie glaubten, sein Körper verschwindet in den Fluten und niemand würde sich für die Brille interessieren. Und als leidenschaftlicher Brillenmacher kam Ihnen nicht der Gedanke, sich des wertvollen Stücks zu entledigen. Was hatten Sie gegen Herrn Bernmann?«

Jürgen Schmetz und Anja Geber hielten die Köpfe gesenkt, nur Gerhard Günter schaute mit riesigen Augen ins Weite. Der Kommissar gab seiner Miene deshalb den milden, aber fordernden Ausdruck eines Psychiaters und fing Günters Blick auf. Der Trick funktionierte: Günter sprach.

»Bernmann wollte uns schlucken. Er war kein Unschuldslamm, nein. Er hat unsere Geschäfte mit anderen Konzernen torpediert, uns von sich abhängig gemacht. Jetzt wollte er den Markt mit billigen Kopien unserer Brillen überschwemmen, wenn wir die Firma nicht an ihn verkaufen. Wir sind ein kleines, feines Haus. Wie sollen wir uns gegen solche Gier wehren?«

»Sie haben es mit Mord probiert. Das war ein Fehler.«

Kommissar Sokatz und der Inselpolizist folgten dem Troß der Beamten, die Jürgen Schmetz, Anja Geber und Gerhard Günter aus der Klinik geleiteten. Der Polizist wirkte blaß und erschüttert. »Kommen Sie«, sagte Sokatz, »ich lade Sie auf einen kräftigen Tee mit Kluntjes ein.«

Eine Hand streckte sich dem Kommissar entgegen. »Gute Heimreise, Herr Kommissar!« sagte Hubert Maxen. »Und herzlichen Glückwunsch.«

»Danke. Ich wünsche weiterhin angenehmes Kuren.«

Als die frischen Nordseebrisen dem Kommissar und dem Inselpolizisten ins Gesicht wehten, blieb Sokatz kurz stehen.

»Ich muß Ihnen gestehen, daß der Klinikdieb vor Ihnen steht. Er hat bloß sein Glück versucht und besaß auch keinen Durchsuchungsbefehl. Die ganze Inszenierung war nötig, um die Bande zu überrumpeln. Ich habe in meinem Leben zu viele Gauner kennengelernt, um gegen kriminelle Phantasien immun zu sein.«

»Ich werde Ihnen gestatten, den Tee ohne Handschellen zu trinken«, sagte der Polizist im angenehmen Tonfall der Menschen von der Insel.

Carsten Klemann

Eine Familiengeschichte

Bis zu den Ohren lag Roy Chapmans graues Haupt im Schaum der Wanne. Sein Körper war völlig reglos, während er die rundum weiß gekachelten Wände, die weißen Schränke und die weißen Handtücher betrachtete. In seinem Kopf, so schien es ihm, gab es keinen einzigen Gedanken. Er hob den Oberkörper um wenige Zentimeter und ließ warmes Wasser nachlaufen. Als er sich wieder zurückgelehnt hatte, bemerkte er, wie beim Atmen seine grauen Brusthaare aus dem Schaum auftauchten und wieder abtauchten.

Plötzlich ballte er die Faust und hieb auf sein Badewasser ein, so daß Schaumfetzen quer durch den Raum bis zum Spiegel flogen. »Sie sind Vampire, allesamt«, flüsterte er. »Sie saugen mich aus, bis ich nur noch ein kleines, verschrumpeltes Etwas bin. Und sie glauben, ich merke es nicht!«

Roy Chapmans Ölgeschäfte liefen hervorragend. Dafür leistete er in seinem Büro im »Chapman-Bulding« von Montag bis Freitag harte Arbeit. Geschuftet hatte er von klein auf. Obwohl er jetzt ein großes Haus besaß, Dienstboten und mehrere Autos, würde er arbeiten, solange er nicht am Tropf hing.

Aber was taten Emely, Rosco und Betty? Seine Frau, sein Sohn und seine Tochter teilten mit ihm die 20-Zimmer-Villa. Wenn sich Chapman den Tagesablauf seiner Familienmitglieder vorstellte, krampfte sich sein Magen zusammen. Das Tagewerk seiner Frau Emely bestand vornehmlich aus Einkaufen, Schönheitspflege, mit Freundinnen feiern und wieder Einkaufen. Neulich rief sie ihn im Büro an und sagte: »Ich fliege über das Wochenende in die Karibik. Der Flug geht in einer Stunde. Tschüß bis Montag.«

Rosco studierte seit acht Jahren Jura. Das sah ihm keiner an. Er kleidete sich wie ein Cowboy und trug stets eine geladene Waffe bei sich, wenn er abends ausging. Als er 32 wurde, erklärte Chapman ihm behutsam, daß man nicht zu spät beginnen dürfe, praktische Erfahrungen zu sammeln. Seitdem kümmerte sich Rosco für ein paar Stunden in der Woche um die Firmencomputer. Für ein Monatsgehalt, das für den Kauf eines Mittelklassewagens reichte. Als Chapman seinen Personalchef eines Tages fragte, welchen Nutzen Roscos Tätigkeit eigentlich habe, antwortete der: »Das müssen Sie ihn selber fragen.«

Über Bettys Leben wußte Chapman wenig. Sie lag noch im Bett, wenn er zur Arbeit fuhr, und wenn er sich schlafen legte, war sie noch nicht wieder daheim. Auf ihrer Visitenkarte stand »Kunstagentin«. Ab und zu erzählte sie von den Austellungseröffnungen, Künstlerpartys und Gesprächsrunden, die sie besucht hatte. Sicher war nur, daß sie noch nie im Leben einen Pfennig Geld verdient hatte. Alle drei besaßen Konten, die wie gefräßige Monster Chapmans Geld vernichteten.

Anstatt vor Scham in den Boden zu versinken, behandelten sie ihn wie einen Dorfdeppen! Oft hatte er das Gefühl, daß sie nur aus Mildtätigkeit ein paar Worte mit ihm wechselten. Sein Leben, dem sie allen Luxus verdankten, schienen sie für albern und geistlos zu halten.

Schwerfällig wie ein Greis stieg Chapman aus der Wanne. Er band sich ein Handtuch um und trat auf den Spiegel zu. Sein Gesicht war bleich. Er starrte in seine leblosen Augen. »Oh, nein«, dachte er. »So nicht!«

Bevor Roy Chapman das Haus an diesem Morgen verließ, er hatte wie immer einsam gefrühstückt, legte er einen großen Zettel auf den Tisch im Speisezimmer. Darauf stand: »Heute abend, Punkt 20 Uhr, erwarte ich alle Familienmitglieder an dieser Tafel. Ein Fernbleiben, aus welchen Gründen auch immer, dulde ich nicht. Der Hausherr.« Diese Sprache war die Familie nicht gewöhnt. Chapman jubilierte, als er sich vorstellte, wie Emely, Betty und Rosco über seinen Worten rätseln und vielleicht auch ein wenig zittern würden.

Als er am Abend das Speisezimmer betrat, saßen alle bereit. Das war schon ein Erfolg. Allerdings schienen sie sich im Laufe des Tages vom Schock erholt zu haben: Rosco grinste spöttisch, Betty saß in Hut und Mantel da und sagte: »Ich habe 15 Minuten Zeit.« Seine Frau Emely blätterte in einem Modemagazin. Sofort begriff Chapman: Dieses Publikum war es nicht wert, die moralische Grundsatzrede, die er halten wollte, anzuhören. Er blieb an der Tür stehen und trug sogleich seine Entscheidungen vor: »Rosco, dein Job in meiner Firma ist hiermit gekündigt. Ich gebe dir und Betty einen Monat Zeit, eine Anstellung zu finden. Wer dann weiter unter meinem Dach leben will, muß für Kost und Logis bezahlen. Weil du, Emely, keiner geregelten Arbeit nachgehst, ist es pure Verschwendung, wenn wir Fremde den Haushalt machen lassen. Außer dem Gärtner und einer Putzhilfe werde ich deshalb sämtliches Personal entlassen.«

Gebannt starrten sie ihn an. Chapman genoß den Anblick für zwei Sekunden und verschwand.

Nur zwei Tage war die Stimmung im Haus frostig. Chapman verblüffte, wie rasch seine Familie ihr neues Los akzeptierte. Rosco jobbte nun stundenweise als Aushilfsfahrer und büffelte oft bis spät in die Nacht mit Studienfreunden. Betty verdiente in einer Galerie ein schmales Gehalt und mietete sich eine eigene Wohnung. Emely kommentierte engagiert das Angebot der umliegenden Supermärkte, die sie bisher nie von innen gesehen hatte. Auch machte sie sich Gedanken über umweltschonende Putzmittel. Roy Chapman beglückwünschte sich zum Erfolg seiner Entscheidungen.

Leider gab es nun Ärger in der Firma. Im Computersystem herrschte Chaos: Programme brachen zusammen, wichtige Dokumente löschten sich aus rätselhaften Gründen von selbst. Endlich konnten die Techniker einen Computer-Virus unschädlich machen, der sich im System eingenistet hatte. Doch der Schaden war enorm und mußte in mühevoller Kleinarbeit wettgemacht werden.

Als das Schlimmste ausgestanden war, nahm sich Chapman einen freien Tag. Das war ein seltenes Ereignis, und er nutzte es stets für dieselben Rituale: eine Stunde länger schlafen, im Garten joggen, in den Pool springen, lange spazieren gehen und später, bei einem Glas Wein, sämtliche Zeitungen lesen. Die Familienmitglieder waren bereits ausgeflogen, als er im Sportdress in die warme Morgenluft hinaustrat. Chapman drehte auf dem Rasen ein paar gemächliche Runden. Als er ins Schwitzen kam, machte er ein paar Lockerungsübungen und hielt dabei das Sprungbrett des Pools im Auge. 400 Meter waren es bis dahin. Für Roy Chapman war es ein seltenes, köstliches Vergnügen, auf das erfrischende Naß loszupreschen und in voller Montur hineinzuspringen. Es war eine kleine, verrückte Lust, die er seit seiner Kindheit kannte.

Er lief los. Mit einem großen Satz erstürmte er das Sprungbrett über der tiefsten Stelle des Beckens, hob die Arme zum Kopfsprung und sah entsetzt die harten Kacheln in drei Meter Tiefe. Chapman verlor das Gleichgewicht, fiel und konnte in einer verzweifelten Bewegung nach dem Sprungbrett greifen. Keuchend schaffte er es, sich zurück auf den Rasen zu hangeln.

Wieso war der Pool trocken? Chapman hatte ihn noch nie ohne

Wasser gesehen. Mit immer noch zitternden Händen zog er im Haus seinen Freizeitanzug an. Im Wunsch, seinen Schock zu behandeln, tappte er in den Keller. Weine waren sein Hobby. Im Keller türmten sich die Flaschen bis unter die Decke. Ihm dürstete nach einem alten Bordeaux. Es gab da eine Flasche, die er vor zehn Jahren auf einer Auktion erstanden hatte. Heute mußte sie daran glauben. Die Flasche klemmte ein wenig in ihrem Holzfach. Chapman zog am Flaschenkopf und war beglückt, als das edle Etikett auftauchte. Plötzlich hörte er ein Rumoren. Die Regale über seinem Kopf bogen sich. Im nächsten Augenblick prasselte ein Flaschenregen auf ihn nieder. Geistesgegenwärtig griff Chapman nach einem kleinen Holzfaß, das er schützend über seinen Kopf hielt. Als das Donnerwetter vorüber war, fühlte sich sein Körper wie durchgeprügelt an. Doch das war nebensächlich angesichts eines furchtbaren Verdachts: daß seine Familie ihn ermorden wollte.

Das Computersystem hatte Rosco wahrscheinlich nur aus blinder Wut sabotiert. Jetzt ging die Familie planmäßiger vor. Mit Sicherheit lauerten weitere mörderische Fallen auf ihn. Wenn Frau und Kinder Chapman beerbten, würden sie noch bequemer leben können als vor seinen drakonischen Maßnahmen.

Im Kopf formulierte Chapman ein neues Testament: »Hiermit enterbe ich meine Frau, meinen Sohn und ...« Plötzlich fiel ihm ein, daß sie trotz Enterbung Anspruch auf ihren Pflichtteil hätten. Wenn Verwandte ihrem Gönner allerdings nach dem Leben trachteten, erhielten sie laut Gesetz keinen Pfennig. Und würden außerdem hinter Gittern landen. Doch dafür waren Beweise nötig.

Chapman dachte an seinen Neffen James. Er besaß ein Detektivbüro. Seine Leute scherten sich beim Aufspüren von Indizien nicht um Gesetze. Nachdem sich Chapman mit einer unversehrten Flasche aufgemuntert hatte, rief er seinen Neffen an und berichtete über die Ereignisse. »Ich will klare Beweise dafür, daß meine Familie mich umbringen wollte. Ich werde eine Geschäftsreise vortäuschen und mich zwei Wochen ins Landhaus zurückziehen. Für den Fall, daß sie mich trotzdem erwischen, deponiere ich jetzt schon ein Dokument bei meinem Notar. Darin werde ich sie enterben und des Mordes bezichtigen.«

»Das dürfte für die Polizei sehr aufschlußreich sein, falls du tatsächlich umgebracht wirst. Aber dazu soll es nicht kommen! Ich übernehme den Fall und werde Fakten liefern, die eindeutig für oder gegen deine Familie sprechen.«

Roy Chapmans Landurlaub war eine Qual. Ihn plagte keine Todesangst, sondern das Nichtstun und die Ungewißheit. Am neunten Tag ertönte ein langes Hupen vor der Toreinfahrt, ein Zeichen, das Chapman und sein Neffe ausgemacht hatten. Chapman führte James ins Haus und mußte sich dazu zwingen, ihm zuerst einen Platz anzubieten und einen Kaffee einzuschenken, bevor er nach den Ergebnissen fragte.

»Ich habe mich persönlich und sehr sorgfältig um die Sache gekümmert«, sagte James. »Zuerst zum Computer-Virus. Rosco hat in deiner Firma nie etwas Sinnvolles getan, sondern das Computernetz nur für Spielereien und seine privaten Programme benutzt.«

»Dieser Strolch.«

»Um seine Programme zu schützen, hat er das System aber stets auf Computerviren durchgecheckt. Damit war Schluß, als er nicht mehr in die Firma durfte. Deshalb konnte ein Virus in dein Netz eindringen.«

Chapman schlug die Augen nieder. »Na gut. Was ist mit den Mordanschlägen?«

»Am Tag, bevor du dir im Pool fast das Genick gebrochen hättest, wurde für eine Säuberung das Wasser abgelassen.«

»Aber bisher war das Wasser nach jeder Reinigung am nächsten Morgen wieder drinnen!« unterbrach Chapman.

»Ja. Früher hat deine Frau sofort neues Wasser einlaufen lassen, wenn die Reinigungsmannschaft abends abzog. Denn sie nahm jeden Morgen nach dem Frühstück ein Sonnenbad auf der Luftmatratze. Seit sie jedoch einkaufen und sich um den Haushalt kümmern muß, fehlt ihr die Muße. Deshalb ist der Pool oft tagelang trocken, bis der Gärtner kommt und ihn auffüllt.«

»Mein Unglück konnte nur passieren, weil ich Emely das Lotterleben verboten habe?!«

»Exakt. Besonders intensiv habe ich mich um den Weinkeller gekümmert. Mindestens einmal pro Monat kommt ein Lieferant und bereichert die Regale um edle Tropfen aus aller Herren Länder.«

»Man muß ja auf dem laufenden bleiben«, meinte Chapman.

»Die Hälfte der Flaschen nahm ihm deine Tochter Betty gleich an der Tür ab. Für ihre Künstlerpartys.«

»Sie hat ... sie klaut meinen Wein?!«

»Nicht mehr, seit sie eine eigene Wohnung hat. Deine Weinregale sind total morsch, Roy. Sie konnten sich nur halten, solange Betty die neuen Ladungen erleichterte. Beinahe wäre ich selbst von einem Regal erschlagen worden.«

Chapman grübelte. Plötzlich hob er mit einem warmherzigen Lächeln den Kopf. »Jede noch so verrückte Familie ist zu etwas gut.«

»Ich bin noch nicht ganz fertig«, sagte James. »Kennst du das.« Er zeigte Chapman eine Pistole.

»Die gehört Rosco. Furchtbar, sein Waffenfimmel.«

»Sie lag geladen in seinem Schrank, den ich durchsucht habe. Wenn du mit ihr erschossen wirst, liest dein Notar dein neues Testament mit den Anschuldigungen. Wenn dann noch Roscos Waffe hier im Wald gefunden wird, ist deine Familie geliefert.«

»Ja, aber, Rosco will mich doch nicht erschießen, oder?«

»Nein. Ich werde es tun. Du hast mir eine glänzende Chance verschafft, steinreich zu werden. Wenn deine Familie enterbt hinter Gittern sitzt, bekomme ich als nächster Verwandter alles.«

James zielte auf den Kopf seines Onkels. Chapman wich zurück. James drückte ab und schrie laut auf. Die Waffe war in seiner Hand explodiert und gegen seine Stirn geflogen.

Chapman hielt seinen Neffen mit dem Schürhaken des Kamins in Schach, während er die Polizei alarmierte.

»Jetzt erinnere ich mich«, sagte er. »Rosco hielt sich immer für den tollsten Kerl der Stadt. Er wollte auch der Held sein, wenn ihn jemand überrumpelt und mit seiner eigenen Waffe bedroht. Deshalb verankerte er einen Stahlpfropfen, der sich nur löst, wenn man die Trommel zur zweiten Kammer dreht. Ein toller Junge, dieser Rosco!«

Leonard Koop

Scherben im roten Zimmer

Mit leisen Motoren rollten die Luxuslimousinen durch die Toreinfahrt. Über den Kiesweg näherten sie sich langsam dem Palais und parkten vor der Freitreppe. Oben, neben den Flügeltüren, stand Walter Römer im klassisch geschnittenen Smoking und nahm die Damen und Herren in Empfang. Vor 35 Jahren, als er beim Club anfing, war Frauen der Zutritt zum Palais verwehrt. Heute durften sie bei größeren Veranstaltungen ihre Freunde oder Ehemänner begleiten.

Als die Gesellschaft vollzählig war, schloß Walter Römer die Flügeltüren, machte seinen Kontrollgang durch den noch leeren Speisesaal und gab den Kellnern letzte Anweisungen. Der Dienstbotenchef war stolz auf seine langen Jahre im Club, dessen Mitarbeiter nach sehr strengen Kriterien ausgewählt wurden. Absolute Verläßlichkeit und Diskretion waren ihre wichtigsten Pflichten.

Die Arbeit erfüllte Walter Römers Junggesellenleben. Nach Feierabend las er viel, weil der Umgang mit den Herrschaften Bildung verlangte. Die Mitgliedschaft im Club stand nur wichtigen Persönlichkeiten der Gesellschaft offen. Manche kamen schon am Morgen, um im Garten des Palais ihr Frühstück einzunehmen. Am Nachmittag dufteten die stuckverzierten Hallen nach Kaffee und Zigarren. An den Abenden wurde debattiert, Billard gespielt und edle Tropfen aus dem hauseigenen Keller verkostet. Römer blickte frohgemut in die Zukunft: Wenn er zu alt sein sollte, um den gesamten Betrieb zu organisieren, wollte man ihn trotzdem als eine Art Dienstbotenpräsident im Hause behalten. So lange, wie es ihm gefiel.

Kurz nach dem Dessert kamen die ersten Herrschaften an die Bar, und einige bestanden darauf, daß Walter Römer ihnen den Drink mixte. Zwei Herren, die auf einem der Balkone im zweiten Stockwerk saßen, bestellten über das Haustelefon Cognac. Römer balancierte das Tablett die Treppen hinauf und betrat ein leeres Zimmer, das zum Balkon führte. Von draußen drangen die Stimmen des Herzspezialisten Dr. Pfitzner und des Anästhesisten Dr. Wolke herein: »Wir sind uns also einig, daß wir uns vom Herrn Chef nicht ins Bockshorn jagen lassen. Er mag uns nicht, okay, wir mögen ihn auch nicht, und das wird er zu spüren bekommen.«

»Wenn sich Müller an die Staatsanwaltschaft wendet, ist das herzlich egal.«

»So weit darf es nicht kommen. Er läßt sich kommende Woche wegen seines Ischias operieren. Aber ich glaube kaum, daß er mich die Narkose machen läßt. Sonst ...«

»Ha, ha! Nächste Woche ist sowieso alles zu spät. Um ihn sicher mundtot zu machen, muß man wohl die Betonung auf ›tot‹ legen. Es gibt viele Möglichkeiten ...«

Walter Römer riß sich aus seiner Erstarrung und servierte endlich. Die Doktoren lächelten ihm freundlich zu, und schnell machte er sich auf den Rückweg.

Auf der Treppe hielt er inne. Plötzlich eilte er schneller, als es in seiner Position tunlich war, die restlichen Stufen hinab. Frau Müller, die Frau des Klinikdirektors, saß mit zwei anderen Damen an einer Terrassensäule. »Entschuldigen Sie außerordentlich, Frau Professor Müller. Dürfte ich Sie für eine kurze Unterredung in mein Büro bitten?«

Walter Römer schloß die Bürotür hinter sich ab, als Frau Müller neugierig im Sessel Platz genommen hatte.

»Ich befinde mich in einer heiklen Lage ... Ich darf nicht reden, und ich darf nicht schweigen.«

»Also, was ist los, Herr Römer. Benehmen Sie sich nicht albern.«

»Es hörte sich wie ein Mordplan an. Es ging um Ihren Mann.«

»Wovon sprechen Sie?«

»Zwei Kollegen, ähem ...«

»Herr Pfitzner und Herr Wolke? Das ergäbe einen Sinn. Mein Mann gab ihnen bis Montag Zeit, Hinweise zu widerlegen, daß sie sich von einem Pharmakonzern bestechen lassen. Wir gehen sofort zu ihm!«

»Frau Müller, das kann ich nicht. Sie sind kein Mitglied des Clubs, deshalb wandte ich mich an Sie. Vielleicht habe ich die Herren ja völlig falsch verstanden! Nicht auszudenken, wenn herauskommt, daß der Dienstbotenchef Gespräche belauscht und falsche Anschuldigungen in die Welt setzt! Ein skandalöser Vertrauensbruch. Sie dürfen Ihrem Mann nicht sagen, daß Sie die Information von mir haben. Sagen Sie ihm, Sie hätten mit eigenen Ohren Verdächtiges gehört.«

»Wenn das Leben meines Mannes in Gefahr ist, spielt doch die Etikette keine Rolle mehr!«

»Sie verstehen das nicht. Die Herrschaften müssen sich auf Leute wie mich verlassen können. Ich gehe jetzt zu meinen Aufgaben.«

Gegen Mitternacht blickten die Gäste erstaunt durch die Fenster der Salons: Polizeiwagen näherten sich mit Blaulicht dem Anwesen. Über die Lautsprecheranlage des Hauses erklang die Stimme des Clubpräsidenten: »Liebe Freunde, bewahren Sie Ruhe. Im roten Zimmer ist ein Mord geschehen, der Täter befindet sich wahrscheinlich unter uns. Ich habe die Polizei alarmiert, und sie möchte nicht, daß jemand das Palais verläßt.«

Beamte in Zivil und Uniform strömten durch die Flügeltüren.

Sämtliche Ausgänge wurden besetzt. Kommissar Sokatz blickte suchend in die Menge. Der Clubpräsident trat auf ihn zu und sagte: »Ich nehme an, Sie sind hier der Chef? Dann folgen Sie mir bitte.«

Das rote Zimmer war ein kleiner Arbeitsraum im dritten Stock des Palais. Professor Müller lag mit ausgebreiteten Armen vor dem Schreibtisch. Ein Brieföffner steckte in seinem Herzen.

»Sie wollen die Mörder?« Bleich und zornig wandte sich die Frau des Professors an den Kommissar. »Für mich gibt es keinen Zweifel, wer es getan hat.« Sie erzählte von ihrem Gespräch mit Walter Römer. Sokatz bestellte ihn zu sich.

»Frau Müller irrt sich«, behauptete Römer. »Ich weiß nichts über ein Gespräch zwischen den Herren.«

»Er lügt! Hören Sie auf mit dem Unsinn, Herr Römer. Mein Mann ist tot.«

Walter Römer blickte dem Kommissar weiterhin fest in die Augen. Sokatz war ratlos. Er schickte ihn fort und bat Dr. Pfitzner und Dr. Wolke zum Verhör. Die Ärzte reagierten verblüfft auf den Vorwurf, ein Mordkomplott geschmiedet zu haben.

»Wer behauptet so etwas?« fragte Dr. Pfitzner. »Ich will den Kerl sehen.« Sokatz mußte einräumen, daß ein richtiger Zeuge nicht zur Verfügung stand.

»Bei dieser Beweislage«, meinte Dr. Wolke, »lohnt es wohl nicht, unsere Anwälte zu verständigen.« Grinsend verließen die beiden das Zimmer.

»So leicht fassen wir den Mörder Ihres Mannes nicht, Frau Müller«, sagte Sokatz. »Wir werden die Alibis aller Gäste überprüfen müssen, und ich möchte gleich mit Ihnen beginnen.«

»Sie glauben doch nicht, daß ich alles erfunden habe, um …«

Ein Beamter der Spurensicherung unterbrach das Gespräch: »Wir haben Interessantes entdeckt, Herr Kommissar. Hier sehen

Sie eine Scherbe von einem kleinen Glas, die wir unterm Schreibtisch fanden. Die bräunliche Lache darauf ist Cognac – noch nicht eingetrocknet. Auch auf Professor Müllers Hemd befinden sich feuchte Cognacflecken.«

Sokatz kombinierte: »Wir können also annehmen, daß Professor Müller unmittelbar vor seiner Ermordung Cognac trank. Wahrscheinlich ging das Glas während des Verbrechens zu Bruch. Der Mörder machte sich die Mühe, den Cognac aufzuwischen und die Scherben einzusammeln. Nur die eine übersah er. Haben Sie eine Cognacflasche im Zimmer gefunden?«

»Nein.«

»Sehr schön. Der Cognac stammt also von der Bar. Ist der Professor mit dem Glas in der Hand drei Stockwerke hinauf bis in dieses Zimmer gegangen? Nein, dafür sind Dienstboten zuständig. Einer von ihnen hat den Professor am Tatort bedient. Das muß der Mörder sein. Einen Gast des Hauses hätte es nicht gekümmert, wenn neben seinem Opfer Scherben liegen. Hingegen war für den Dienstboten klar: Ein frisches Glas Cognac verrät, daß er am Tatort war.«

»Fragt sich nur, wer den Cognac serviert hat«, meinte der Mann von der Spurensicherung. Sokatz wählte die Nummer der Hausbar: »Lassen Sie bitte zwei Gläser Cognac ins rote Zimmer bringen.«

Zehn Minuten später erschien Walter Römer. Er stellte sein silbernes Tablett auf ein Tischchen, nahm die Flasche und schenkte zwei Gläser voll.

»Wie freundlich, daß Sie sich selbst bemühen, Herr Römer. Gehört das zu Ihren Aufgaben?«

Walter Römer stutzte. Nach kurzer Überlegung sagte er: »Es ist Tradition des Hauses, daß der Chef der Dienstboten diesen Cognac persönlich serviert. Er stammt von einem kleinen Gut, das der Club in Frankreich besitzt, und reift in unseren Kellern.«

»Interessant, Herr Römer.« Sokatz zeigte den Plastikbeutel, in dem die Spurensicherung die Glasscherbe aufbewahrte. Unten hatte sich der Cognac gesammelt. »Haben wir beim Schreibtisch gefunden.«

»Normalerweise passieren mir solche Nachlässigkeiten nicht.«

»Warum haben Sie Dr. Müller ermordet?«

Für einen kurzen Augenblick wirkten Walter Römers Augen verzweifelt. Dann fand er zur Disziplin zurück. »Der Professor hat mich mit einer Flasche Cognac ins rote Zimmer bestellt. Er war aufgeregt, trank ein Glas, wollte ein nächstes. Frau Müller hatte mich leider an ihn verraten. Jetzt verlangte er von mir Unmögliches. Ich sollte, was ich belauscht hatte, gegenüber Dr. Wolke und Dr. Pfitzer bekräftigen. Sie sollten sich dazu äußern.«

»Aber Sie wollten nicht zwischen die Fronten geraten.«

»Die Doktoren hätten sich herausgeredet und ich hätte auf jeden Fall meinen Posten verloren. Ich wollte den Professor nicht töten. Nur ... als er zur Tür eilte, um die Doktoren zu holen, griff ich zum Briefmesser.«

Kommissar Sokatz drehte sanft an einem der Cognacgläser auf dem Tisch. »Ist es nicht immerhin ein gutes Gefühl, nichts mehr verbergen zu müssen?« fragte er den Mörder.

Wolf Brümmel

Der Bodyguard

Leo kam aus dem Nichts, hatte eine harte Kindheit, schlechte Schulausbildung und eine leere Seele. Dafür trug er seit seinem 10. Lebensjahr eine Knarre unter seinem graubefleckten Parker. Er war ein Niemand, lungerte nur mit ein paar Freunden herum, und wenn sie etwas brauchten, nahmen sie es sich. Als Leo in die Höhe schoß, von 1,50 m in wenigen Monaten auf 1,95 m, bekam er einen Job als Türsteher. Er war gerade 18 Jahre alt. Bisher hatte ihm niemand etwas geschenkt, und er nahm sich fest vor, niemals im Leben Geschenke zu machen. Als robuster Türsteher handelte er sich in kürzester Zeit mehrere veilchenblaue Augen, aufgeplatzte Lippen und einige Anzeigen wegen Körperverletzung ein. Gerade noch rechtzeitig, bevor die Polizei ihn festnehmen konnte, wechselte er seinen Beruf und die Stadt und wurde Bodyguard in Berlin.

Dort lernte er Rechtsanwalt Hans E. Hardt kennen, einen Karrieremann im Designeranzug aus feinstem Kaschmir mit aprikotfarbener Krawatte und handgenähten Schuhen. Hardt engagierte Leo als Bodyguard für die Fabrikbesitzerin und Multimillionärin Franziska Ortland.

»Du, Franziska«, sagte Hans E. Hardt, »ich traue deinem Mann alles zu. Nachdem der in die Scheidung nicht eingewilligt und sich nur geldgierig gezeigt hat, befürchte ich für dich und dein Leben das Schlimmste.«

»Du übertreibst wie immer, lieber Hans. Das macht wohl dein Beruf.« Franziska lachte, aber sie hörte selbst, wie hoch und nervös dieses Lachen klang. »Vergiß bitte nicht seine unüberhörbaren Drohungen. Darum halte ich es für besser, wenn du einen Beschützer hast.«

»Besser wäre es, ich würde ihm die Summe geben, die er haben möchte, und ich hätte meine Ruhe.«

»Du weißt, wie überzogen der Betrag ist, Franziska. Nein, das kommt überhaupt nicht in Frage. Dein Mann wird sich letztendlich zufrieden geben, und so lange paßt Leo auf dich auf.«

»Leo? Wie sieht er denn aus? Kann man ihn denn überall mit hinnehmen? Blamiere ich mich auch nicht mit ihm? Hans, was sollen die Leute denken?«

»Leo ist ein Bodyguard wie aus dem Bilderbuch: mindestens einsneunzig, lange Beine, schmale Taille, wuchtige, muskulöse Brust, Bizeps von 56 Zentimetern, er besitzt halt einen perfekten Körper. Sein Gesicht hat, nun ja, ein wenig brutale Züge. Er hatte es bisher nicht einfach im Leben. Darum ist er genau der Richtige, wachsam und stark wie ein Löwe und flink wie ein Leopard.«

»Du gerätst ja direkt ins Schwärmen?«

»Ich habe ihn für dich ausgesucht, weil für dich nur das Beste gut genug ist.«

Drei Wochen lang war Leo nun Franziska Ortlands ständiger Begleiter, sie fand ihn völlig unnötig und vor allem allmählich lästig. Ich muß mit Hans über ihn sprechen, dachte sie, als sie mit Leo an der Seite die Bank verließ. Was sie nicht ahnte, war, daß draußen der Tod auf sie wartete. Leo blickte in die Mündung eines Revolvers. Sah, wie sich der Finger des Killers krümmte. Blitzschnell stieß er Franziska Ortland zur Seite, doch er wußte, nichts hätte sie gerettet, wenn der Revolver, der auf sie gerichtet war, nicht eine Ladehemmung gehabt hätte. Von nun an duldete die verängstigte Franziska Leo als ihren Bodyguard.

Bevor Franziska Ortland in eine Hotelsuite zog, trat Leo in Aktion. Er sah hinter Gardinen und Bilder und unter das Bett, untersuchte Sessel und Nachttische und kontrollierte Lampen und Steckdosen, immer auf der Suche nach Sprengstoff. Dann prüfte er den eventuellen Fluchtweg. Trotz aller Sicherheitsmaßnahmen fühlte sich Franziska hundsmiserabel. Sie schlief unruhig und hatte schreckliche Träume. Leo spürte seine Muskeln, seine Knochen. Die Spannung wurde von Tag zu Tag explosiver. Wenn er mit Franziska unterwegs war, zuckte er bei jeder hektischen Bewegung fremder Personen zusammen. Ein schneller Griff in eine Jackentasche jagte die Streßhormone in seinem Körper in die Höhe. Er fixierte seine Umgebung und atmete erst dann wieder auf, wenn er meinte, daß für Franziska keine Gefahr bestand. Der Leibwächter und sie wurden unzertrennlich. Trotzdem schoß eine Bombe Franziskas Sportwagen in tausend Stücke. Das passierte vor ihrer Villa, und zum Glück wurden nur die großzügigen Anlagen mit Hortensien, Rosen und Efeu zerstört.

»Jetzt habe ich die Nase gestrichen voll«, schrie Franziska mit einer Ohnmacht kämpfend ihren Rechtsbeistand an. »Rufe jetzt sofort die Polizei!«

»Bitte beruhige dich, das brauche ich nicht, denn die Polizei wartet schon in der Diele auf dich.«

»Was sagst du da?«

»Na denkst du, es bleibt den Bullen verborgen, wenn dein Sportwagen in die Luft gesprengt wird?«

Kommissar Jürgen Mauer zeigte sich ausgesprochen höflich. Er sah sofort, wie blank die Nerven von Frau Ortland lagen.

»Einen Verdacht haben Sie nicht?« fragte er freundlich. Bevor Franziska etwas sagen konnte, antwortete Rechtsanwalt Hans E.

Hardt: »Nein, natürlich nicht. Ich bitte Sie, Herr Kommissar, Frau Ortland ist eine überaus beliebte Person, unterstützt viele Hilfsorganisationen. Nein, Feinde hat sie nicht, das stimmt doch, nicht wahr, gnädige Frau?«

»Das dachte ich bisher auch. Aber wenn ich bedenke, was in letzter Zeit in meiner Umgebung passiert ist, muß ich mich wohl oder übel geirrt haben.«

»Aber, aber ...« irritiert brach Hans E. Hardt seinen angefangenen Satz ab. »So sicher müssen Sie sich wohl nicht gefühlt haben, Frau Ortland, sonst hätten Sie sich doch nicht einen Personenschutz, einen Bodyguard zugelegt.«

Nun schwiegen Frau Ortland und auch ihr Anwalt.

»Also, wenn Sie mir etwas verheimlichen, dann kann ich Ihnen auch nicht helfen«, schimpfte Kommissar Mauer und vergaß, freundlich zu sein. »Hier haben Sie meine Karte. Ich hoffe, Sie rufen mich rechtzeitig an, bevor noch mehr passiert.«

Leo holte Frau Ortland in ihrem Schlafzimmer ab. Er war jedesmal tief beeindruckt von den hohen hellen Eichenschränken mit den Spiegeltüren, die an manchen Stellen ihre Silberauflage eingebüßt hatten, von dem schneeweißen Bett, sauber, glatt und kalt. Es sah aus, als wäre das ganze Zimmer unter einer Schneedecke begraben. Franziska Ortland mußte heute abend zu einem Wohltätigkeitsball.

»Ach, ich nehme meinen echten Schmuck, Leo. Da Sie schon einmal da sind, kann ich mir das ja wohl leisten.« Sie betrachtete ihn geringschätzig. Er gefiel ihr nicht in seinen Secondhandanzügen, obwohl sie stets sorgfältig gebügelt waren.

»Kommen Sie«, befahl sie und stolzierte auf den hohen Absätzen ihrer schwarzen Pumps ein wenig wankend davon. In letzter Zeit liebte sie es, zu jeder Gelegenheit einen Aperitif zu genießen. Plötzlich nahm sie zwei Stufen auf einmal, kippte vornüber und direkt in Leos starke Arme. »Der Abend fängt ja entzückend an«, flötete sie, dann stiegen sie in die bereitgestellte Limousine, die vorher von Leo sorgfältig untersucht worden war.

»Wir fahren durch die Tiefgarage in das Hotel«, sagte Leo.

»Aber warum denn?«

»Es ist sicherer, Frau Ortland.«

»Nein, das kommt überhaupt nicht in Frage«, protestierte sie. »Dann sieht mich doch kein Mensch.« Selbstgefällig strich sie über ihr seidig schimmerndes Kleid. »Durch die Tiefgarage?« wiederholte sie spitz. »Wer bin ich denn?«

»Sie sind Frau Ortland, und Sie sind sicherheitsgefährdet«, antwortete Leo überflüssigerweise und mit finsterer Miene. Widerspruch ließ er nicht gelten. Auch nicht von Frau Ortland. Franziska Ortland überprüfte noch einmal wortlos ihr Make-up, als sie in die Tiefgarage des Hotels einbogen. Leo sprang aus dem Auto und sicherte die Umgebung. Dann half er Franziska Ortland beim Aussteigen. Vor dem Aufzug traf sie dann ein Schuß in die Schulterblätter. Es klang dumpf, der Schütze hatte einen Schalldämpfer auf seinem todbringenden Revolver. Leo warf sich auf die zusammensinkende Franziska. Dann krachte ein zweiter Schuß.

Kommissar Mauer sagte nur tonlos zu dem Polizeiarzt: »Bringen Sie die Leiche, ich meine Frau Ortland, ins Gerichtsmedizinische Institut. Ich muß wissen, wie viele Schüsse sie getroffen haben.«

Leo stand schweigend auf dem grauen Asphaltboden, auf dem sich eine Blutlache gebildet hatte. Er schnipste die glühende Kippe seiner Zigarette in die Luft und wollte mit geschmeidigen Bewegungen verschwinden.

»Darf ich bitte Ihre Pistole haben?« Der Kommissar sah in zwei teilnahmslos kalte Augen.

»Bitte sehr«, sagte Leo und überreichte sie ihm.

»Sie halten sich bitte zu unserer Verfügung, okay? Wo kommen

Sie denn so plötzlich her?« wandte er sich an Rechtsanwalt Hans E. Hardt.

»Na hören Sie mal. Ich warte oben in der Lobby auf Franziska, ich meine auf Frau Ortland. Und da sie nicht kam ... mein Gott, was ist denn passiert?«

Kommissar Mauer erzählte es ihm und beobachtete, wie sich Hans E. Hardt übertrieben mit dem Handrücken eine feuchte Haarsträhne aus den Augen wischte und sich die Hände vors Gesicht schlug. Was sollte diese Theatralik, dachte Mauer, und als er sich über seine Bartstoppeln strich, erinnerte er sich daran, daß er schon 24 Stunden auf den Beinen war.

»Moment, das müssen Sie mir noch einmal sagen, Doktor«, sagte Mauer ins Telefon.

»Also, ein Schuß traf Frau Ortland aus fünf Meter Entfernung. Das war ein Profi, ja. Gut gezielt, bestens getroffen. Und der andere Schuß kam aus unmittelbarster Nähe, wie? Das kann ich nicht glauben. Also, wenn es die Wundränder beweisen? Dann kommt ja nur ... Vielen Dank, Doktor. Mein Kompliment.«

Es stimmte, aus Leos Waffe kam der zweite Schuß. Rechtsanwalt Hans E. Hardt zeigte sich überrascht.

»Was weiß ich schon von Leo. Er hat ein Kampfsporttraining gemacht, Schießübungen.«

»Das will ich nicht wissen«, unterbrach ihn Mauer ungeduldig. »Woher kennen Sie ihn? Sie haben ihn doch engagiert?«

»Ja, wenn ich das noch wüßte.«

»Hören Sie mal, Herr Rechtsanwalt. Ich habe Ihren Leo verhaften müssen, wegen Verdacht des Mordes an Ihrer Klientin Franziska Ortland. Und was Sie mir nicht sagen wollen, das werde ich aus ihm herauspressen, klar?«

Hardt zuckte nur mit den Schultern. Mauer schimpfte weiter: »Ich war bei Herrn Ortland. Er ist ja nun der Universalerbe und gehört damit für mich zu den Hauptverdächtigen.«

»Das habe ich doch immer gesagt. Seinetwegen hatten wir ja Leo engagiert. Daß Leo so versagt hat!«

»Nein, hat er nicht, er hat genau das getan, was die Auftraggeber von ihm verlangt haben. Für viel Geld. Leo hat zweimal kassiert. Einmal von Ihnen für seinen angeblichen Personenschutz an Frau Ortland, ein zweites Mal von Herrn Ortland für seinen Mord an derselben Person, und der wurde mit zwei Schüssen ausgeführt. Leo hat sich noch eines Killers bedient. Er wollte sicher gehen.«

»Sehen Sie mal zu, daß Sie den Fall schnell aufklären«, sagte Hardt zum Abschied.

»Das werde ich, verlassen Sie sich darauf, und dann werden wir uns wiedersehen.«

Kaum war Hardt aus dem Zimmer, da befahl Mauer seinen Mitarbeitern: »Bewacht mir diesen Herrn, Tag und Nacht, und wehe, er entwischt euch, dann steht ihr schneller auf der Straße, als euch lieb ist.«

Rechtsanwalt E. Hardt mußte sich sehr sicher gefühlt haben, denn noch in derselben Nacht traf er sich mit Oswald Ortland. Es war nicht schwer für Kommissar Mauer, beiden Herren Anstiftung zum Mord an Frau Franziska Ortland nachzuweisen. Oswald Ortland hatte Rechtsanwalt Hardt seit der Trennung von seiner Frau monatlich eine hohe Summe überwiesen. Hardt sollte den Mord an Franziska Ortland vorbereiten und schließlich durchführen lassen, damit er an das Millionenvermögen kommen konnte. Dafür war ihm jedes Mittel recht.

Kommissar Mauer berichtete dem Staatsanwalt: »Sicher hätte alles ganz prima geklappt, wenn Hardt nicht Leo engagiert hätte. Leo hat den Mord an Franziska Ortland zugegeben, aber gleichzeitig auch seine Auftraggeber genannt, da er sich dadurch eine Strafmilderung verspricht. Konflikte mit dem Gesetz kannte er von Kindesbeinen an. Für ihn gibt es nur eine Person, die es zu schützen gibt, das ist er selber, Leo, dem niemand geholfen hat, der sich nur selbst immer zu Hilfe kam. Sein Lebenslauf ließ ihm bisher keine andere Wahl, und warum sollte er alleine für seine Drecksarbeit zahlen, und Oswald Ortland und Hans E. Hardt, die ihn dazu beauftragt hatten, sollten ungeschoren davonkommen? Nein, das sieht er nicht ein«, berichtete der Kommissar weiter. »Übrigens, die 100 000,– Mark, die Ortland über Hardt an Leo zahlte, sind bisher nicht auffindbar.«

»Vielleicht baut sich Leo damit ein neues Leben auf, wenn er nach einigen Jahren aus dem Knast kommt«, meinte Kommissar Mauer und wünschte sich, recht zu behalten.

»Ich hoffe doch, daß Sie das zu verhindern wissen«, meldete sich der Staatsanwalt endlich zu Wort.

Kim Rose

Freund und Feind

Es gab zwei Dinge, die Carola Rehn zutiefst verabscheute: Spinnen und ihren Ehemann Joachim. Schon der Anblick einer kleinen, widerlichen Spinne aus sicherer Entfernung konnte bei ihr Panikattacken, Schreikrämpfe und Brechreiz auslösen. Einige Male war sie sogar in Ohnmacht gefallen, als ihr eines der langbeinigen Tiere zu nahe kam. Sie litt seit ihrer Jugendzeit unter dieser Phobie, und die Symptome hatten sich seither nur verschlimmert. Was für ein Problem Spinnen in Carola Rehns Leben bedeuteten, konnten sich normale Menschen nur schwer ausmalen. Auf einer Hochzeitsfeier warf sie eine gefüllte Sektflasche nach einem schwarzen Etwas, das sich von der Decke abseilte. Als sie einmal nachts allein in einem Zugabteil saß und eine Spinne an der Tür bemerkte, fuhr sie 200 Kilometer über ihren Zielort hinaus, bis sich endlich wieder ein Schaffner blicken ließ. Seit ihrem 25. Lebensjahr suchte Carola Rehn regelmäßig psychologische Praxen auf. In vielen Selbsthilfegruppen und Wochenendkursen hatte sie versucht, ihr Leiden zu kurieren. Nun war sie 33 und richtete sich darauf ein, für den Rest ihres Lebens den Spinnenterror aushalten zu müssen.

Abgesehen von den Augenblicken, wenn eine Spinne in ihrem Gesichtsfeld auftauchte, war Carola Rehn eine lebenslustige und willensstarke Frau. Deshalb nahm sie das Ungeziefer auch weniger wichtig als die zweite Plage in ihrem Dasein. An ihrer Ehe mit

Joachim war sie selbst und nicht irgendeine Veranlagung schuld. Es lag auch in ihrer Macht, seinen unangenehmen Anblick von heute auf morgen nicht mehr ertragen zu müssen. Zur Weißglut brachte sie, daß gewisse Überlegungen sie daran hinderten.

Joachim war Immobilienmakler. In seiner Firma »Rehn Development« waren mehrere Rechtsanwälte täglich nur damit beschäftigt, Gesetzeslücken zu finden und Bestimmungen zu verdrehen. Hunderte Mieter hatte Joachim bereits aus ihren Wohnungen geworfen, um sie in Eigentum umzuwandeln. Wer ihn beauftragte, ein Grundstück zu verkaufen, konnte mit einem Erlös weit über dem angemessenen Wert rechnen. Rehns Verhandlungsgeschick, dekoriert mit zwielichtigen Gutachten, machte es möglich. Die Opfer seiner Geschäfte zerschnitten manchmal seine Autoreifen oder zerschlugen die Fensterscheiben der Firma. Einmal war Joachim Rehn sogar auf der Straße zusammengeschlagen worden.

Carola Rehn behauptete nicht, daß sie sich von ihrem Mann mies behandelt fühlte. Wenn sie manchmal frühmorgens in ihrem Zimmer erwachte und hörte, daß er eine Geliebte verabschiedete, legte sie sich auf die andere Seite und schlief friedlich weiter.

Joachim behandelte sie wie ein Biertrinker, der einem edlen Wein einen ewigen Ehrenplatz in der Hausbar zugewiesen hatte. Nicht Liebe führte die Eheleute einst zusammen, sondern das sichere Gefühl, ihre unterschiedlichen Ziele gemeinsam besser zu erreichen. Er wollte Geld und Macht, sie ein Leben, das frei und luxuriös war. Carola Rehn gab ihren Job in einer Werbeagentur auf, als Joachim im Immobiliengeschäft Fuß gefaßt hatte. Bis er ganz oben stand, befeuerte sie ihn mit hervorragenden Ideen. Sie besaß ein Gefühl dafür, wo was gebaut oder gekauft werden mußte und wie es sich vermarkten ließ. Als »Rehn Development« schließlich seinen goldenen Zweig erreicht hatte, spürte Carola, daß der weitere Erfolg nicht mehr von ihrer Hilfe abhing. Sie war kein Mensch, der arbeiten wollte, nur um zu arbeiten, und deshalb verschob sich ihr Blickwinkel auf die angenehmen Dinge des Lebens: Champagnergelage in Künstlerkreisen, Wochenendtrips zu internationalen Modenschauen, den Frühling im Reid's auf Madeira, im Winter nach Saas Fee. Bei »Rehn Development« machte sich bemerkbar, daß Carola nur noch gelegentlich nach dem Rechten sah. Der Laden lebte nicht mehr von ihrer Phantasie, sondern von Joachims Skrupellosigkeit. Schaudernd bemerkte Carola, daß sein gesamtes Nervenkostüm von kalter Geschäftstüchtigkeit infiziert war.

Auf einer Weihnachtsfeier von »Rehn Development« lernte Carola den jungen Makler Just Rabeck kennen. Joachim hatte ihn wenige Wochen zuvor eingestellt. Als die wichtigsten Geschäftspartner die Party verlassen hatten und sich die Angestellten ungehemmt ihrer Sektlaune hingaben, sagte Joachim zu seiner Frau: »Ich habe gemerkt, daß du und Rabeck euch nur unterhalten habt, um euch in die Augen zu schauen.« Nach diesen Worten wandte er sich sofort ab. Sollten sie eine Drohung sein? überlegte Carola. Joachim zeigte manchmal, daß ihm am Bestand der Ehe weiterhin lag. Vielleicht sah er in Carola eine Art geistiges Kapital, auf das er in Notzeiten zurückgreifen konnte. Oder aber sie war für ihn der einzige Mensch, den er für ebenbürtig hielt und dessen Gegenwart er brauchte, auch ohne ein Wort mit ihm wechseln zu wollen.

Anders als ihr Mann hatte sich Carola mit Affären zurückgehalten. Als sie am Morgen nach der Weihnachtsfeier in Rabecks Wohnung erwachte, war der für sie auch kein Liebhaber, sondern der neue Mann fürs Leben. Natürlich erzählte ihm Carola von ihrem Spinnenproblem. Vor jedem Rendezvous inspizierte er alle Winkel seiner Wohnung nach einem möglichen Schädling. Aber auch wenn sich die Verliebten im Café oder im Freien trafen, war noch nie eine Spinne aufgetaucht. Carola erkannte darin ein gutes Omen.

Die Liebe zwang Carola zu einigen heiklen Schlußfolgerungen. Eigentlich wünschte sie, sofort die Scheidung einzureichen und mit Just ein anderes Leben anzufangen. Doch die Annehmlichkeiten ihres Daseins, ihre finanzielle Freiheit hatte sie einst an Joachims Seite hart erkämpft. Just war ein vielversprechendes Talent, aber im Moment nur ein kleiner Angestellter. Carola fand unlogisch, daß sie aufgeben sollte, was sie schon besaß, nur um sich erneut darum zu bemühen. Außerdem gab es keine Garantie, daß Erfolg und Luxus wiederholbar waren. Als Just sie eines Nachmittags von einer Sitzung ihrer Therapiegruppe abholte, sagte Carola: »Am besten, Joachim kippt tot um, und du übernimmst den Laden.«

»Das hast du hoffentlich nicht deinem Psychologen erzählt.«

»Nein!« Carola lachte. »Er will mein Glück jetzt mit einer sogenannten Konfrontationstherapie versuchen. Ich soll mich aus eigenem Willen den Viechern aussetzen, sie im Terrarium anstarren. So macht man das auch bei Leuten, die Platzangst haben. Die sollen mit überfüllten U-Bahnen fahren.«

»Und was hältst du davon?«

»Warum eigentlich nicht! Ich bin vor meinen Problemen viel zu lange geflüchtet. Ich weiß was! Eigentlich soll ich erst nächste Woche mit meinem Therapeuten das Terrarium besuchen. Laß uns gleich jetzt hinfahren. Ich bin gespannt, was passiert.«

Just Rabeck gelang nicht, Carola die Idee auszureden. Wenig später betraten sie das städtische Terrarium, und Carola eilte frohen Mutes zum Insektenhaus. Sie wollte sich der Gefahr allein aussetzen und bat Just, vor dem Eingang zu warten. Die Minuten vergingen. Plötzlich hallte ein erstickter Schrei durch die finsteren Säle. Just Rabeck fand Carola leblos und erschreckend weiß im Gesicht unter einem Glaskasten liegen, in dem kleine Spinnen emsig Netze webten. Als der Notarzt kam, war Carola wieder bei Bewußtsein. Im Krankenhaus wurde ihr Kreislauf durchgecheckt. Danach durfte Just Rabeck sie in seine Wohnung bringen. Dort verbrachte sie die nächsten Woche.

»Fragt mein Mann nach mir?« wollte sie eines Abends von Just wissen.

»Nein, aber ich glaube, er weiß, daß du bei mir bist. Bald kommt der große Knall. Wahrscheinlich wenn der Streß in der Firma vorbei ist. Dein Mann hat einen riesigen Wohnkomplex aufgekauft und will die Mieter heraushaben. Am Telefon werden wir dauernd beschimpft. Der Postbote bringt jede Menge Drohbriefe.«

Carolas Augen bekamen den eigenartigen Schimmer, der bei ihr stets von erhöhter Gedankentätigkeit zeugte. »Der Knall soll kommen! Ich bin fertig mit ihm.«

Am folgenden Morgen steckte ein Brief von Joachim Rehn in Rabecks Postkasten. Er war für Carola bestimmt. Knapp teilte Joachim ihr mit, daß sie zwei Alternativen habe: Entweder sie käme sofort nach Hause, oder er würde die Scheidung einreichen. Im zweiten Fall sei ja wohl klar, daß sie keinen Pfennig von ihm erhalte. Dafür sorgten seine Anwälte schon. Sie müsse sich dann mit ihren Ansprüchen an ihren neuen Ernährer – Just Rabeck – wenden. Carola lachte spöttisch auf und zerknüllte das Papier.

Als die Mitarbeiter von »Rehn Development« zwei Tage später ihre Arbeit aufnehmen wollten, fanden sie ihren Chef niedergestreckt vor seinem Schreibtisch und mit einem Messer in der Brust. Die Polizei ermittelte, daß Joachim Rehn bereits am Abend zuvor, während seiner einsamen Überstunden, ermordet wurde. Wahrscheinlich hatte er dem Täter selbst die Tür geöffnet. Die Drohungen gegen Rehn kannte der leitende Kommissar, von seiner Ehekrise erfuhr er erst jetzt durch die Anwälte. Carola Rehn war unauffindbar. In der Rehnschen Villa öffnete niemand die Tür. Auch der fassungslose Just Rabeck wußte nicht, wo sie war.

Am Mittag drang die Polizei gewaltsam in Rehns Haus ein. Als die Beamten das zweite Stockwerk betraten, gefror ihnen das Blut in den Adern. Überall wimmelte es von handtellergroßen südamerikanischen Spinnen. Weil man nicht wußte, ob sie giftig waren, wurde die Durchsuchung mit Spezialausrüstung fortgesetzt. Schließlich entdeckten die Fahnder Carola Rehn in einem kleinen Zimmer. Sie hatte die Türritzen mit Gardinen verstopft und kauerte leichenblaß unter einer Bettdecke. Sie bekam einen Schreikrampf, als die Tür geöffnet wurde, und mußte mit Beruhigungsmitteln behandelt werden.

Als Carola Rehn vernehmungsfähig war, gab sie folgendes zu Protokoll: Am Vorabend hatte ein Bote an ihrer Tür geklingelt und ein großes Paket abgegeben. Kaum hatte sie die aufwendige Verpackung oben im Arbeitszimmer geöffnet, krabbelten ihr auch schon die Riesenspinnen entgegen. Mit letzter Energie versetzte sie dem Paket einen Fußtritt, so daß es samt der Ungeheuer in der Diele landete. Dann verrammelte sie die Tür.

Spät am Abend versammelte sich der leitende Kommissar mit seinen Assistenten zur Lagebesprechung. »Die Spinnen haben sie mehr erschüttert als die Nachricht vom Tod ihres Mannes«, grummelte er durch seine Barthaare. »Sie hat erstklassige Motive für den Mord.«

»Aber wir haben die zuverlässige Aussage des Paketboten«, warf ein Kollege ein. »Punkt 18 Uhr 16 quittierte er die Übergabe des Paketes. Laut Gerichtsmedizin kann Joachim Rehn nicht vor 20 Uhr ermordet worden sein. Carola Rehn leidet unter einem besonders schweren Fall von Spinnenphobie. Jedes Gericht der Welt würde ihr abnehmen, daß die Spinnen sie im Haus gefangenhielten. Der Absender des Pakets ist eine Zoohandlung, die sich auf exotisches Getier spezialisiert hat. Den Auftrag zur Lieferung bekam sie schriftlich mit Frau Rehns gefälschter Unterschrift. Bargeld lag bei.«

»Ja, ja, das weiß ich schon. Da auch Frau Rehns Geliebter ein

Alibi hat, müssen wir den Täter also unter den Mietern suchen, denen Joachim Rehn die Wohnungen wegnehmen wollte.«

»Sicher hängen der Mord und der Anschlag auf Frau Rehn zusammen, ein doppelter Racheakt ...«

»Ja, ja, ja. Ob Rehn die Wohnungen umwandeln durfte, war noch längst nicht heraus. Und selbst wenn: Wird ein Mieter deshalb gleich zum Mörder? An diesem Fall ist alles schief und krumm.«

Und so sollte es bleiben. Monatelang suchte die Mordkommission nach Verdächtigen unter den Mietern des Wohnblocks und unter Rehns ehemaligen Geschäftspartnern. Die Computer speicherten massenhaft Indizien, die schnell wieder gelöscht werden konnten, weil sie einer genauen Prüfung nicht standhielten. Schließlich sah man ein, daß weitere Versuche, den Mordfall zu lösen, reine Zeitvergeudung waren. Er wurde zu den Akten gelegt.

Carola Rehn gab sich nie den Anschein, Trauer über den Tod ihres Mannes zu empfinden. Am Tag seiner Beerdigung, an der sie nicht teilnahm, sah man sie bester Laune zusammen mit Just Rabeck in einem In-Restaurant. Als die Erbformalitäten erledigt waren, setzte sie ihn zum Geschäftsführer von »Rehn Development« ein. Eines Tages überraschte sie ihn mit dem Wunsch, das Terrarium zu besuchen.

»Das kann doch nicht dein Ernst sein!«

»Ich werde nicht in Ohnmacht fallen«, antwortete Carola lächelnd. »Du wirst sehen.«

Als sie vor dem Insektenhaus standen, legte sie die Hände vor das Gesicht und bat Just, sie zu einem speziellen Glaskäfig zu führen. Er gehorchte.

»Wir sind da«, sagte Rabeck ängstlich. »Ich sehe monströse südamerikanische Riesenspinnen und rate dir nicht, die Augen zu öffnen.«

»Ach nein? Das tat ich bereits. Mir gefallen die Dinger.«

»Unglaublich. Du bist geheilt!«

»Nein. Bevor ich bei unserem letzten Besuch in Ohnmacht fiel«, erklärte Carola, »stand ich genau hier. Ich merkte, daß mir Riesenspinnen überhaupt keine Angst einjagen. Erst als ich zum nächsten Kasten ging und widerliche kleine Spinnen sah, krampfte sich alles in mir zusammen.«

Just blickte angestrengt ins Leere, während in seinem Kopf die Gedanken kreisten. Carola lachte ihn an.

»Ist das nicht toll?! Große Spinnen sind meine Freunde. Sie haben mich glücklich gemacht!«

Philipp Alsen

Auf Schatzsuche

Das Meer plätscherte ruhig gegen den Kiesstrand. Der Himmel war diesig; leicht und mild wehte der Wind. Auf den Ausläufern der Berge über der Bucht wuchsen Pinien, die heute fast schwarz aussahen. Noch verschonten die gefürchteten Herbststürme die griechische Insel.

In der einzigen Taverne der kleinen Ansiedlung direkt am Meer teilten sich zwei Fremde einen Tisch. Sie schauten stumm aufs Wasser hinaus. Dr. Curt Moeven trug eine helle Anzughose zum T-Shirt, eine randlose Brille und graues krauses Haar. Sein Partner Bertram Wahl zeigte seinen sportlichen Oberkörper über seinen Shorts. Der Tavernenwirt Nicos kam an den Tisch.

»Für mich Calamares, bitte«, sagte Curt Moeven. »Und einen Salat, ohne Schafskäse.«

»Ich nehme die gefüllten Bifteki mit Pommes und eine Flasche Ouzo«, sagte Bertram Wahl.

»Fein!« sagte Nicos strahlend. Er kannte die Sprache der Fremden, weil er in ihrem Land einmal gearbeitet hatte.

Als der Kellner gegangen war, schauten die Männer erneut aufs Meer hinaus. Doch Curt Moeven begann nun, leise zu sprechen.

»Es kann nur die Stelle an der Klippe sein. Ich wette unser ganzes verlorenes Geld darauf. Die Bewohner hier wissen bestimmt Bescheid! Weißt du, was ich glaube? Die tauchen alle paar Monate zum Wrack und holen sich ein paar Diamanten. Davon leben sie prächtig. Kannst du dir vorstellen, daß sie von den paar Ziegen und dieser Taverne leben, in der außer uns nie jemand sitzt?«

Bertram Wahl massierte seine linke Schläfe und nickte kaum merklich mit dem Kopf. »Sicher ist es so. Für ein Schiff ist eine Klippe ein hervorragender Grund unterzugehen. Hier gibt es nur eine einzige Klippe. Und ausgerechnet die wird von den Leuten wie eine heilige Kuh gehütet. Die Sache ist klar.«

Die Männer konnten die Klippe sehen, von ihrem Platz in der Taverne. Sie lag ungefähr 500 Meter weit im Meer. Vor der Klippe bildeten rote Bojen einen Kreisbogen. Vorgestern hatten Moeven und Wahl versucht, in das abgesperrte Areal hineinzutauchen. Sie waren gegen Netze gestoßen. Minuten später kam ein Motorboot auf sie zugerast. Nicos, der Wirt schrie: »Ihr dürft nicht über die Bojen schwimmen! Das ist gefährliches Gebiet. Ein Mann ist schon gestorben!«

Curt Moeven und Bertram Wahl vermuteten bei eben dieser Klippe einen millionenschweren Schatz. Vor zwei Monaten, in Patras, hatte ihnen ein ehemaliger Seemann davon erzählt. Der war angeblich an Bord gewesen, als in einem furchtbaren Herbststurm ein Schiff vor der Insel kenterte. Nicht mehr nüchtern erzählte er den beiden davon, und deshalb erfuhren sie keine genauen Einzelheiten. Aber sie glaubten ihm: Ein Geschäftsmann wollte vor dreißig Jahren einen Diamantenschatz von Nordafrika nach Athen schmuggeln. Dem Kapitän eines kleinen Frachters bezahlte er viel Geld für die Beförderung. Das Schiff ging unter, und die wenigen Überlebenden zerstreuten sich in alle Windrichtungen. Der Schatz schien verloren.

»Wir müssen vorsichtig sein«, sagte Moeven. »Die Bewohner werden ihren Schatz wie Löwen verteidigen. Wenn sie unser Vorhaben durchschauen, liegen auch wir bald zwischen den Bojen unter Wasser.«

»Wir tauchen heute nacht«, beschloß Bertram Wahl, »wenn alle schlafen.«

Während der Feriensaison lebte das kleine Fischerdorf ganz gut von Besuchern, die nach ursprünglicher Atmosphäre suchten. Jetzt, im Oktober, waren Moeven und Wahl die einzigen Fremden. Die Dorfbewohner, Tavernenwirt Nicos und seine Frau Maria, zwei Fischer und ein Handwerker mit ihren Familien, behandelten sie herzlich. Keine Woche verging ohne eine Einladung zu einem festlichen Schmaus. Gleichwohl waren die Bewohner diskrete Menschen und stellten nicht viele neugierige Fragen. Das gefiel Moeven und Wahl, denn sie wurden mit internationalem Haftbefehl gesucht. In Deutschland waren ihre betrügerischen Anlagegeschäfte aufgeflogen. Sie hatten die Ersparnisse gutgläubiger Menschen eingesammelt und durch unsägliche Spekulationen an der Börse fast alles verloren. Auf ihrer Flucht gab ihnen der Seemann in Patras wieder Hoffnung: Mit den Diamanten in der Tasche ließ sich eine neue Existenz in einem fernen Land aufbauen.

Um zwei Uhr nachts blies der Wind kräftig in die Bucht hinein. Zwischen dicken Wolken, die über den Himmel jagten, blitzte ab und zu schemenhaft der Mond auf. Moeven und Wahl paddelten bis hinter die Klippe, machten ihr Boot dort fest und tauchten vorsichtig ins schwarze Wasser. Sie schnorchelten bis zu den Bojen, überwanden das Netz und schalteten im verbotenen Gebiet ihre starken Taschenlampen ein. In tausendköpfigen Schwärmen zuckten Mini-Fische aus ihrem Weg. Die Lampen erhellten scharfe Gesteinsbrocken auf dem Grund. Moeven und Wahl tauchten auf, um Luft zu holen.

»Hier ist das Wasser zu flach«, sagte Wahl, nach Atem ringend. »Wir müssen von der Klippe weg.«

Abermals verschwanden sie kopfüber in der Tiefe. Plötzlich machte Curt Moeven seinem Partner ein Zeichen. Mit dem Strahl seiner Lampe wies er auf eine unebene Stelle am Meeresgrund. Sekunden später tauchten sie in eine große Mulde, in der das Wasser besonders tief war. Die Männer spürten kaum, daß der Sauerstoff in ihren Lungen verbraucht war, als der graue Bug eines Schiffes die Strahlen ihrer Lampen matt reflektierte.

Moeven und Wahl schnellten an die Wasseroberfläche, keuchten, prusteten und fielen sich wortlos in die Arme. Beim nächsten Tauchgang fanden sie am Wrack eine offene Einstiegsluke. Beim übernächsten stießen sie bis in die Laderäume vor. Ihre Blicke fielen auf eine große Metallkiste, die durch stählerne Ketten gesichert war. Ihnen fehlte das Werkzeug, um sie zu öffnen.

Bis zum Morgengrauen debattierten Curt Moeven und Bertram Wahl in dem kleinen Häuschen, das sie von einer Familie gemietet hatten, die in den Wintermonaten in Athen arbeitete.

»Wer weiß, wie schwer die Sachen sind«, sagte Wahl. »Und der Wellengang war heute sehr stark. Das Ruderboot ist für die Bergung schlecht geeignet.«

»Wichtiger ist, wie wir die Dorfbewohner ausschalten. Heute hatten wir Glück. Ich will mich nicht darauf verlassen, daß die Leute seelenruhig schlafen, wenn wir ihren Schatz an Land bringen.«

Bertram Wahl hörte auf, seine Stirn zu massieren. »Ich habe die Lösung. Wir laden die Bewohner zu einem Fest ein. Den Wein behandeln wir mit unseren Schlaftabletten. Dann bergen wir den Schatz mit Costas Fischerboot. Der hat sogar Preßluftflaschen an Bord.«

Tavernenwirt Nicos und die anderen Einheimischen zeigten sich hocherfreut über die Einladung. Alle kamen am folgenden Abend auf die Terrasse der Fremden. Allerlei griechische Vorspeisen wurden aufgetischt, saftige Lammkeulen und viele Flaschen Wein. Moeven und Wahl bemühten sich, aus einer Flasche zu trinken, die nicht präpariert war. Ansonsten benetzten sie nur ihre Lippen. Obwohl die Köpfe der Gäste rasch sehr schwer wurden, versuchten sie, durchzuhalten. Gegen Mitternacht übertönte lautstarkes Schnarchen das Zirpen der Zykaden. Außer den beiden Fremden war niemand mehr wach.

Moeven und Wahl rannten zum Bootssteg. Sie machten Costas Kutter flott und tuckerten zu den Bojen. Windböen schossen über das Deck. Die Wogen tosten mächtig, wurden aber von dem Riff gebremst.

Costas Preßluftflaschen erwiesen sich als unverzichtbar, denn es dauerte zwanzig Minuten, bis sie die Kiste im Laderaum geknackt hatten. Sie zogen den Deckel hoch. In der Kiste waren Holzbretter wie Etagen übereinandergefügt. Zwischen ihnen klemmten backsteingroße, verschweißte Metallkästen.

Es waren knapp zweihundert. Curt Moeven und Bertram Wahl brauchten über zwei Stunden, um sie aus ihren Halterungen zu lösen und an Deck zu befördern. Ihren Inhalt würden sie nur mit Hilfe eines Schweißgerätes ans Licht bringen können. Doch das war jetzt nicht wichtig.

Als Moeven mit den letzten Kästen auftauchte, stand Wahl schon startklar hinterm Steuerrad. Moeven legte seine Beute zu den anderen Kassetten auf die Planken. Als er aufblickte, erschrak er.

»Sieh, doch!« rief er und deutete zum Dorfstrand. Von dort kam ein Motorboot auf sie zu. Bertram Wahl schmiß die Motoren an. Er gab Vollgas und steuerte auf die Küste zu. Schnell kam der Kutter in Fahrt.

»Was tun wir jetzt?« fragte angstvoll Curt Moeven.

»Ich ramme sie.«

Am Bug des Motorbootes stand Tavernenwirt Nicos. Er gestikulierte wild mit beiden Armen.

Der Kutter schaukelte mit voller Kraft über die Gischt. Auf den Planken rutschten die Metallkassetten hin und her. Das Motorboot mit Nicos und zwei weiteren Männern lag bald schräg vor ihnen. Als Bertram Wahl hart Backbord steuerte, um anzugreifen, erfaßte ein Brecher den Kutter. Die Metallkassetten schlugen mit Wucht gegen die Reling. Es folgte eine gewaltige Explosion. Ein riesiger Feuerball schoß vom Heck des Kutters in den Nachthimmel. Die Druckwelle schleuderte Curt Moeven und Bertram Wahl ins Meer.

Die Männer waren ohne Bewußtsein, als Nicos und seine Freunde sie aus dem Wasser fischten. Man brachte sie sofort in die Ambulanz der Inselhauptstadt, wo ihre Knochenbrüche eingegipst und ihre Prellungen gekühlt wurden. Zwei Tage lagen sie wie leblos in ihren Betten. Als Farbe in ihre Gesichter zurückgekehrt war, öffnete sich die Tür ihres Krankenzimmers, und ein Herr im feinen Zwirn trat auf sie zu. Er heftete Moeven und Wahl dicke Orden an die Brust. »Ich bin der Bürgermeister«, sagte der Mann. »Ich überbringe Ihnen den Dank der gesamten Insel.«

Moeven und Wahl machten dümmliche Gesichter, während sie dem Würdenträger die Hand schüttelten.

»Ich will Ihnen die ganze Wahrheit erzählen: Vor dreißig Jahren wurde vor unserer Küste mit Sprengstoff gefischt. Ein schweres Vergehen. Ein Kutter brachte das Zeug an die Küste. Als er vor der Klippe unterging, versuchten zwei Fischer die Fracht zu bergen – einer kam dabei um. Fortan ließ man das Schiff in Ruhe und hütete sein Geheimnis. Dank Ihrem heldenhaften Einsatz wurde endlich ein Schlußstrich unter die Vergangenheit gezogen! Der Sprengstoff ist vernichtet.«

»Himmel!« flüsterte Moeven.

Der Bürgermeister blätterte eine Zeitung auf. Ihre Namen waren über einem Foto von Costas schwer angeschlagenem Kutter abgedruckt. »Meine Herren, in der Kiste, die Sie bargen, lag nicht nur Sprengstoff, sondern auch mehrere Pfund kostbarer Schmuck. Da es keinen Besitzer gibt, habe ich beschlossen, daß er Ihnen gehören soll.«

Der Bürgermeister klopfte von innen an die Tür des Krankenzimmers, prompt erschienen zwei Polizeibeamte mit einem großen Koffer. Sie öffneten ihn. Moevens und Wahls Gesichter strahlten angesichts des funkelnden Gold- und Brillantenschmucks.

»Das soll alles uns gehören?«

»Nicht ganz«, sagte ein Herr, der hinter den Beamten den Raum betreten hatte. »Mein Name ist Möller, von der deutschen Staatsanwaltschaft. Ich habe den Beamten bereits unseren Antrag auf Auslieferung gezeigt. Ihre Heldentat hatte wirklich viel Gutes: Die griechischen Zeitungen brachten uns auf Ihre Spur. Und mit dem Schmuck läßt sich ein Teil des Schadens tilgen, den Sie bei Ihren Anlagekunden anrichteten. Bravo, meine Herren.«

Kim Rose

Die Bewerbung

Katja Reber warf dem smarten jungen Mann einen unsicheren Blick zu. Er wartete mit ihr im Vorzimmer des Abteilungsleiters und wollte ebenfalls die Anstellung beim Baukonzern ergattern. Die Vorauswahl unter den unzähligen Bewerbern hatte Katja Reber erfolgreich überstanden. Doch das nützte ihr wenig, wenn man sie am Ende nur für die zweitbeste Kandidatin hielt.

Eine Sekretärin bat den jungen Mann zum Chef. Katja Reber blieb einsam sitzen und runzelte sorgenvoll die Stirn. Wenn sie erneut eine Absage erhielt, mußte sie an Umschulung denken. Aber die Lage auf dem Arbeitsmarkt war so schlecht, daß sie selbst dann nicht auf ein geregeltes Einkommen hoffen durfte.

Die Minuten verstrichen. Nervös blätterte Katja Reber in einem Stapel Geschäftsberichte. Sie sollten Gegenstand des Einstellungsgesprächs sein. Sie spürte, daß Schweißperlen über ihr Make-up glitten, und nahm rasch ihren Taschenspiegel zur Hand. Beim Anblick des runden, vergoldeten Spiegels spürte sie neuen Mut. Ihre Eltern hatten ihr das Schmuckstück zum 18. Geburtstag geschenkt. Vorne waren ihre Initialien eingraviert, und auf der Innenseite des Klappdeckels stand: »Dein Blick hier hinein möge immer froh und selbstbewußt sein!«

Die Tür sprang auf. Katja legte den Spiegel rasch ab. Der Chef persönlich, Dr. Lange, zwinkerte ihr zu: »Guten Tag, Frau Reber. Darf ich Sie in mein Büro bitten?«

Katja Reber griff fahrig nach dem großen Stapel Akten, doch Dr. Lange stoppte sie. »Damit wollen wir uns nicht belasten.«

Eine knappe Stunde später verließ Katja Reber lächelnd das Gebäude. Dr. Lange hatte ihr deutlich seine Sympathie gezeigt. Er sprach so, als sei ihre Anstellung bloß noch Formsache.

»Sie hören sehr bald von uns«, sagte er zum Abschied.

Beschwingt betrat Katja Reber das nächste Café. Sie suchte nach einem freien Platz, auf dem sie sich in der Vorstellung einer traumhaften Karriere sonnen wollte. Da kreuzte sich ihr Blick mit dem des jungen Mannes aus dem Vorzimmer. Er saß an einem Tisch und machte eine einladende Handbewegung. Katja Reber überwand sich, bei ihm Platz zu nehmen.

»Jobst Hüber«, stellte er sich vor, während er ihr die Hand gab. »Sie haben sich auch um den freien Posten beworben?«

Katja Reber nickte knapp und bestellte einen Cappuccino.

»Und?« setzte Jobst Hüber nach. »Sehr enttäuscht?«

»Keineswegs. Herr Lange will mir bald Bescheid geben.«

Hüber lachte laut. »Das sagen die Herren immer. Ich rate Ihnen, Ihr Glück woanders zu versuchen. Den Job bekomme ich nämlich.«

Katja Reber betrachtete ihr Gegenüber empört. »Da seien Sie sich mal nicht so sicher.«

»Bin ich aber. Ich war schon bei der Personalabteilung. Mein Vertrag ist in Arbeit. Es tut mir ehrlich leid für Sie. Bestimmt wären Sie geeignet für den Posten. Aber wir leben in einer Welt, in der nicht allein die Qualität entscheidet.«

»Was wollen Sie damit sagen?«

»Nichts weiter.« Hüber studierte scheinbar interessiert die Kuchen-Angebote auf einer Tafel. Doch dann beugte er sich unvermittelt über den Tisch und sagte: »In meiner alten Firma zum Beispiel wurde mit harten Bandagen gekämpft, das ging bis zur Bestechung. Aber jetzt schweige ich lieber.«

Katja Reber war die Lust auf Cappuccino vergangen. »Ich muß jetzt fahren«, sagte sie.

»Oh, nehmen Sie mich mit in die Stadt?« fragte Hüber. »Mein Wagen ist in der Werkstatt, und mit dem Bus dauert die Strecke eine Ewigkeit.«

Drei Tage später rief Dr. Lange bei Katja Reber an. »Ich würde mich freuen«, sagte er, »wenn Sie morgen in die Firma kommen, um den Vertrag zu unterzeichnen.«

Jubelnd legte Katja Reber den Hörer auf die Gabel. Sie lud ihre Eltern für den Abend zum Essen ein. Zuvor besuchte sie Boutiquen, in denen sie sich in einem regelrechten Kaufrausch für ihre neue Position einkleidete. Die Arbeit begann am folgenden Montag. Sprachlos ließ sich Katja Reber ihr geräumiges, helles Büro zeigen. Sie verfügte sogar über eine eigene Sekretärin. Der zweite Besucher, der ihr gemeldet wurde, war ein Hauptkommissar.

»Mein Name ist Bunt«, erklärte er. »Ich möchte wissen, ob Sie Jobst Hüber kennen«.

»Jobst Hüber – er hat sich gemeinsam mit mir beworben. Danach saßen wir zusammen in einem Café.«

»Wußten Sie«, fragte der Kommissar, »daß Jobst Hüber für Ihren Job vorgesehen war? Und daß Sie die Stelle nur bekommen haben, weil er nicht mehr zur Verfügung stand? Weil er ermordet wurde?«

»O nein«, Katja Reber schüttelte betroffen den Kopf. »Er ist tot?«

»Herr Hüber wurde vergiftet«, sagte der Kommissar. »Man fand in seinem Körper Spuren eines Medikaments, das binnen einer Stunde zum Tode führt. Seine Leiche wurde am Rande einer Landstraße entdeckt.«

»Grauenvoll.«

»Hüber ging öfter in das Café, in dem Sie ihm Gesellschaft leisteten. Zeugen beobachteten, daß er später in Ihren Wagen stieg.«

»Er bat mich, ihn mitzunehmen.«

Der Kommissar schaute ihr unverwandt in die Augen. »Am selben Tag ist Jobst Hüber ermordet worden. Sie halfen öfter hinter der Kasse einer Apotheke aus?«

»Ja!« antwortete Katja Reber schrill. »Was wollen Sie mir unterstellen?!«

Der Kommissar ignorierte die Frage. »Wir konnten niemanden ermitteln«, sagte er, »der Hüber lebend gesehen hat, nachdem Sie mit ihm fortfuhren.« Falk legte einen vergoldeten Taschenspiegel auf den Tisch. »Sagt Ihnen der Gegenstand etwas?«

»Woher haben Sie den Spiegel? Ich glaubte, ich hätte ihn verlegt.«

»Irrtum, Frau Reber«, antwortete der Kommissar mit plötzlich scharfer Stimme. »Dieser Spiegel fand sich in der Hand des Toten. Ich denke, Sie überredeten ihn, noch auf ein Glas mit in Ihre Wohnung zu kommen. Bevor die Wirkung des Gifts einsetzte, boten Sie Hüber an, ihn nach Hause zu bringen. Während der Fahrt wurde er immer schwächer und wußte plötzlich, daß Sie ihn beseitigen wollten. Er war kaum mehr Herr seiner Sinne, als er instinktiv nach dem Spiegel griff, der vielleicht auf einer Ablage im Auto lag. An einer einsamen Stelle an der Landstraße haben Sie Ihren scheinbar toten Konkurrenten aus dem Wagen gezogen und fuhren davon. Doch Hüber besaß noch ein wenig Kraft. Als ein Auto die Straße hinaufkam, hielt er den Spiegel gegen die Scheinwerfer. Der Fahrer wurde aufmerksam und stoppte. Doch Hüber konnte nicht mehr sprechen und starb kurz darauf.«

»Nein!« schrie Katja Reber auf.

»Gestehen Sie jetzt«, sagte der Kommissar. »Sie ersparen sich ein hartes Verhör auf dem Präsidium.«

»Sie sind ja verrückt.«

»Sie müssen mit mir kommen.«

»Ich will mit einem Anwalt sprechen.« Sie nahm ihren Mantel und ging mit dem Kommissar auf den Flur. Dort kam ihnen Dr. Lange entgegen. »Was ist denn los?« fragte er bestürzt. Katja Reber wischte mit einem Taschentuch ihre Augen. Plötzlich kam ihr eine Erinnerung. Wie elektrisiert wandte sie sich an ihren Chef: »Ich vermisse meinen Spiegel. Könnte ich ihn vielleicht letzte Woche ...«

»Ach ja!« unterbrach Dr. Lange lächelnd. »Den ließen Sie vor dem Bewerbungsgespräch im Vorzimmer liegen. Auf einem Haufen Akten. Habe ich völlig vergessen. Ich ahnte, daß der Spiegel etwas Besonderes ist und nahm ihn persönlich in Verwahrung. Er muß noch in meinem Auto liegen.«

»Irrtum«, sagte der Kommissar heute zum zweiten Mal. »Er fand sich in der Hand eines Toten. Und der nahm ihn aus dem Auto seines Mörders.«

Dr. Lange machte ein jammervolles Gesicht. »Jobst Hüber«, sagte er, als spräche er zu sich selbst. »Er hat mich erpreßt. Ich nahm Bestechungsgelder seiner früheren Firma an. Dafür habe ich sie an Aufträgen unseres Konzerns beteiligt. Ich bin nicht der einzige, der sowas tut! Hüber wollte, daß ich ihm einen Spitzenposten verschaffe, damit er schweigt. Ich, sein Chef, wäre für den Rest meines Lebens in seiner Hand gewesen!«

»Sie können jetzt gern in Ihr Büro zurückgehen, Frau Reber«, sagte der Kommissar. »Herr Dr. Lange kommt nun mit mir.«

Victor Sperl

Ein furioser Einstieg

Seit drei Monaten war Daniel Turm ein richtiger Kriminalbeamter, und das machte ihn glücklich. Mit Feuereifer arbeitete er Aktenberge ab, verhörte Zeugen oder durchstöberte Tatorte nach allen Regeln der Kunst. Wenn manche ihn für einen Streber hielten, war das ihr Problem. Ihm lag bloß daran, sich nicht zu langweilen oder griesgrämig zu werden. Deshalb wollte er jede noch so kleine Aufgabe als große Herausforderung ansehen.

In seinen freien Stunden liebte Daniel Turm jedoch den Müßiggang. Nach seiner Ausbildung hatte man ihn in eine Großstadt versetzt, die nicht fern von der See lag. Dort fuhr er jedes Wochenende hin, um das Möwengeschrei und die Meeresgischt zu genießen. Entspannt und mit sich selbst in Frieden, begann er dann die nächste Arbeitswoche.

Leider gab es einen weiteren Kripomann, wie Turm um die Dreißig und Junggeselle, der die Küstenorte schätzte. Gerd Seibold war Hauptkommissar und machte seinem unerfahrenen Kollegen bei jeder Gelegenheit das Leben schwer. In furchtbar arrogantem Tonfall belehrte er ihn über das Einmaleins der Polizeiarbeit oder kritisierte ihn harsch bei Lagebesprechungen. Eine unglückliche Fügung wollte, daß sie beide gern über die Strandpromenade von Travemünde spazierten. Dort grüßten sie sich mit knappem Kopfnicken und schauten aneinander vorbei. Daniel Turm wollte sich seinen Spaziergang nicht verderben lassen.

Außerdem bot Travemünde eine weitere Attraktion: Sie war hochgewachsen und schlank, trug langes, blondes Haar und zumeist weiße Gewänder. Ebenso wie Turm kam sie jedes Wochenende hierher. Wenn sich ihre Blicke zufällig trafen, hing er noch Stunden später Träumereien nach. Sie ansprechen? Oh, nein. Er war zwar Kriminalbeamter, aber kein James Bond.

Daß im Leben durchaus Wunder passieren, erlebte er an jenem Samstagmorgen, als er seinen Wagen in einer kleinen Straße des Seebades geparkt hatte. Danach war es unmöglich, die Autotür zu öffnen. Denn ein Kleinwagen stoppte dicht neben seinem, und durch das offene Fenster schaute ihm die Dame direkt in die Augen.

»Ich habe eine Bitte«, sagte sie. »Wenn Sie nur ein kleines Stück zurücksetzen, reicht die Lücke vor Ihnen auch noch für meinen Wagen.«

Daniel Turm gehorchte. Es ergab sich, daß Daniel Turm an der Seite des holden Fräuleins bis zur Strandpromenade spazierte. Da beide Appetit auf ein Eis hatten, setzten sie sich im Café zusammen an einen Tisch und plauderten vergnügt. Eine geheimnisvolle Macht ließ Daniel Turm plötzlich die Sätze sagen:

»Ich kenne hier ein gutes Fischrestaurant. Hätten Sie Lust, mit mir heute abend dort einzukehren?«

Sie hatte.

Der Abend wurde lang. Nach dem Essen gingen beide am Strand spazieren. Dort küßten sie sich. Es war eben Liebe auf den ersten Blick ...

Fortan trafen sie sich täglich. Die Arbeit ging Daniel Turm etwas lässiger an. In den Mittagspausen blieben seine Gedanken nicht bei einem aktuellen »Fall«, sondern wanderten zu Christine. Manchmal passierte ihm das auch während der Dienstzeit. Weil er seine Aufgaben nach wie vor gut erledigte, sorgte er sich nicht. Bis zu jenem schwarzen Mittwochmorgen. Kaum war er über die Schwelle des Präsidiums getreten, als sich ihm Gerd Seibold in den Weg stellte: »Wo zum Teufel sind Sie gestern nachmittag gewesen?!«

»Ich hatte meinen freien Tag.«

»Höre ich richtig? Sie haben sich schöne Stunden gemacht, während Sie eigentlich an einer lange geplanten Razzia teilnehmen sollten?«

Turms Gesicht wurde erst rot, dann blaß. Wie alle Beamten trug er das grüne Buch mit den Einsatzplänen stets bei sich, um es wie seinen Augapfel zu hüten. Seit Wochen versuchte die Polizei, einem Drogenhändler-Ring durch systematische Razzien das Handwerk zu legen. Doch es war wie verhext: In den verdächtigen Wohnungen, Lokalen und Fahrzeugen fand sich kein einziges Gramm Rauschgift, wenn die Polizei auftauchte. Obwohl die Zielobjekte lange und sorgfältig ausgewählt wurden.

Daß Daniel Turm gestern zwar nicht ins Präsidium mußte, aber trotzdem einen Einsatzbefehl hatte, war ihm vollkommen entfallen. Er guckte selten in die Pläne, weil er glaubte, alles im Kopf zu haben. Ein unverzeihlicher Fehler! Gerd Seibold setzte durch, daß Turm aus der Einsatzgruppe »Drogen« verbannt wurde und einen Vermerk in seine Personalakte bekam.

Es war eine unendlich bittere Affäre. Wenn Daniel Turm in den Spiegel blickte, glaubte er einen jämmerlichen Versager zu erkennen. Auch Christine, der er das Mißgeschick andeutete, spendete keinen Trost. Sie schien ebenfalls schockiert zu sein und sagte zudem, daß man sich einstweilen nicht sehen könne: Sie müsse für ihre Diplomprüfung büffeln.

Daniel Turm verrichtete stumm seinen Innendienst und saß in seiner Freizeit traurig am Ostseestrand. Dort, eines Abends, sah er sie. Hand in Hand vor der Gischt des Meeres: Gerd Seibold und Christine. Entsetzt folgte er den beiden. Nach einigen Minuten ließen sich sein Kollege und Christine auf dem Strand nieder. Galant legte Gerd Seibold seine Jacke als Unterlage für sie aus. Als leidenschaftliche Umarmungen begannen, wandte Daniel Turm seinen starren Blick dem Meer zu.

Als er wieder zu den beiden schaute, erhob sich sein Kollege und schlug den Weg zu einer Bierbude ein. Dann passierte etwas Interessantes: Deutlich waren das grüne Büchlein, ein Notizblock und ein Bleistift in Christines Händen zu erkennen.

Der Kriminaldirektor gab sofort den Einsatzbefehl, nachdem Daniel Turm ihm Bericht erstattet hatte. Unter Turms Leitung stürmte ein Polizeikommando spät in der Nacht Christines Wohnung. Gerd Seibold, der neben ihr im Bett lag, zog entgeistert die Decke über seine nackte Brust. Während die Beamten umfangreiches Beweismaterial, Briefe, Adressen, Abschriften, sicherstellten, wandte sich Daniel Turm mitfühlend an seinen Kollegen:

»Grämen Sie sich nicht, Herr Seibold. Die Dame ist Mitglied des Drogenringes. Sie hat uns beide nur um den Finger gewickelt, um ihre Kumpane vor Polizei-Einsätzen zu warnen. Interessant waren wir, weil sie aus unseren grünen Einsatzbüchern die Orte und Termine erfuhr.«

»Deshalb blieben alle Razzien ohne Erfolg?« fragte Gerd Seibold hilflos. Daniel Turm nickte und klopfte väterlich auf die Schulter seines Vorgesetzten.

Carsten Klemann

Little Birmingham

Little Birmingham war ein ödes kleines Nest im mittleren Westen. Fred Rickmer kam an einem Freitag auf dem Bahnhof an. Er trug zwei Koffer bei sich und schwitzte in seinem Kaschmirjackett. Die Menschen auf dem Bahnsteig liefen in Hemdsärmeln herum. Doch Fred Rickmer war kein Little Birminghamer. Er stammte auch nicht aus dem Mittleren Westen. Er war New Yorker, und deshalb zog er das Jackett nicht aus.

Rickmer schaute auf den Lageplan. Seine möblierten Zimmer sollten in einem Haus zu finden sein, das in einer Seitenstraße der Hauptstraße lag. Ziemlich genau zwischen seinem neuen Arbeitsplatz und dem einzigen, was an Little Birmingham monumental war: Ein neu errichtetes Einkaufszentrum, das Kunden aus einem Umkreis von 150 Meilen anzog und Little Birmingham großen Wohlstand bringen sollte. Fred Rickmer lief Spalier an den weißen Zäunen der Vorgärten, die ihm wie die Begrenzungsstreifen eines Großparkplatzes erschienen. Hausfrauen in mittleren Jahren, die unterm Sonnenschirm Kaffee tranken, lächelten ihm zu. Ein opulenter Herr in Badehose, dessen Füße in einem mit Wasser gefüllten Plastikeimer steckten, hob seine Schirmmütze an und betrachtete ihn mit undurchdringlichem Blick. Hundegebell, Kindergeschrei und das Quietschen von Hollywoodschaukeln vermischten sich zu einer Art Brandungsgeräusch.

Fred Rickmer blieb vor dem Tor eines zweistöckigen Holzhauses stehen. Ein paar Grasbüschel wuchsen auf dem harten Sand des Vorgartens. Auf einem Beet, aus dem Wurzelreste hingen, stand eine Betonmischmaschine. Die Fenster des unteren Geschosses waren mit weißer Farbe verschmiert. Fred Rickmer entschloß sich, das Grundstück zu betreten, weil es weit und breit kein anderes Haus mit der Nummer 75 gab. Er läutete, und beim Warten pulte er selbstvergessen an den aufgesplitterten Farbrändern der Fassade, worauf sogleich große weiße Schuppen zu Boden fielen.

»Hi, Mister. Sind Sie der Mieter?«

»Ich denke schon.« Ein alter Mann, der ebenso wie Fred Rickmer ein Jackett, allerdings nicht in bestem Zustand, trug, kam übers Nebengrundstück zum Gartenzaun. Zwischen seinen Fingern klimperte ein Schlüsselbund.

»Damit kommen Sie rein. Neben der Tür liegt eine Taschenlampe für den ersten Stock. In Ihrer Wohnung sind die Kabel natürlich schon gelegt.«

»Gehört Ihnen das Haus?«

»Meinem Schwiegersohn. Ihm gehört auch das Schuhgeschäft im Einkaufszentrum, und wissen Sie, das Geld sprudelt nur so. Geschäftsleute sind wir. Deshalb haben wir das Haus gekauft, als Anlage. Stand drei Jahre leer. Im Herbst soll alles fertig sein. Und Sie sind der neue Bankdirektor?«

»Oh, nein! Der Kassierer. Der neue Kassierer der Bank.«

»Ach. Meine Tochter sagte mir, wir haben an einen Akademiker vermietet.«

»Das bin ich sehr wohl. Aber in New York gibt es nicht nur genug Bankdirektoren, sondern auch genug Kassierer. Es gibt von allen genug.«

»Ha, ha«, machte der Alte. »Ha, ha, ha. Kommt extra von New York hierher. Dann seien Sie mal hübsch fleißig, damit wenigstens die Leute von Little Birmingham Sie brauchen. Und passen Sie gut auf unser Geld auf.«

Im Erdgeschoß des Hauses roch es nach Mörtel und Kleister. Eine unverputzte Treppe führte hoch bis zu einer Falltür, über der Fred Rickmers Gemächer lagen: Bad, Schlafraum und ein kleines Arbeitszimmer. Die Möbel waren billig, aber nicht älter als zwei Jahre. Er öffnete das Fenster, und der Geruch von Gegrilltem stieg in seine Nase. Dieser Geruch und der Blick auf die Nachbarn, die allmählich begannen, ihre Gartenpolster in ihre Häuser zu bringen, löste ein banges Gefühl in ihm aus. Fred Rickmer gelobte, in den kommenden Wochen und Monaten die Zähne zusammenzubeißen. Zugleich ahnte er aber, daß seine einzige Hoffnung in der nächsten Zeit sein würde, daß aus ihr keine Jahre würden.

Der erste Arbeitstag war okay. Den Bankdirektor überragte er um anderthalb Kopf. Aber Mister McNeally besaß sehr breite Schultern, ein ausladendes Kinn und scharf nach hinten gekämmte Haare.

»Mr. Rickmer, Sie kommen aus einer Weltmetropole. Wir leben hier in einer Kleinstadt«, erklärte er beim Einführungsgespräch. »Jeder einzelne Bewohner besitzt aber wahrscheinlich mehr Patriotismus als zehn New Yorker. Sie sollten sich deshalb jede Überheblichkeit abschminken.«

»Ich war nie überheblich und habe großen Respekt vor den Bewohnern von Little Birmingham.«

»Fein. Dann möchte ich Sie noch darauf hinweisen, daß Sie stets ›zu Ihren Diensten‹ sagen müssen, wenn Sie in der Bank angesprochen werden. Will also Herr Smith, daß Sie ihm Geld auszahlen, sagen Sie: ›Zu Ihren Diensten, werter Herr Smith.‹ Und wenn Sie ihm das Geld überreichen, sagen Sie wieder: ›Zu Ihren Diensten, werter Herr Smith. Einen wunderschönen Tag noch für Sie und Ihre Familie, werter Herr Smith.‹«

Diese Anweisung des Bankdirektors war das einzig Schwierige am neuen Job. Wenn Rickmer durchs Fenster einen neuen Kunden herannahen sah, ließ er sich von den drei übrigen Angestellten rasch den Namen zurufen. Manchmal, wenn Mister Smith, Miss Miller, Mistress Jones oder Mister Brown bereits in der Schlange vor ihm standen, wurde Rickmer in letzter Sekunde eine Namensliste zugesteckt. Doch er lernte schnell. Wenn er die Bankkunden auf der Straße traf, fiel ihm auf, daß die meisten nicht zuerst grüßten und sein »Guten Tag« nur mit einem knappen Kopfnicken beantworteten.

Obwohl Little Birmingham ein ödes Nest war, war es immerhin ein Ort, den man erkunden konnte. In seiner Freizeit besuchte Fred Rickmer das Kino, den Streichelzoo, die Kneipen und natürlich das Einkaufszentrum. In den Kneipen traf er seine Kunden wieder. Männlein und Weiblein saßen sich an hellen Holztischen manierlich gegenüber, nippten an ihren Bieren und wippten vorsichtig zur Country-Musik die Köpfe. Gern warfen sie ihm Sätze wie: »Na, Mister Rickmer, wie geht es den Scheinen?« herüber. Ansonsten hockte er einsam an seinem Tisch und traute sich nicht, das Schweigen ringsum zu unterbrechen.

Am liebsten ging Fred Rickmer ins chinesische Restaurant im Einkaufszentrum. Wenn sich die Kellner auf chinesisch unterhielten, erschienen unendliche Ozeane, quirlige Hauptstädte und farbenprächtige Paläste vor seinem inneren Auge. Eines Abends saß Rickmer an der Bar des Chinesen neben einem Mann, den er, nach einem fassungslosen Blick, unbedingt ansprechen mußte.

»Entschuldigung Mister, sind Sie New Yorker?«

»Allerdings. Woher wissen Sie das?«

»Die Art, wie Sie an der Bar sitzen, Ihre Kleidung, der Ausdruck Ihres Gesichts, all das ist New York. Ich sah auch mal so aus wie Sie.« Der Fremde lachte. »Na, meine Glatze werden Sie nicht gehabt haben. Wenn man jung ist wie Sie, ist es doch eigentlich egal, an welchem Ort man lebt. Oder?«

»Das glaubt man nur, solange man in New York lebt.«

Der Mann lachte abermals und reichte Fred Rickmer die Hand. »John Kaprisky. Darf ich Sie zu einem ›Manhattan‹ einladen?«

Kaprisky erzählte, daß er für ein paar Wochen in der Stadt als Unternehmensberater tätig sei. Es stellte sich heraus, daß beide Männer modernen Jazz liebten. Gebannt ließ sich Rickmer erzählen, welche Geschäfte in New York neu eröffnet oder geschlossen hatten, wie die Modetrends aussahen, worüber die New Yorker sprachen, und er war glücklich, als Kaprisky ihn für den nächsten Abend zum Essen in sein Hotel, das beste der Stadt, einlud. Bei aller Freude, endlich wieder mit einer geistesverwandten Seele sprechen zu können, erschrak er darüber, wie sehr die letzten Wochen sein Gehirn verödet hatten. Erst jetzt füllte es sich wieder mit Blut, mit Gedanken an seine Lieblingsbeschäftigungen und an die angenehmen Seiten des Daseins.

»Wie läuft denn der Alltag ab in der Bank?« fragte Kaprisky am nächsten Abend, als sie zu leiser Piano-Musik ein Entrecote verspeisten. »Richtig zu tun gibt's wohl nur, wenn die Geschäftsleute aus dem Einkaufszentrum ihre Gewinne abliefern.«

»Ja. Der Rest ist Routine.«

»Sind Ihre Kollegen denn vertrauenswürdig? Wissen die überhaupt, wie man sicher mit soviel Geld umgeht?«

»Die Kunden würden entsetzt aufschreien, wenn sie ein paar Einzelheiten wüßten. Die Bank ist alt und nicht eingerichtet auf große Geschäfte. Die Umbauarbeiten lassen auf sich warten. Sogar der Safe ist zu klein für das ganze Geld. Oft wird es im Kohlenkeller zwischengelagert. Die Bank war nämlich früher eine Kohlenhandlung. Und der Keller hat auch noch zwei Fenster, die nur durch wackelige Gitter gesichert sind. Außerdem sitzt an der Bank ein baufälliges Hinterhaus. Von dort führte früher ein Fließband durch die Wand direkt in den heutigen Schalterraum. Ich habe mal gegen das zugemörtelte Loch geklopft. Hört sich ziemlich hohl an.«

Die Männer trafen sich fortan mehrmals pro Woche. Das einzige, was Rickmer an seinem neuen Freund eigenartig erschien, war dessen Unlust, Näheres über seinen Auftrag in Little Birmingham zu erzählen. Wenn Rickmer nach dem Unternehmen fragte, das Kaprisky beriet, nuschelte der etwas von einem global agierenden Dienstleistungsunternehmen und lenkte vom Thema ab.

Als Fred Rickmer eines Morgens vor dem Bankgebäude eintraf, sah er Polizeiwagen und Absperrgitter. Er mußte einem Beamten seinen Ausweis zeigen, bevor er das Gebäude betreten durfte. Sofort fiel sein Blick zum riesigen Loch in der Wand, durch das man bis in den Anbau hinüberblicken konnte. McNeally, der Bankdirektor, kam aus seinem Zimmer gestürmt. »Rickmer, versuchen Sie unsere Kunden zu beruhigen. Bei uns ist letzte Nacht eingebrochen worden. Ha! Alle Täter wurden auf frischer Tat gefaßt.«

Irgendwo hörte Fred Rickmer eine Stimme, die ihm bekannt war. Die Tür zu McNeallys Büro stand halb offen, Polizeibeamte standen vor dem Schreibtisch, an dem John Kaprisky saß und gestenreich lamentierte. Der Bankdirektor bemerkte Rickmers Blick. »Das ist unser Mann. Ha, ha. Wissen Sie, wer das ist? John Kaprisky. Hat schon zehn Jahre wegen Bankraub hinter Gittern gesessen. Sie wissen ja: Seit Monaten wurden im mittleren Westen Banken ausgeraubt. Die Täter waren nicht zu fassen, sie wußten besser als jeder Bankdirektor über Sicherheitsmängel Bescheid. Daß ihnen unser Haus ganz besonders gefällt, war der Konzernleitung klar. Der Bande sollte endgültig das Handwerk gelegt werden. Mir war ja suspekt, daß dabei ein ehemaliger Bankräuber mit seinen Erfahrungen helfen sollte. Aber Kaprisky hat sich seinen Scheck redlich verdient. Auf seinen Vorschlag wurde im Hinterhaus eine Alarmanlage eingebaut. Die Gangster sind wie Mäuse in die Falle gelaufen.«

Fred Rickmer mußte an der Absperrung vor der Bank Stellung

beziehen, um die aufgeregten Bankkunden in Empfang zu nehmen, zu beruhigen und abzuwimmeln. Nach zwei Stunden verließ John Kaprisky das Gebäude, schien ihn jedoch nicht zu bemerken. Es war das letzte Mal, daß Fred Rickmer seinen Freund zu Gesicht bekam. Als er ihn am folgenden Tag im Hotel erreichen wollte, hieß es, John Kaprisky sei abgereist.

Rickmer war verwirrt und enttäuscht. Klar, daß Kaprisky seinen Auftrag geheimhalten mußte. Aber ein Adieu wäre angemessen gewesen. Oder schämte sich Kaprisky, weil er ihm keinen reinen Wein eingeschenkt hatte? Diese Überlegungen zerstreuten sich, als Fred Rickmer eine Einladung zum Vorstellungsgespräch erhielt. Noch immer bewarb er sich nämlich bei New Yorker Firmen.

Ein paar Tage vor dem Bewerbungsgespräch wurde wieder in die Bank eingebrochen. Dieses Mal konnten die Gangster flüchten. Sie waren durch die Gitterfenster des Kohlenkellers gekommen und verschwanden mit drei Millionen Dollar.

Am Morgen vor seiner Reise nach New York erhielt Fred Rickmer ein Paket. Er fand einen Beutel, auf dem ein Brief von John Kaprisky lag:

»Lieber Fred. Entschuldige, daß ich mich nicht von Dir verabschiedet habe. Geschäfte. Weil Du an meiner erfolgreichen Arbeit in Little Birmingham erheblichen Anteil hattest, mache ich Dir dieses Geschenk. Ich wünsche Dir viel Glück für die Zukunft, und vielleicht sehen wir uns ja mal in einem Jazzclub wieder.«

Fred Rickmer griff in den Beutel und förderte 100-Dollar-Bündel zu Tage. Es waren 50 Stück mit je 20 Scheinen. Als Rickmer durchgezählt hatte, waren seine Hände schwarz vom Kohlenstaub.